인사행정학

- Person political science -

인사행정학

- Person political science -

한 만 봉

한국학술정보㈜

이 책은 일반인, 학부모, 대학생 모두에게 알아야 할 비서행정에 대해서 알기 쉽게 다루었다. 주지하다시피 시중에는 수십 종의 책들이 즐비하게 출판되었다. 인사행정은 행정학에서 중요한 자리를 차지하며 관공서, 기업 등에서도 꼭 필요한 것이다. 그럼에도 불구하고 중요성은 시대가 발전함에 따라 저하되고 있는 실정이다. 국가에서 장관 및 중요한 보직 임명할 때도 인사행정을 제대로 하지 못하기 때문에 인사시스템의 문제성이 나타나는 것이다. 정치에서도 인사행정을 올바르게 활용하지 못하기에 코드인사니 측근발탁이니 하며 정치가 혼탁해지는 결과를 맞게 되는 것이다. 이에 행정학에 근거한 인사행정을 저술하게 되었다. 오늘날의 인사행정은 행정학, 경영학, 교육학, 관리학, 정보학 등 전반적인 분야에서 연구되는 파트이다. 경영적 측면에서는 훌륭한 인재발탁 면에서, 행정학 측면에서는 관리와 지도자 선택 면에서, 정치에서는 능력 있는 지도자 발탁 면에서 인사행정은 중요시되고 있다. 업무의 원활한 수행을 위해 인사행정은 필요한 것이다. 유능한 사람은 인사시스템을 잘 활용할 것이며 훌륭한 정치인은 능력 있는 사람을 옆에 둘 것이다. 이 책에서는 전공 용어를 들어가며 이러한 중요도가 있는 인사행정을 행정적인 측면에서 설명하고자 하였다. 때문에 다양한 이론들을 주장하게 되었고 다른 학자 또는 다른 저자들의 새로운 이론들을 적용하거나 이용하기도 하였다. 이 책은 행정학, 경영학, 심리학, 정보학, 사무관리를 두루 넘나드는 포괄적인 책이다. 한마디로 희망의 인사행정학이라고 할 수 있다. 비전과 꿈과 소망을 심어주며 학문만으로서만의 책이 아니라 현장, 현실적용의 살아있는 책인 것인 것이다. 이 책을 통하여 미래사회를 지도할 훌륭한 행정가 일꾼들이 많이 교육되어지길 바란다. 다만 내용을 개괄적으로 다루다 보니 각 학문에서 필히 다루어야 할 부문들을 누락시킨 부문들이 없진 않다. 내용 및 전개상 여러 부분들은 국내외 학계, 전문가의 이야기들을 요약 발췌한 부문이 있다. 그러나 독창적인 아이디어로 예화, 적용을 통해 재미있게 접근함은 필자의 독창성임을 밝혀둔다. 끝으로 이 책이 출판되기까지 물심양면으로 도움을 주신 분들께 감사를 표한다. 특히 세밀하게 출판관계의 모든 면을 챙겨주신 한국학술정보 모든 분들께 감사를 표한다. 그리고 여러모로 도움을 주신 선생님들에게 감사를 드린다. 행정, 경영, 정치, 정보, 사무관리, 경제, 문화, 산업, 다방면에서 두루 읽히고, 사용되고 영향을 주는 길잡이 역할을 하는 책이 되길 바란다. 즉 다원적인 국민교육 책으로서의 역할이 되길 바란다.

2007년 2월 저자 씀

● 명 강 의 명 교 재 ●

☞ 강의시작 전 준비

1. 강좌에 따른 전략적 준비를 하여야 한다. 강의할 시간을 준비하고 시간계획을 제대로 세워야 한다. 단순히 가르친다는 의미보다 그들의 마음을 사로잡을 이벤트를 한다는 마음을 가져야 한다. 주입식교육이 아닌 학생들이 느끼는 교육이 되어야 한다. 과거의 고정된 패턴을 극복하여야 한다.

2. 교과서를 무엇으로 할 것인지를 정하여야 한다. 어렵지 않은 교과서를 택하여야 한다. 너무 어려우면 자기도 모르고 남도 모르는 소경이 소경을 인도하는 격이 된다는 점을 명심하여야 한다.

3. 강의노트를 준비하고 학생들의 이름을 외워야 한다. 어떤 교수님은 매번 강의에 들어갈 때마다 학생들 5명씩 집중적으로 질문공세를 퍼부어 학생들이 긴장하며 강의를 받게 된다고 한다. 이를 통해 학생들은 교수가 자기 이름을 불러주는 것에 감동을 받고 교수는 이를 통해 학생들의 이름 외우는 기회로 삼는다고 한다. 이렇게 매번 돌아가면 한 학기 끝나기도 전에 학생들 이름을 모두 외우게 된다고 한다. 이를 위해 이번 주 이번 시간에는 누구누구를 집중적으로 질문하고 외울 것이지를 선택하고 메모를 해 가야 할 것이다.

☞ 강의시작과 강의 중

1. 강의시작 5분전에는 강의실에 도착할 것. 늦게 도착하고 시간을 지키지 않거나 코리안 타임이라고 시간이 항상 늦으면 학생들은 교수에 대한 신뢰도가 적어진다. 이에 시간관념이 철저하여야 한다. 하나의 보이는 것을 통하여 신뢰가 생긴다. 시간관리에 철저해야 한다는 것이다.

2. 긴장을 풀고 들어가야 한다. 집에서 부부싸움을 하고 나왔더라도 얼굴을 풀고 긴장하지 않고 들어가는 것이 좋다. 인상 찌푸리고 들어가면 학생들 가르침이 단순히 직업으로 인식된다.

3. 첫날 첫 시간이 제일 중요하다. 이미지를 확실하게 잡아 분위기 좋은 명 강의를 시작하는 것이 좋다.

4. 지각생이나 졸고 있는 학생을 키워서는 안 된다. 지각생과 졸고 있는 학생들은 확실히 감점 대상이라는 점을 인지 주지시키는 것이 중요하다.

5. 선입견을 깨뜨리는 말을 하라. 고정관념을 파괴하는 이미지 변신을 꾀하여야 한다. 학생들과의 유대관계를 돈독히 하는 말로 시작하는 것이 좋다.

6. 남녀비하의 말이나 성추행의 말은 절대로 하면 안 된다. 야한 이야기를 원할지라도 정도를 넘어서는 이야기는 남녀학생들 모두의 귀를 불편하게 하고 교수 이미지에 절대적인 손실을

가한다는 사실을 기억하여야 한다. 영웅주의 우월주의로 이런 말을 하는 사람들이 종종 있는데 교육자는 이를 염두에 두고 절제할 줄 알아야 한다.

7. 호기심과 기대를 불러일으키는 말을 하여야 한다.

8. 꿈과 비전을 심어주어야 한다.

9. 농담으로 강의를 시작하면 안 된다. 강의의 품위를 낮추게 되고 학생들의 지적 호기심을 추락시키는 것이 된다.

10. 시각자료를 강의시작 바로 적용하는 것은 효과를 떨어뜨리고 집중력을 떨어뜨리게 된다.

11. 자기비하, 자기를 너무 낮추는 강의를 하여서는 안 된다. 교육자로서의 권위를 지켜야 한다. 학생들도 그런 교수를 존경하게 된다.

12. 학생들과 양방향의 강의를 하여야 한다. 과거 교육처럼 단방향의 획일적 강의가 아니라 쌍방향의 교류인 커뮤니티의 강의가 이루어져야 한다.

13. 때때로 질문을 던지며 분위기 쇄신을 하여야 한다.

14. 목소리 높이를 일정한 톤으로 지루하게 하지 마라. 높낮이를 분위기 있게 살려야 한다.

15. 발음은 분명하게 똑똑한 소리로 큰 소리로 하여야 한다. 마지막 말을 흐리지 말아야 한다.

16. 너무 빠르거나 느리지 않게 하여야 한다. 한 가지 톤이 아니라 다양함을 가져야 한다. 중요한 부분은 강조해야 한다.

17. 습관적으로 불필요한 뒷말을 하지 말아야 한다. 으… 에….저… 등

18. 칠판에 종종 적으며 가르쳐야 한다. 그래야 학생들이 집 중한다. 어떤 교수는 웅변식으로만 하다 보니 학생들이 귀 아파 하는 경우도 있다.

19. 기자재활용을 하여라. 파워 포인트, OHP, 슬라이드, 실물 화상기 등

20. 때때로 영어로 된 아티클, 한자로 된 아티클을 나눠주고 번역하며 진행하는 것도 도움이 된다. 원문 아티클을 가지고 번 역할 때는 집중하여 적기 때문이다.

☞ 강의 마침

1. 강의 내용을 정리해주라. 그날의 강의를 더 돋보이게 한다.

2. 배운 내용에 대한 질문시간을 준다. 의문점을 해소하고 나가는 정확함을 주는 것이다.

3. 다음 시간에 배울 내용을 예고하여야 한다. 학생들이 예습하고 올 부문들을 알려줌으로써 1주일 동안 놀지 않고 무엇인가 생각을 하게 된다.

4. 종이 울리면 바로 학생을 보내주라. 질질 끌고 있으면 잘된 강의도 지저분한 느낌이 든다.

5. 멋진 모습을 하고 다음 시간에 만나자고 분명하게 말하고 경쾌하게 강의실을 나온다. 이 모습에 반하는 학생들도 있기 때문이다. 나오는 도중 학생들이 따라오면 다정하게 이야기를 나누어라. 너무 과장되거나 음담패설은 절대로 해서는 안 된다. 영원히 멋있는 교육자의 품위를 유지하여야 한다. 교육의 효과는 교육할 때보다 그 뒤에 오는 모습 때문에 영향을 더 많이 받게 된다는 점을 기억해야 한다.

6. 성적평가를 위해 기준을 말해주라. 오픈테스트를 하여 많은 글을 쓰더라도 그 평가의 결정권자는 교수에게 달려 있다는 점을 주지시킬 필요가 있다. 아직도 몇몇 학생들은 주입식교육과 권위적인 평가에 익숙해 있다. 시험감독을 철저히 하는 교수만 훌륭

하다고 생각하고 자유롭게 하는 교수는 무능하거나 잘 못한다는 선입견이 있을 수 있다. 그러나 책을 펴놓고 쓰든, 커닝을 하든 그 모든 채점의 권한은 교수에게 있는 것을 알려주라. 교권은 강하게 한다고 해서 세워지는 것이 아니다. 강한 것이 강한 것을 이기는 것이 아니라 부드러운 것이 강한 것을 이기는 것이다.

부드러우며 날카로운 교권을 회복하여야 한다. 나는 대학교 시험시간에 커닝하는 학생들을 잡아내지 않는다. 그 자리에서 잡아내고 커닝페이퍼 뺏어봤자 그 학생은 시험 볼 때마다 눈치만 살피고 안 보는 데서 커닝하려고 한다. 이에 아예 오픈테스트를 좋아한다. 실컷 자료를 보고 쓰라는 것이다. 단지 그 지식과 학문, 능력을 내가 평가하겠다는 것이다. 공부를 시키기 위해서 시험 당일까지 오픈 북이라는 사실은 비밀로 하고 철저히 시험 감독하겠노라고 말한다. 교수는 공부를 시키는 데 목적이 있다. 어떻게 하든지 학생들이 공부를 하게 만들어야 한다. 주입식이 아닌 마음의 감동을 받아서 자발적으로 말이다.

이를 위한 계획적인 접근이 필요한 것이다. 21세기 교육은 그래서 더 힘든 것이다. 심리학과 결합되는 또 다른 면이 존재하기 때문이다.[1]

---

1) 조벽 교수의 강의법을 응용하여 재편집한 것임

Ⅰ. 인사행정의 개념 및 의의

1. 인사행정의 개념

인사행정은 조직에 필요한 인적자원을 채용, 선발, 임명, 관리하는 체계이다. 인사행정의 광의의 의미는 정부조직에서 일하는 인적자원을 채용하여 보직 임명하여 관리하는 것을 말하며 협의의 의미에서는 회사와 개인기업에서 인적자원을 채용하여 보직 임명하여 관리하는 것을 말한다.

인사행정은 행정학에서 중요한 자리를 차지한다. 또한 정치학에서도 큰 역할을 하는 것이 인사행정이다. 이를 더 구체적으로 설명하면 인사행정이란 행정의 목표를 효율적으로 달성하기 위하여 행정활동에 필요한 인적자원을 동원하고 관리하는 과정이다. 전통적인 인사행정은 POSDCORB에 나타난바 인력충원 및 배치를 적절히 함으로써 행정능률을 확보한다는 소극적 의미이다. 管理의 基本要素 Luther Gulick Planning 기획 Organization 조직 Staffing 인사 Directing 지휘 Coordination 조정 Reporting 보고 Budgeting 예산을 말할 수 있다. 현대적 인사행정의 의미는 거대정부의 출현과 행정사무의 질적 변화 행정수요의 고급화 그리고 인사행정을 둘러싼 환경변화에 따라 전문적 기술이나 과학적 지식을 이용하여 국가목적 달성에 부합되는 인력을 체계적으로 관리한다는 적극적 의미로 해석된다. 결국 인사행정의 주요기능은 1 인력계획 2 인력채용 3 인력배치 4 능력발전 5 상벌과 행동규범으로 구성된다.

더 구체적으로 살펴보면 인사행정이란 정부활동의 효과적인 수행을 위한 인적자원의 효율적 활용에 관한 결정을 의미하며 ① 유능한 인재를 행정조직에 유치하여, ② 인간적 가치를 존중하면서 능력발전을 계속적으로 도모하고 높은 근무의욕을 유지시켜, ③ 개인의 목적과 조직의 목적의 균형·조화를 실현하여 조직의 활력을 최고도로 발휘시키는 것이라고 할 수 있다[정부조직에 필요한 인적자원의 동원 및 관리+공무원의 만족스런 직장생활 보장+공무원의 능력발전]. 이러한 인사행정이 추구하는 기본적 가치로는 ① 대응성(국민의 의사존중), ② 능률(지식·기술·능력의 중시), ③ 개인의 권리(법의 정당한 절차와 신분보장), ④ 사회적 형평성(인사행정의 공평성) 등을 들 수 있다.

인사행정의 발전을 위해서는 이를 위한 기본적인 지침 또는 이념 및 지도정신이 있어야 할 것이다. 인사행정상의 주요가치 중에는 관리자의 지도력, 행정의 능률성, 국민대표성, 공무원의 권익보호 등이 있으며, 이러한 주요가치는 시대의 변천과 각국의 정치와 행정상황에 따라 다르게 주장되었으며 가치 상호 간에는 가치 갈등적 성격을 갖고 있다.

알기 쉽게 요약하여 나타내면 다음과 같다.

⊙ Personal Administration

▶ 정부의 목표달성에 필요한 인적자원(human resource)을 관리하는 활동이나 체제를 말한다.

▶ 정부의 목표달성에 필요한 인적자원을 충원하고 유지하며, 근무의욕을 고취하고, 통제하는 상호 연관된 일련의 활동으로 구성되는 동태적인 관리활동 또는 관리체제이다.

⊙ '인사행정'구성요소

① 인사행정은 정부의 목표달성을 위한 관리체제 중 인적자원을 대상으로 하는 체제(정치체제, 사회체제→행정체제→인사행정체제: 환경→인사행정체계)

② 인사행정은 정부의 인적자원 즉 공무원을 대상으로 하는 관리체제를 말한다.(정부 인력의 효율적 관리)

③ 인사행정은 목표달성을 위한 수단적 성격을 가진다.(조직의 효율적인 목표달성을 지원)

1) 인사행정의 주체

인사행정 기능의 담당 주체가 누구냐에 대해서는 다음의 두 가지로 나누어진다.

(1) 관리자를 위한 인사행정

인사행정을 단순히 인사기관이나 인사전문가들이 계선상의 관

리자들을 위해 독점적 영역으로 한정시켜 수행하는 기능으로 본
다.(종래의 관점)

(2) 관리자에 의한 인사행정

계선상의 관리자 등 여타 행위자들도 인사행정에 일정한 역할
을 담당하는 주체로 간주한다.(현재의 관점). 즉 인사행정이 효과
적으로 이루어지기 위해서는 계선상의 관리자들이 인사정책과
실무에 대해 상당한 역할을 분담하여야 함을 강조한다.

따라서 현대의 인사행정은 보다 광범위한 정부체제의 일부로
서 인사행정의 대상 공무원들과 그들의 감독자들은 물론 행정수
반이나 국회 등도 다 함께 참여하여 수행하는 총체적 기능으로
인식할 수 있다.

2) 인사행정 연구의 시각 및 인사관리

인사행정 연구의 시각들은 인사행정의 주요국면을 조명하는 나
름대로의 유용성과 가치를 지니고 있으므로 모두가 인사행정의 실
태를 올바로 이해하고 개선해 나가는 데 도움이 된다고 할 수 있다.

◉ 인사행정과 인사관리의 차이점: 정부활동의 공공성과 사회
적 형평성의 관점에서 이해하여야 한다.

▶ 인사행정은 공공적·정치적 상황 속에 작용한다.(다양한 규
범이나 요구를 인사정책에 반영).

▶ 인사행정은 공공성과 정치적 성격으로 인하여 엄격한 공공통제를 받는다.(법률, 규칙, 행동 규범 등).

▶ 정부의 업무수행을 지원하는 인사행정의 대상이나 기능은 사기업의 인사관리보다 매우 다양하며 복잡하다.

▶ 정부의 인사정책은 경제적 분석에 입각한 합리적 판단보다는 정치적인 면을 고려하는 정책적 판단에 의하여 결정되는 경향이 매우 강하다.

인사행정은

(1) **효율성**: 비용최소화 측면에서의 경제성(economy), 투입−산출 비율로서의 능률성(efficiency), 목표달성도를 의미하는 효과성(effectiveness)을 포괄하는 의미로 생산성(productivity)과 유사개념을 말한다.

(2) **대응성**(민주성): 행정의 민주화과정을 정착시키는 전제조건을 말한다.

(3) **사회적 형평성**: 어느 쪽에도 치우치지 않는 것을 말한다. 균형과 평등을 주 방법으로 하고 있다.

1) 관리자의 지도력

이 가치는 엽관주의와 정실주의가 지배하고 있던 시기에 중시되었던 가치로서, 이 당시의 관리자는 정부에 대한 자신의 관리력 및 통제력을 극대화하기 위하여 자신과 정의적 관계가 있던 사람들을 공무원으로 임용하였다. 우리나라의 경우에도 권위적이

며 정실주의적 행정으로 전통적으로 관리자의 지도력을 중시하
였던 적이 있다.

2) 행정능률성

행정능률성은 실적주의 인사행정에서 강조되었던 가치로 엽관
주의와 정실주의로 인한 행정의 모든 폐해와 비능률을 극복하기
위해서는 보다 능력 있는 사람을 공개경쟁시험을 통해서 임용해
야 한다는 것이다. 실적주의에서 개인의 능력은 지식, 학력, 경험
등으로 측정되므로 능률성이 강조되던 이때에는 공개경쟁시험,
근무성적평정 등이 중요시되었다.

3) 국민대표성

행정의 능률성을 강조하기 위해 도입된 실적주의도 공직의 국
민대표성이라는 가치에 부딪히게 되었는데, 여기서 국민대표성
또는 대표관료제란 글자 그대로 직업적·계급적·지역적 배경으
로 보아 그 각각의 계층이나 집단을 대표한 것이나 다름없을 만
큼 비교적 고르게 임용된 사람들로 구성된 관료제라 할 수 있다.

인사행정에 대한 포괄적인 이해를 위해 채용부문을 구체적으로
살펴보도록 하겠다. 채용은 인력계획이라는 말로도 표현할 수 있다.
국가인력계획에서부터 개인인력계획까지 다양하게 접근할 수 있다.

2. 인력계획과 인사행정

1) 인력계획(Manpower Planning)의 의의

조직이 추구하는 목표를 좀더 효율적으로 달성하는 데 도움을 줄 수 있는 방향으로 인력의 수요와 공급을 질적·양적 측면에서 알맞게 획득유지활용하도록 하는 과정을 말한다.

행정의 장래 사업계획, 필요한 인력 등을 파악하여 인력을 수급하는 계획으로 이를 위해 인구의 증가, 경제사정 등에 따른 행정의 수요에 대한 변화, 이직률, 인력시장의 여건을 파악하여 계획 수립하는 것이다.

2) 인력계획의 3대 요소

- 인력의 획득(임용): 모집, 배치
- 인력의 유지, 발전(능력발전): 배치전환, 교육훈련, 근무성적평정, 승진, 전보 등(*퇴직관리)
- 사기앙양: 동기부여, 공무원단체, 정치적 중립, 행정윤리

3) 인력계획의 이점

- 유능한 사람을 필요한 만큼 확보가 가능해진다.
- 인력의 수급이 원활하고 직원의 사기향상과 예산절약이 된다.

- 사업과 예산의 집행을 용이하게 한다.

4) 인력계획의 중요성

★ 2차대전 이후 노동시장 경색과 더불어 안정적인 인력확보의 필요성 증가, 기술의 생애주기 단축

★ 국가사회의 미래결정, 인사관리의 정부목표와의 연계, 사전계획을 통한 인력의 효율적 이용, 감축관리와 능률화 기여, 특수전략적 인력(군, 소방관 등)공급 가능, 공직과 민간부문 간의 인력충원 경쟁대비, 채용과정의 합리화, 간편화를 기한다.

5) 인력계획의 과정

■ 1단계: 조직목표 설정→ 2단계: 인력 총수요 예측→ 3단계: 인력 총공급 예측→ 4단계: 실제 인력수요 결정→ 5단계: 인력확보방안 결정→ 6단계: 인력확보방안에 의한 채용, 교육훈련, 인사이동→ 7단계: 인력관리 기능의 정확성, 효과성 평가→ 환류

■ 4단계 구분법
① 인력수요 예측단계: 조직목표와 인력수요 영향요인 살핀 후 일정 기간 후 필요인력 총수요 예측
- 인력 총수요 예측: 외적 한도 기준에 의존(법정정원), 점증적 방법(예산과 연계), 계량적 방법(추세분석, 회귀분석, 시계

열분석), 질적 예측방법(델파이, 브레인스토밍)

- 기존인력공급 예측: 기존인력분석(종류와 수, 학력, 경력, 근무성적, 보수 등), 인력변동 예측(퇴직 및 조정예측, 채용예측)

◆ 인력수급의 산정방법

- 과거의 경향대로 연장시키는 방법

- 목표를 사전에 설정하는 방법

- 전문가에 의뢰하는 방법 등

② 인력공급 대안결정 단계: 장래 발생 인력수요에 대응해 인력공급방안 마련

- 임용(외부임용 및 내부임용) 및 교육훈련전략

- 구조적 전략: 직무설계의 변경, 기술의 변경, 업무의 외부위탁 등 구조적 요인 변화

- 정책관리전략: 조직 활동의 주요 정책 변경

③ 시행단계: 선택된 방법 집행. 채용, 승진, 보수 등의 인사행정 활동이 인력의 원활한 공급 지원해야 함

④ 평가단계

Ⅰ. 채 용

※ 임용의 유형

임 용 외부임용: 공개채용경쟁과 특별채용

　　　　내부임용: 수평적 이동: 전직, 전보, 파견, 겸임

　　　　　　　　수직적 이동: 승진, 강임

　　　해직 및 복직: 휴직, 직위해제, 정직, 면직, 해임, 파면, 복직

1) 채용의 의의

: 사회에서 생산한 인력 중 행정기관의 일을 위하여 필요한 사람을 새로 충원하는 과정을 말한다.

모집, 시험, 임명 과정으로 구분한다.

2) 채용의 유형

■ 공개경쟁채용: 모든 사람에게 지원기회 부여하고 경쟁시험 통해 임용후보자 선발한다.

◆ 공개경쟁의 주요 요건

- 적절한 공고

- 지원기회의 개방

- 현실적 자격기준

- 차별금지

- 능력기준의 선발
- 결과의 공개

특별채용: 경쟁을 제한하는 별도의 선발절차를 거쳐 채용하는 방법

* 국가공무원법 제28조 2항(특별채용이 가능한 경우): 퇴직자의 재임용, 관련 자격증의 소지자, 1급 공무원, 외국어 능통한 자, 특수목적 학교의 졸업자, 임용예정 직급에 상응한 근무실적 또는 연구실적이 3년 이상인 자, 특수 직무분야 또는 도서벽지 등 특수지역에 근무할 자

1. 모　집

유능한 후보자가 공직에 지원하도록 유치하는 과정(지원자 확보)
* Powell: 단순히 공직에의 임용을 위하여 사람을 수험시켜 후보자로서 경쟁시키는 데 그치지 않고, 적극적으로 많은 사람으로 하여금 공직응시에 흥미를 끌게 하도록 하는 것

소극적 모집: 임용에 있어 정실의 배제, 또는 부적합한 사람의 제거에 관심을 갖고 행하여지는 모집

적극적 모집: 2차대전 이후 경제사정 호전으로 기업이 많은 노동력 흡수, 행정국가 역할 담당 위해 행정이 유능한 인력 요구
적극적 모집은 국가 발전에 큰 영향을 주고 이로 인해 부흥하

게 된다. 동양에서는 우리나라의 과거제도 같은 인재채용을 들
수 있다.

◆ 선진국에서는 공직에 대한 낮은 사회적 평가로 인하여 유
능한 인력의 채용이 어려워 적극적 모집이 대두하게 되었다.

◆ 신생국, 개도국에서는 적극적 방법 의하지 않아도 되었다.

- 실적주의의 수립과 행정능률에 대한 관심이 높지 못하다.

- 공직의 사회적 평가가 높았으며 공직 이외의 취업기회 적어
공직선호도 높았다.

- 그러나 사회변동과 민간부문의 신장으로 적극적 모집의 필요
성 대두하게 되었다.

◆ 우리나라에서 적극적인 모집이 이루어지지 않았던 이유

- 실적주의가 확립되지 못하였다.

- 공직에 대한 높은 사회적 평가

- 높은 실업률

- 인사행정에서의 정실주의

- 집권자 및 최고정책결정자의 적극적 모집에 대한 관심의 결여

1) 적극적 모집

① 적극적 인사행정의 대두

: 지나친 소극적 모집에서 벗어나 사회변동에 보다 능동적으
로 사회 내의 유능한 인재를 발굴, 채용할 목적으로 대두

: 단순히 공직을 찾아오는 사람 대상→ 사경제부문의 발달→

공직의 사회적 평가 상대적 저하→ 모집에 전념하는 전문화 필요→ 각종 지식과 기술로 능동적으로 노동시장에 나가 공직 홍보, 또한 경제적 상황, 노동시장의 여건 파악→ 미래의 충원 및 인력계획 수립

② 적극적 모집을 위한 여건 조성
- 공직에 대한 신뢰의 향상(공직에 대한 사회적 평가의 향상)
- 인사제도의 개선(신분의 보장, 적정한 보수, 승진·직위이동 통한 자기발전과 성취감 제공)
- 장단기 인력계획의 수립 및 시험의 정기적 실시
- 모집방법의 개선 및 적극화(vs 민간기업의 공고, 학교모집)
- 응시절차 및 수험준비 절차의 간소화
- 인력양성기관과의 연계강화

③ 공직의 사회적 평가 향상: 사회적 평가가 적극적 모집의 조건이 되는 이유는 공직의 사회적 평가가 떨어져 국민일반이 공무원이 되는 것을 바람직하지 않은 것으로 생각한다면 모집활동이 성과를 거둘 수 없기 때문이다.
◆ 사회적 평가 높이기 위한 방안
- 공무원은 국가와 국민을 위해 중요한 일을 하며 국가발전의 선도적 역할을 담당한다는 것이다.
- 국민전체에 대한 봉사자로서 보람 있는 일에 종사한다는 것 등의 명제가 공직의 내외에서 받아들여져야 한다.

- 이러한 바탕 위에 공무원들은 일에 대한 보상이 승진, 보수, 능력발전 등을 통하여 이루어져야 한다.

④ 모집방법의 적극화: 적격자들이 지원하도록 유도하는 방법이 적극적 모집의 직접적 수단이 된다.
  - 모집방법의 적극화는 무조건 많은 사람들이 모이게 하는 것이 아니고 적격자들이 모이는 것을 목적으로 해야 한다.
  - 모집방법의 적극화 방안은 ① 취업의 기회를 알리는 방법개선과 ② 노동시장의 개척이 있다.

◆ 공고방법의 개선
공무원으로 취업할 수 있는 기회를 가장 효과적으로 알려야 함
취업의 기회를 알리는 목적은 이미 관심이 있는 사람들이 모이게 하는 것뿐만 아니라 관심이 없던 사람들도 공직취업에 관심을 갖도록 해야 함
방법으로는 대중통신수단: 유료광고, 일반보도 등이 있다.

직접접촉: 인력양성기관, 전문직업단체, 공직설명회, 취업박람회

◆ 노동시장의 개척(인력양성에 직접 참여)
: 정부가 능동적으로 공무원지망 가능성이 있는 인력을 양성하는 기관과 연계를 맺고 새로운 양성기관을 발굴육성
특히 교육기관과의 긴밀한 관계를 유지하는 것이 정부나 교육기

관에 다같이 이익을 줄 수 있다. 요즘 산학협력 교육기관양성 등

2) 자격요건

　민주국가에서는 공직취임의 기회를 모든 국민에게 주는 것이 헌법상의 원리임→ 정부의 전체적 모집활동의 잠재적 대상은 국민 전체 그러나 구체적인 채용에 있어서는 구체적 직위에 적합한 사람이 채용되어야 하는 기술적 요청으로 모집대상을 한정함→ 나라마다 공직에 지원할 수 있는 자격요건이 객관적으로 설정되어 있으며 자격요건이 모집대상을 한정하는 기준이 됨(부적격자 사전 배제) 한정기준은 보편적으로 적용되며 사람에 따라 차별적으로 적용되는 것이 아니므로 공직취임의 기회균등의 원칙에서 벗어나는 것은 아니다. 일반적인 기준으로는 국적, 교육요건, 경력, 연령, 거주지, 성별 등이 있다.

　■ 채용제한에 관한 논쟁

　① 학력제한
정부의 임용정책이 교육제도에 영향을 주고, 교육제도의 성격이 정부의 채용정책을 규제한다.
　- 찬성의 입장(대륙계 국가): 계급제와 폐쇄형 채택 국가
　행정의 전문화, 기술화에 따른 고등인력의 필요성과 합치, 시험제도를 보완, 부적격자를 미리 배제할 수 있음, 학교교육을

통한 가치관 태도의 변화의 추구

\- 반대(미국)의 입장: 직위분류제와 개방형 채택 국가

기회균등의 민주정치에 부합, 고학력 사회에서 교육의 형식화

를 방지, 모집체계의 융통성 확보, 학력지상주의는 고등실업자

를 배출하여 사회적 낭비 초래

* 한국: 1972년 이전에는 공식적 모집기준으로 했으나 이후

철폐

단 각종 시험에서 일정한 학교의 졸업정도에 출제수준을 맞추

고 일정한 훈련이나 자격증 소지자가 하급공무원 채용시험에서

점수가산 받게 하여 간접적 제한을 둔다.

* 과잉학력 현상: 1998년 일반 행정직 72.7%가 대졸(재학생

포함하면 94.4%) 만족 못하고 이직, 집단 간 갈등 유발한다.

② 연령의 제한

\- 직업공무원제 확립에 도움

\- 연령제한의 효용성: 직업공무원제의 확립, 공직의 윤리 확보,

젊은이를 충원하여 생애를 걸쳐 지식·기술을 발전시키게 할

수 있음, 공직에의 애착과 높은 직무수행의욕, 어리거나 나이

많은 사람이 진출하면 조직운영상의 장애나 개인의 불이익이

될 수 있다.

\- 제한을 하지 않는 이유(미국): 행정부의 관료제화를 방지,

공직의 기회균등 보장, 고용기회의 개방, 인적자원의 광범위한

활용, 개인차 인정과 유능한 인력의 공급이 모자랄 때 융통성 있는 적응이 가능 남녀, 거주지 등….

2. 시험(선발)

: 지원자들 중에서 적격성이 보다 높은 사람을 선발하는 수단. 공직에서 필요로 하는 능력을 가진 사람과 그렇지 못한 사람을 분별해 내는 데 목적이 있다.

■ 상대적 적격성 파악과 장래행동 예측이 목적이므로 우열순위를 판별하고 효과적으로 운영되어야 한다.

- 시험자에게 기회균등
- 합격 후의 행동 예측 가능해야 한다.
- 우열순위를 측정할 수 있어야 한다.
- 근무능력의 발전성 예측

1) 시험의 효용성 판단 기준

직무수행에 필요한 지식, 기술, 능력을 측정하는 표준화된 도구로써 통일성 관리가 중요하다.

① 타당도(validity): 측정하고자 하는 바를 측정하느냐?
- 기준타당성: 직무수행능력의 예측이 얼마나 정확한가.
시험성적과 업무실적을 비교하여 상관계수 확인으로 측정

업무실적은 직무수행자의 능력뿐만 아니라 근무의욕 등 다른 요인에도 영향을 받으므로 양자의 상관성이 높다 하더라도 반드시 시험의 타당도가 높은 것을 의미하지 않을 수도 있음(동시적 타당성 검증과 예측적 타당성 검증)

 - 내용타당성: 특정한 직위의 업무와 책임에 직결되는 요소들을 시험이 어느 정도 측정할 수 있느냐에 관한 기준

직무수행에 필요한 지식, 기술, 태도 등을 잘 측정할 수 있어야 함

 - 구성타당도: 구성된 능력요소, 즉 경험적으로 포착하기 어려운 지능과 적성 등과 같은 일반적 능력들을 얼마나 정확하게 측정할 수 있느냐의 기준(이론적 구성, 가설과의 부합)

② 신뢰성: 반복측정을 해도 같은 결과가 나옴. 즉 시험(측정도구)의 일관성

우연적 요소를 배제하려는 것으로 신뢰도 측정방법은

 - 재시험법: 같은 시험 시간간격 두고 두 번 실시하여 성적 비교

 - 이분법: 내용적으로 유사한 두 부분으로 나누어 한차례의 시험으로 두 부분의 성적 비교

 - 동질이형법(복수양식법): 동일집단에 내용이 유사한 두 가지 시험을 실시하여 성적 비교하는 것이다.

③ 난이도: 시험이 어느 정도 어려운가의 기준. 응시자 중 유능한 사람을 분별해 내야 한다. 식별력, 판별력, 변별력

④ 객관도: 누가 보아도 같은 결과가 가능해야 한다.

⑤ 실용성

* 타당도와 신뢰도의 관계
┌신뢰도가 있는 문제→ 타당도 측정 가능
└ 신뢰도가 없는 문제→ 타당도 측정 불가능

■ 시험과목
- 영국: 일반교양과목을 중심으로
- 독일: 법학중심의 과목
- 미국: 해당 분야의 전문지식
- 한국, 일본: 일반교양과 전문지식

2) 시험의 종류

※ 형식에 따른 분류: 필기시험, 면접시험, 실기시험, 서류시험 등

① 서류심사: 서류로써 적격성 판단
　　　　　사실자료로써 시험관리의 보조수단

② 필기시험

■ 특징:

- 일시에 많은 사람에게 실시할 수 있어 시험의 관리가 용이하고 저렴하다.

- 표준화가 용이하여 객관적인 평가를 기할 수 있어 평점자들의 기술적 준비가 적어도 된다.

- 다른 시험에 비하여 공정하게 실시된다는 인상을 주어 公共關係에도 유리하다.

■ 주관식 시험(논술식 시험): 주어진 문제에 대하여 수험자가 생각하는 바대로 자유롭게 답안을 작성하는 시험이다.

◆ 유형

- 자유과제형: 특정분야의 지식보다는 표현력, 문장, 사고과정, 태도 등을 알아보려는 것으로 수험자의 사상이나 사고방식을 기술하게 하는 것(예: 나의 인생관 등)

- 논설과제형: 긴 문장을 주고 비판 또는 요약하게 하는 것

- 설명과제형: 주제의 설명을 요구해서 전문지식을 알아보려는 것

- 단답과제형: 여러 개의 항목에 대하여 간단히 설명을 요구

◆ 주관식 시험의 장점

- 복잡한 능력을 측정하는 데 효과적: 복잡한 문제들을 다루어야 할 사람들의 종합적 능력 측정에 유리. 즉 광범한 지식의 평가와 창의력, 판단력, 논리적 사고 등 복합적 능력 측정에 유리하다.

- 객관식에 비하여 출제가 용이(대표성 확보할 수 있도록 신중해야 한다)
◆ 주관식 시험의 단점
- 답안의 평가에 영향을 주는 요소가 많기 때문에 평가가 어렵고 시간이 많이 걸린다.
- 응시자의 반응이 다양하기 때문에 채점자가 문제관련 분야에 대한 지식을 가지고 있어야 한다.
- 문제의 수가 많지 않으므로 평가대상인 분야에 대하여 고루 평가할 수 없다.

■ 객관식 시험
◆ 유형: 정오형, 선다형, 보완형, 정정형
◆ 장점
- 채점이 용이하고 시간과 경비 절약
- 객관성
- 문제를 골고루 많이 낼 수 있으므로 측정하려는 요소를 균형 있게 평가할 수 있다.
◆ 단점
- 출제하기 힘들고 고도의 기술이 필요하다.
- 발표력, 추리력, 창의력 등을 평가하기 곤란하다.

③ 면접시험
: 응시자가 말로 하는 것을 기초로 능력을 평가하려는 것으로,

필기시험으로 파악하기 어려운 표현력, 창의력, 협조성, 지도성, 성격, 행태(근무의욕) 등을 알아보려는 데 목적이 있다.

서류의 정직성 평가

◆ 일반적 장점: 필기시험에서 알아보기 어려운 응시자의 능력, 성격 등을 알 수 있고, 응시자도 자유롭게 자기표현을 할 수 있다.

◆ 단점: 평가자들의 편견이 개입될 가능성이 크다.

　　　　시험의 입안과 실시에 노력과 비용, 시간이 많이 든다.

* 우리나라 임용시험의 면접기준(공무원임용령 및 시험시행규칙 제12조)

- 공무원으로서의 정신자세
- 전문지식과 그 응용능력
- 의사발표의 정확성과 논리성
- 용모, 예의, 품행 및 성실성
- 창의력, 의지력 기타 발전가능성

■ 개인면접: 한 사람씩 시험관에 응답. 시험관들의 면접기술과 공정한 태도가 중요하며 평가요소의 선택과 평가기준의 설정에 주의. 조직적 실행을 위해 평정요소와 평정척도를 정한 평정표 사용

■ 집단면접: 집단 활동에서 보여주는 행동을 관찰하여 평정(5-10인 집단). 주어진 주제에 대한 토론을 관찰하며 평가 용모와 태도, 지도력, 집단 협력에 대한 기여도, 문제에 접근하는

사고의 논리성, 대인관계 등을 평가

④ 실기시험: 응시자가 직무의 표본을 실제로 수행해 보게 하
여 능력 평가

객관적이고 구체적인 작업결과를 보여줄 수 있는 상당히 반복
적인 업무에 적합하며, 복잡한 능력이 필요한 직급의 선발에는
사용하기 어렵다.

※ 측정대상(목적)에 의한 분류
: 복잡한 인간 속성 중 어떤 측면(aspects) 또는 특성(traits)
등 심리검사의 성격을 지닌 것으로 육체적 특성, 지식과 기술, 일
반지능, 흥미와 관심, 가치관과 성격 등을 평가

① 일반지능검사: 인간의 일반적인 지능 또는 정신적 능력 측정
측정대상으로 삼는 지능의 내용은 사고력, 수학적 능력, 언어
이해 및 구사력, 공간파악력, 기억력 등이다.

② 적성검사: 앞으로 적합한 훈련을 받고 경험을 쌓으면 일정
한 직무를 배워 잘 수행할 수 있는 요소 또는 잠재적 능력을 측
정하려는 시험
특정한 직무수행에 필요한 지식, 기술은 현재 가지고 있지 않
지만 앞으로 훈련을 받으면 성공적으로 직무를 수행할 수 있는
사람 선발에 사용

직무의 성질에 따라 그에 필요한 적성이 따로 있다는 전제하에 각 직무에 적합한 적성을 측정하려는 것으로 측정대상은 지능검사보다 한정적이다.

③ 업적검사: 후천적 학습 및 경험에 의해 학습된 능력 평가 학력시험, 전문직업시험, 실기시험

④ 성격검사: 응시자의 기질적, 정서적 특성 측정

* 한국에서는 공직적성테스트(Public Service Aptitude Test) 도입하면 더욱 질 높게 접근할 수 있다.

3. 임 명

1) 채용후보자 등록 및 채용후보자 명부 작성

합격자가 결정되면 시험실시기관이 합격자의 등록을 받아 채용후보자 명부 작성한다.

직급별로 시험성적순에 의해 작성하며 훈련성적, 전공분야 및 기타 사항 기재한다. 명부의 유효 기간 한정(1-2년으로 하고 사정에 따라 연장)

* 우리나라: 5급 5년, 기타 2년 범위 내에서 결정. 6급 이하 및 기능직 2년.

2) 임용추천

시험실시기관의 장이 각 기관의 결원 및 예상결원을 감안하여 명부상의 후보자를 시험성적, 훈련성적, 전공분야, 경력, 적성 참작하여 임용권자나 임용 제청권자에 추천
추천은 성적순이며 복수추천
 * 추천의 방법: 단수추천제, 배수추천제(3-7배), 집단추천제(수, 우, 미, 양 집단), 선택추천제, 전체추천제
 * 한국은 3배수 추천에서 1973년 단수추천제와 특별추천제 채택
 * 미국은 3배수 추천에서 1978년 7배수 추천제 채택

3) 시보임용

- 정식임용 전 직무수행에 적격자인지를 임용예정부처에서 검증받는 것이다.
- 직무수행의 기회를 부여하고 관찰하여 적격여부 결정
- 최종 시정의 기회로 신분을 보장받지 못함
- 타당성 높이는 데 효과적
 * 한국: 5급 1년, 6급 이하 및 기능직 6개월

4) 임명 및 보직

- 임명: 특정인에 공무원 신분 부여행위

- 보직: 공무원을 일정한 직위에 배치하는 행위

3. 인사행정에 있어서 계급제와 직위분류제

1. 계급제

1) 의 의

공무원 개인이 가지고 있는 능력, 자격, 경력, 학력 등을 기준으로 계급을 분류하는 제도
사람중심의 분류

2) 특 징

- 4대계급제: 교육제도상의 계층을 행정조직상의 계층과 일치시킴
계급별 학력, 경력, 자격의 제한
- 계급상의 차등: 계급에 따라 사회적 평가, 보수, 성분, 학력 등의 차이가 크다. 상위계급으로의 승진이 어려운 폐쇄성
- 고급 공무원의 엘리트화: 고급 공무원의 수가 적고, 높은 학력이 요구되면서 우대된다.
- 폐쇄형: 신규임용자는 원칙적으로 동일계급의 최하위로부터 승진하여야 한다.

동일계급 내의 중간위치에 대한 외부채용 금지
- 일반 행정가 지향: 공무원의 신분보장
  이해, 조정, 통합능력 중시한다.

3) 계급제의 장점

- 직위분류제에 비하여 보다 일반적 교양과 능력을 가진 사람을 채용할 수 있다.
- 채용 후 장기간에 걸쳐 능력이 키워져 신축성, 적응성을 가짐으로 전직 전보가 가능하여 직업공무원제 수립에 공헌(통합 조정능력 및 정책능력의 향상)
- 이해력과 시야가 넓어 타 직원 및 타 기관과의 협조가 용이(직업적 연대의식)
- 공무원의 신분보장으로 안정감 부여한다.
- 전직이나 전보 등 인사관리의 탄력성과 경력발전 기회의 제공
- 인사관리가 용이함: 계급 수가 많지 않고, 유지 및 관리활동이 복잡하지 않아 비용 절감
- 인력활용의 융통성과 탄력성 제고

4) 계급제의 단점

- 동일계급이면 보수가 같아 직무종류, 성격에 따른 동일보수의 직무급체계 확립에 어려움이 있다.

- 순환보직에 따른 특정분야 전문지식 축적이 어려워 행정전문화에 부응하지 못한다.
- 계급 간 차별이 심해 능력 있는 부하의 의견 구하지 않고 독단적 결정의 우려(엘리트의식)
- 채용시험, 신규임용, 승진, 전보와 전직이 직무내용에 따라 이루어지지 않아 적임자 배치와 채용이 이루어지지 않아 능률 저하된다.
- 직무가 계급별로 명확하지 않아 직무경계가 불분명하여 책임전가, 민원의 소지가 된다.
- 폐쇄체제로 무사안일, 특권집단화, 부패의 우려
- 연공서열화

2. 직위분류제

1) 의 의

: 다수의 지위를 각 지위에 내포된 직무의 종류와 난이도·책임도를 기준으로 하여 직류·직렬·직군·등급별로 분류하는 객관적·직무중심의 분류방법(직책을 중심으로 한 분류)

즉 사람이 맡아 수행하게 되는 직무와 그 직무수행에 수반되는 책임을 기준으로 하는 구분한다.

* 직위분류제가 미국에서 발달한 이유

- 사기업에서 능률향상을 위하여 발달한 과학적 관리기법이 직책의 분석 촉진한다.

(1인이 수행할 적정 업무량과 전체 조직업무의 체계적 분업화)

- 실적주의의 발전이 직책에 구체적으로 부합되는 지식, 기술을 가진 사람을 채용하는 것 강조한다.

- 엽관제에 의한 보수의 불평등이 직위분류제 발전시킨다. (동일직책에 대한 동일보수 강조)

2) 직위분류제의 속성과 특성

- 채용시험, 전직, 승진 등의 인사배치의 기준 제공: 공무원 개개인이 담당할 직책이 분명하게 구분되어 있기 때문에 적재적소에 인력의 배치가 가능하다.

- 훈련의 필요성과 목적 제시: 명확히 분류된 직위에 따라 각 직책이 요구하는 능력 대비 해당 공무원의 능력을 쉽게 평가할 수 있어 이에 따른 교육훈련의 목적과 필요성이 나타난다.

- 보수제도의 합리화(직무급 수립이 용이): 보수를 결정하는 기준으로 직책이 기초가 되어 동일직위에 동일한 보수를 지급함으로써 합리화 또는 직무급 수립이 용이하다.

- 근무성적평정의 기준 제공: 직무에 따른 책임과 권한, 직무의 내용 등이 명확하게 나타나 근무성적평정을 용이하게 한다.

- 종횡으로 권한과 책임의 한계를 명확히 함으로써 조직의 합리

성 향상: 조직이 능률적으로 활동하려면 횡적인 직책이 분명하고 종적인 상하지휘관계가 분명하여야 하는데 이의 정리가 가능하다.
- 분업화와 전문화에 기여: 직책을 성질별로 분류함으로써 분업화와 전문화에 기여한다.

- 사회적 출신배경이나 학력 등에 관계없이 개인이 지니고 있는 담당직무의 수행능력과 지식, 기술을 중시한다.
- 직무수행의 적격자를 공직 내부만이 아닌 모든 계층에서 외부인사의 임용이 자유로움이 있다.
- 노동의 분화를 기본으로 하는 전문화의 분류체계로 일반 행정가보다 전문행정가 선호한다.
- 직무분석과 평가를 통한 직무의 정확한 평가와 그에 적합한 인물을 임용함으로 인사행정의 능률성과 합리화를 도모한다.
- 직위가 사람의 사회적 신분이나 지위를 나타내지 않아 상하위직 간의 계급의식이나 위화감이 약하다.

3) 직위분류제의 개념들

- **직위**(position): 한 사람의 근무를 요구하는 직무와 책임.
한 사람에게 할당되어 있는 직책의 내용.
- **직급**(class): 직위가 내포하는 직무의 종류(성질) 및 난이도, 책임도의 정도가 유사하여 인사행정의 편의상 채용, 보수 등을 동일하게 다룰 수 있는 직위의 군

- **직렬(series of class)**: 직무의 종류는 유사하나 곤란도, 책임도가 다른 직급의 군으로 직무분석에 의한 종적 분류

- **직류(sub-series)**: 직렬 내에서 담당 분야가 보다 유사한 직위의 군을 말한다.

- **직군(occupational group)**: 직무의 성질이 광범위하게 유사한 직렬의 군을 말한다.

- **등급(grade)**: 직무의 종류는 다르지만 직무의 곤란도·책임도, 자격요건이 유사하여 동일보수를 지급할 수 있는 모든 직위

4) 직위분류제의 수립절차

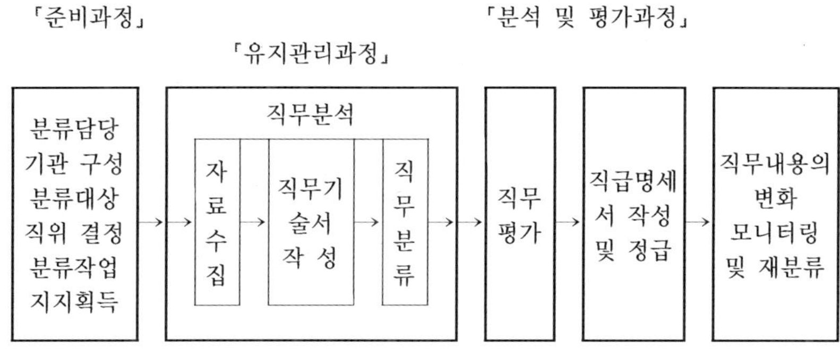

① 준비과정: 계획과 절차의 수립

- 필요한 법적근거, 분류담당기관의 선정, 분류담당자 확보와 분류절차의 마련, 분류할 직위의 범위 등에 관한 기본사항 결정 및 설득작업

- 준비작업을 위하여 전문위원회 조직과 전문위원회의 확보가 요구됨: 조직의 내외에서 경험과 전문성을 가진 인력을 적절히 안내하여 충원(외부에서는 주로 전문가 참여시킴)

② 직무분석

: 직무에 관한 정보, 자료를 조사, 검토하여 직무를 종류에 따라 직렬, 직군으로 분류하는 작업으로 유사한 직무를 수행하는 직위를 묶어서 직렬을 형성한 후 유사한 직렬을 모아 직군으로 형성시키는 수직적 분류구조 결정 작업

- 분류에서 고려되어야 할 직무내용을 확인한다.
- 직무의 구성요소를 자세히 구분하여 분류요소의 목록을 만든다.
- 위의 기준에 의해 분류요소 표를 만든다.
- 위의 기준에 의해 유사한 직위를 가려낸다.

가) 직무조사: 자료수집과 직무기술서 작성한다.

- 직무에 관한 자료를 수집하는 데 효율성을 고려하여 필수정보 중심으로 수집
- 직무기술서의 작성: 직위분류에 필요한 직무의 내용, 책임, 곤란성, 권한, 자격요건 등을 수집, 정리

자료의 수집은 면접, 관찰, 질문지 등이 활용됨(보통 일선 담당자가 기입)

나) 직무분류

- 직렬, 직군의 결정
- 직렬의 수를 결정하는 데 있어서 어느 정도 유사한 것을 동

일직렬에 포함시킬 것인가

시험, 승진, 전보의 차이 고려

③ 직무평가

: 직위의 곤란도, 책임도에 따라 상대적인 가치를 평가하는 것

직위의 비중을 횡적으로 구분분류하는 방법으로 직급과 등급을 결정한다.

- 직급의 결정: 직무평가에 의하여 직무의 종류가 유사하고 직무수행의 곤란성, 책임성, 복잡성, 자격요건 등이 유사한 직위의 구분

- 등급의 결정: 직무의 종류는 다르나 곤란성, 책임성, 복잡성, 자격요건 등이 유사한 직위구분

■ 직무평가의 방법

㉮ 서열법: 직위명을 기록한 카드를 보며 직위의 가치, 비중 등을 평가하여 순위(서열)를 정한다.

소규모 조직에서 사용됨. 간단하나 객관성 상실, 직책보다는 점유자 평가의 단점

㉯ 분류법(등급법): 서열법과 비슷하나 기준이 되는 등급기준표에 의거하여 분류

간단하나 직위간의 명백한 차이 밝히기 힘들고 많은 직위를 등급별로 배치하기 힘들다.

㉰ 점수법: 직위의 직무를 계량적으로 평가. 평가 전에 직위의

48

공통적 요소들(정신적 능력, 근무환경, 책임, 기술)을 뽑아 사전
에 점수를 배정하고 각 구성요소별(평균 11개 정도)로 점수를
부여하고 총점으로 계산
　분석적, 객관적이나 직위의 내용을 총망라하기 힘들고 각 요소
의 점수배정기준 모호하다.
　㉺ 요소비교법: 대표적인 기준직위를 선정하여 계량적으로 평가

* 직무분석과 직무평가의 비교
- 직무분석은 종적인 분류, 직무평가는 횡적인 분류
- 직무분석에서는 직군, 직렬이, 직무평가에서는 등급, 직급을
결정한다.
- 직무분석은 직무기술서, 직무평가는 직무분석의 자료를 근거
로 한다.
- 직무분석은 분류의 객관화, 과학화, 합리화를 직무평가는 보
수의 합리화와 관련이 있다.

④ 직무명세서의 작성과 정급
　: 직급 결정 후 구체적인 내용을 명백하고 상세히 기록하는 단
계. 즉 직급명칭, 직무개요, 직무수행 예시, 자격요건 등을 기록
　- 직무기술서: 등급 결정 이전에 직무수행에만 기초하여 직무
명, 중요임무, 감독, 책임, 근무환경을 기술
　- 직급명세서: 직무분석 및 평가 후에 직급에 요구되는 최소
자격요건 추가 명시(교육, 경력, 능력, 성격)

- 정급: 직급명세서 완료 후 해당 직급에 분류대상 직위를 배정하는 단계(통합 및 분리). 즉 직위를 해당 직군, 직렬, 직류, 직급에 배정시키는 것을 의미한다.

⑤ 유지관리과정
- 제도의 사후검사와 관리
- 직무내용이나 기술변화에 적응
- 변화 파악 위해 해당부서와의 협조관계 필요

5) 직위분류제의 장단점

■ 직위분류제의 장점
- 채용시험, 전직, 승진 등의 인사배치의 합리적 기준을 제공
- 인사행정의 합리적 기준 제시
- 효율적 정원관리
- 교육훈련의 수요를 제공
- equal to pay equal to work : 합리적인 보수 기준을 제공
- 근무성적평정의 기준설정에 유리 : 특히 자격, 업적의 평가에 이용한다.
- 행정 및 조직의 전문화, 분업화에 용이하다.
- 권한과 책임을 명확히 할 수 있음: 역할갈등과 업무중복을 배제한다.
- 체계적인 인력수급계획의 수립이 가능하다.

- 직무중심적인 동기유발전력을 펼 수 있다.
- 과학적인 직무분석 및 평가가 가능하다.
- 행정의 민주화: 관료제에 대한 민주적 통제가 용이하다.
- 행정전문화에 기여한다.

■ 직위분류제의 단점
- 일반 행정가의 확보나 양성이 어려움이 있다.
- 조직의 변화나 직무의 변화, 새로운 직무의 부과 등 변화하는 환경에 신속히 대응 못한다.
- 전문적 행정관리에 역점을 둠으로써 상위직급에의 업무통합이 어려움이 있다.
- 인사관리의 탄력성과 신축성 결여된다.
- 직업공무원제 확립에 어려움이 있다.
- 약한 공무원 신분보장
- 타 기관과 협조와 조정에 불리(구성원의 단결심 약하다)
- 인간경시의 분위기 조성
- 운영절차가 복잡하고 인적자원 활용의 경직성
- 질서와 능률만을 강조함으로써 점직자의 권태와 소외 초래

3. 직위분류제와 계급제의 비교

비　　교	직 위 분 류 제	계　급　제
분 류 기 준	직무의 종류책임도곤란도	개개인의 자격능력
발 달 배 경	산 업 사 회	농 업 사 회
채 용 국 가	미국캐나다필리핀	영국독일일본
인 간 과 직 무	직 무 중 심	인 간 중 심
시 험 채 용	합 리 성	비 합 리 성
일반 행정가전문행정가	전 문 행 정 가	일 반 행 정 가
보 수 책 정	직 무 급	생 활 급
인 사 배 치	비 신 축 성	신 축 성
행 정 계 획	단 기 계 획	장 기 계 획
교 육 훈 련	전 문 지 식	일 반 지 식
조 정협 조	곤 란	원 활
개 방 형폐 쇄 형	개 방 형	폐 쇄 형
신 분 보 장	약	강
동일시 차원	담당직무와 역할	부처의 조직 차원
인적자원의 채용과 인사이동	경직적	탄력적
직업공무원제 확립	장애	기여
공무원의 시각	부분적, 협소	종합적, 광범
행정전문화	기여	장애
국민요구에의 대응성	높음	낮음
보수 및 직무수행의 형평성	높음	낮음
인사관리(교육훈련, 승진, 평가보상 등)	능력실적중심, 객관적 기준 제공	인공서열 중심, 상관의 자의성 개입 용이
* 양자의 관계: 상호보완관계 - 양자의 접근		

* 우리나라

- 계급제를 기초로 직위분류제의 요소 가미

- 변천: 직위분류제(미군정기)→ 계급제(정부수립 후)→ 직위분류제 실시 규정과 작업완료(1963년)→ 직위분류법 폐지(1973년)→ 직위분류제 시범적 직무분석(2000년 기상청, 외교통상부)

- 문제: 각 분야의 전문가 결여, 외부인사에 대한 충원 제한,

형평성 낮음(계급 내, 일반직과 특정직, 직렬의 폭과 직렬 간)
- 발전방향: 계급과 직렬 간 형평성 확보, 전문성 제고, 인사관
리의 융통성, 외부인사와의 인사교류 확대

체제로서의 인사행정체제는 아래 그림과 같이 구성요소들 간
의 기능적인 연결을 통해 스스로를 유지·발전시키며, 환경으로
부터의 투입에 대응하는 산출을 내보냄으로써 존재의 정당성을
인정받는다. 즉 어느 경우든 인사행정체제의 본질은 조직구성원
들이 조직이 필요로 하는 기여를 하도록 하는 데 있다.

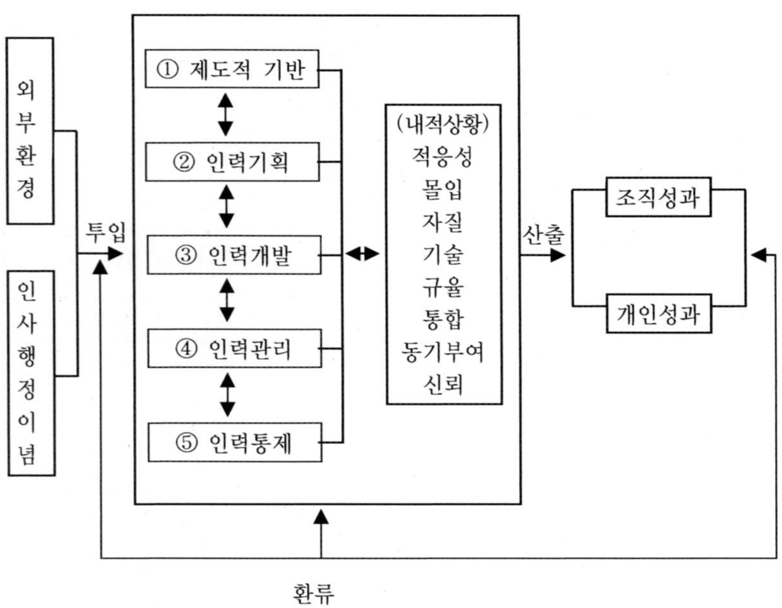

1. 인사행정과 환경

1) 경제적 환경

인사행정의 기능과 활동은 경제상태에 의해 좌우되는 국가 예산의 영향을 크게 받기 때문에 경제의 건전성 여부는 인사행정에 가장 심대한 영향을 미치는 환경요인 가운데 하나이다.

2) 정치적 환경

인사행정은 행정수반, 의회, 정당, 대중매체, 일반 국민 등으로 구성되는 정치적 환경으로부터 다양한 요구와 기대를 받는다.

3) 사회적·기술적·법적 환경

2. 투입과 산출

(1) 투입(Input)

▶ 정치적·사회적 요구: 전문성과 능률성, 형평성, 국정지도력의 강화, 공무원의 권익보장
▶ 인적·물적 자원: 정부 재정규모, 정부 인력의 규모와 질적 수준
▶ 법적·제도적 규제: 각종 법규

(2) 산출과 환류

1) 산출(Output)
▶ 개인적 성과(Individual Performance): 능력발전, 동기부여
▶ 조직적 성과(Organizational Performance): 생산성, 대응성
2) 환류(Feedback)
▶ 산출에 대한 평가는 환류작용을 통하여 새로운 요구나 지지로 다시 인사행정 체계에 투입

(3) 전환(Process): 인사행정의 내적 체제

▶ 인사행정체제 내에서 투입을 산출물로 바꾸는 활동으로서 인사행정의 핵심.
▶ 전환을 구성하는 활동 인력기획·인력확보·인력개발·등의 범주로 분류.

(4) 인사행정체제의 내적 상황

▶ 적응성, 몰입, 자질, 규율, 통합, 동기부여, 신뢰 등이 있다.

1. 실적제(Merit system)란 공직을 임용함에 있어서 당파성이나 학연·혈연·지연을 배제하고 개인의 능력·자격·성적에 기준을 두어 임용하는 제도를 말한다.

2. 직업공무원제(Carrer civil service system)란 젊고 유능한 인재들이 공직을 보람 있는 직업으로 선택하여 일생을 바쳐 성실히 근무하도록 운영하는 인사제도를 말한다.

3. 엽관주의(獵官主義: Spoils system)미국의 초창기에 지배적이었던 인사제도로서 선거에서 승리한 정당이 정당에 대한 공헌도와 충성심에 입각하여 공무원을 임용하였던 것.

4. 대표관료제(Representative bureaucracy)는 민족, 인종, 지역, 성별, 직업 등의 기준에서 국민 전체의 인적 구성을 반영하도록 공무원을 충원하는 인사제도를 말한다.

4. 인사발탁 내부임용

Ⅰ. 내부임용의 의의

1) 내부임용의 개념

: 정부조직 안에서 사람을 움직여 쓰는 활동(이미 근무하고 있는 공무원을 옮겨 결원 보충)
결원보충+직원의 유동

■ 내부임용의 유용성
- 조직통합성의 제고(사람과 조직의 적응도 증진)

- 인적자원 활용의 효율화
- 구성원의 발전과 직업생활의 질 향상의 기회 제공

■ 내부임용의 중요성과 배경
- 환경, 기술, 행정수요 및 업무 등의 격변

2) 내부임용의 유형

- 수직적 이동: 승진, 강임
- 수평적 이동(배치전환): 전직, 전보, 파견, 겸임
- 해직과 복직: 휴직, 직위해제, 정직, 면직, 해임
* 직무대리

Ⅱ. 수직적 이동

1. 승 진

1) 의 의

: 하위직급에서 상위직급 또는 상위 계급으로의 이동(직무의 곤란도와 책임증대, 보수 증액)
* 승급 및 전직, 전보와 구분
- 단순한 결원의 보충뿐 아니라 구성원의 동기유발과 사기 진작

2) 승진의 종류

① 성격에 따른 구분

■ 일반승진: 임용권자가 승진후보자명부의 순위에 의하여 적격자를 승진임용하는 방법

■ 특별승진: 포상, 특별한 공적, 행정발전에 공헌이 있는 공무원에 대하여 승진 소요 최저 연수의 단축 또는 승진시험 우선 응시 권한을 부여하거나 승진후보자명부의 순위에 관계없이 승진임용하는 방법

* 승진 소요 최저연수와 징계처분 종료 후 일정 기간 필요

-4급 및 5급은 5년 이상, 6급 4년 3급 이상 및 7급 3년, 9급 2년

* 근속승진: 8급 이하에 적용(9급 7년, 8급 8년)

② 시험부과 여부에 따른 구분

- 시험에 의한 승진과 시험에 의하지 않은 승진

- 일반 승진시험과 공개경쟁 승진시험

- 대우공무원제도

3) 승진의 기준

- 실적(시험성적, 근무성적, 교육훈련성적)과 경력(근무연한, 학력, 근무경력)

* 승진기준의 배합

■ 우리나라의 승진기준
- 공개경쟁 승진시험: 시험성적
- 일반 승진시험: 시험성적과 승진후보자명부 평점점수의 합
- 2-4급 공무원의 승진: 국가에의 공헌실적, 능력, 경력, 전공
분야, 인품 및 적성고려 소속장관의 임용 제청
* 선임순위 등 경력 기준의 승진제도 어떻게 볼 것인가?
* 승진경쟁의 기관별 한정(폐쇄주의)과 개방주의

4) 승진과 신규채용의 관계

- 공무원의 사기와 자질, 직업공무원제도의 발전정도, 민주적
행정통제 고려 조정
- 승진의 장점은 적은 임용비용, 사기·발전 신규채용의 유인,
선발과오 축소, 행정의 안정성 제고 등에 있다.
승진의 비율 높으면 조직 침체와 공무원의 질적 저하 초래
- 신규채용은 조직의 신진대사 촉진, 유능한 인재 확보로 행정
능률 향상
그러나 현직 공무원의 사기 저하 우려
* 승진과 신규채용의 조화

2. 강 임

- 의의: 하위직급으로의 이동(동일한 직렬 내). 그러나 동일직

렬 내 직급이 없으면 타 직렬로 이동

- 직제 변경 등으로 자리가 없을 시 퇴직 회피 수단으로 이용

Ⅲ. 수평적 이동

1. 전직과 전보(배치전환)

1) 의 의

- 전직: 상이한 직렬의 동일 직급으로 수평이동
- 전보: 동일한 직렬, 직급 내에서 직위의 변동
* 기관의 하부, 기관 내, 기관 간, 인사 관할이 다른 기관 간
* 인력의 효율적 이용 위한 수단이나 빈번할 경우 행정전문화 및 능률 저하

2) 용 도

- 적재적소 배치: 능력, 적성 부적응자의 재적응 기회 부여
- 능력발전과 교육훈련
- 조직 침체의 방지와 근무의욕의 자극: 능력정체 및 퇴행에 대비 직무확충과 직무다양화
- 할거주의의 타파와 부처 간 협력의 조성
- 업무량과 기술변동에 따른 배치조정

- 충성심의 방향전화: 개인(감독관)→ 조직
- 승진의 기회 제공
- 개인적 희망 존중

3) 전직과 전보의 제한

- 전직시험(전직) 및 최저 재임 기간(전직, 전보)
- 특수자격증 소지자, 특수목적 학교 졸업자로 특별채용된 경우 3년간 전직 금지
- 일반 공무원은 당해 직위 임용된 날로부터 1년 이내에, 특별채용 공무원은 4년 이내 전보 금지

4) 전직, 전보제도의 문제점과 개선방향

■ 문제점
- 유능한 직원의 타 기관 전출에 소극적이어서 적재적소 배치와 능력발전 저해
- 정실인사의 수단으로 이용(징계, 사임의 강요수단, 징계회피, 좋은 자리와 나쁜 자리 인의장막)
- 인사이동 기준이 객관화 표준화되지 않아 인사권자의 개인적 기준이 작용
- 빈번한 보직변동으로 행정의 전문화와 능률화 저해(업무중단, 적응의 문제, 전문성과 숙련성 저하, 좋은 자리 찾아가기)

- 중앙기관과 하부기관의 인사교류 협소

■ 개선방안
- 공무원 능력발전 위해 적극적 활용
- 인사이동의 객관적 표준화된 기준 마련
- 전문성 위한 전보 가능범위 제한과 정기적 전보 실시
- 상하위 기관 간의 순환보직제도 확립

2. 겸임, 파견 및 전입

1) 겸 임

- 직위 및 직무내용이 유사하고 담당 직무수행에 지장이 없다고 인정되는 경우 한 사람의 공무원에 둘 이상의 직위를 부여하는 것
- 필요한 인력 확보 준비가 안 된 경우나 교육훈련기관의 교관 요원 임용 등에 잠정적 이용
- 2년 이내로 하되 필요한 경우 2년 범위 내에서 연장 가능

2) 파 견

- 국가적 사업 수행을 위해 공무원이 소속을 바꾸지 않고 일시적으로 다른 기관이나 국가기관 이외의 기관 및 단체에서

근무하는 것
- 다른 기관의 업무 폭주, 신설조직의 지원, 특수업무 수행, 안목과 경험의 증대의 수단, 교육기관에서 소속 공무원의 능력개발에 이용

3) 전 입

- 인사 관할을 달리하는 입법부, 행정부, 사법부 사이의 다른 기관 소속 공무원을 이동시켜 받아들이는 것
- 시험이 필요하며 임용자격 요건 및 시험과목이 동일할 경우 시험 일부 또는 전부 면제 가능

Ⅳ. 경력발전

1) 경력발전

- 미리 정한 경력통로를 따라 전진할 수 있도록 조직구성원들을 준비시키는 모든 활동
- 개인에게는 계획적인 직업생활 관리를 통해 자기계발을 하고 내외재적으로 보상이 큰 직무를 맡아 성장성숙함
- 적격자의 준비와 외부로부터의 유능한 인재 유입에 도움, 조직이미지 개선, 직원의 좌절과 불만 해소, 조직의 생산성 증대

2) 경력계획

- 직원 개개인이 경력상의 추진단계 및 성취수단을 결정하는
활동. 즉 구성원 개인이 자신의 능력을 평가하고 경력과 관련
된 정보를 수집하여 경력목표를 설정하고 이를 성취하기 위한
전략을 수립하는 행동이나 수단
* 경력: 개인이 생애동안 겪는 업무관련 경험

① 경력계획의 과정
- 자기평가: 능력, 흥미, 가치관 평가
- 경력발전기회의 탐색: 다양한 경력통로 탐색하고 경력발전
의 현실적 기회 확인
- 경력발전목표의 선정: 개인의 희망과 조직이 제공하는 기회
를 고려하여 현실성 있는 목표를 단계별로 설정
- 실천행동계획의 수립: 구체적 실천행동의 내용과 시기 결정

② 경력통로
: 어떤 조직에 근무하는 직원이 따라 움직여 나가는 융통성
있는 경력진행의 노선
- 전통적 경력통로: 직위의 계층에 따라 수직적으로 상향 이
동하는 통로
- 네트워크형 경력통로: 수직적 및 수평적 이동경로를 결합한
경력통로

- 2원적 경력통로: 관리계통과 기술계통을 분리한 경력통로
- 임무 중심적 경력통로: 조직의 비계서적, 잠정적 구조에 대응하는 경력통로

3) 경력관리

- 장래의 필요에 맞춰 활용할 수 있는 인재집단의 확보를 위해 직원들을 선별, 평가, 배치하고 발전시키는 과정
- 인적자원의 효율적 활용을 통한 조직목표와 성취가 목적(인력의 능력발전, 자기평가의 기회, 조직 전체의 경력통로 확장, 개인적 발전욕구 충족, 직무현장 경험 통해 직무수행실적 개선, 충성심 향상, 교육훈련수요 결정)
- 구성원의 적극적 참여와(정확한 경력관련정보 제공) 정책지원이 필요

V. 해직 및 복직

1. 휴직, 직위해제, 정직 및 복직

1) 휴 직

- 일시적 사정으로 공무원 직무를 일정 기간 떠나 있는 것.
- 휴직 중에는 공무원 신분을 유지하나 직무에 종사하지 못함

- 공무원 본인이 원할 때와 휴직의 명령 가능
- 기간은 사유에 따라 3개월~2년

2) 직위해제

- 직위를 계속 유지시킬 수 없다고 인정되는 사유가 있는 경우에 공무원으로서의 신분은 보존하되 직위를 부여하지 않는 임용행위
- 직무수행능력이 부족하거나 근무성적 불량자 및 징계의결 요구중이거나 형사사건 기소자에 적용

3) 정 직

- 직무수행을 일시적으로 정지시키는 중징계처분
- 정직처분을 받으면 공무원의 신분은 보유하지만 직무에 종사 못함
- 기간은 1개월-3개월이며 보수의 2/3을 감함

4) 복 직

- 휴직 또는 직위해제중인 공무원을 직위에 복귀시키는 것

2. 직권면직, 해임 및 파면

1) 직권면직 및 권고사직

■ 직권면직: 본인 의사와 상관없이 임용권자가 공무원의 신분 박탈 공직에서 배제시키는 제도
 - 직제나 정원의 개폐, 예산의 감소 등에 의한 폐직이나 과원
 - 공무원이 심신의 장애로 1년 이상 직무를 감당하지 못하게 되거나 근무성적 불량 시
 - 휴직 기간 만료 후 직무에 복귀하지 않는 경우
 - 전직시험 3회 이상 불합격자로 직무수행능력 부족 시
 * 징계위원회 의견 듣거나 동의 받아 퇴직시키나, 법상에 징계로 규정되어 있지 않음

■ 권고사직: 의원면직의 향식을 취하나 인사권자의 자의에 의해 이루어지는 사실상의 강제퇴직
 - 법상에 제도로 징계대상 공무원의 가혹한 징계 면탈의 수단으로 이용되나 대량 숙정 시 비공식적 징계수단으로 이용

2) 파면 및 해임

 - 공무원을 강제로 퇴직시키는 중징계 처분
 - 파면되면 5년 동안, 해임되면 3년 동안 공무원 임용 금지
 - 파면 시는 퇴직급여액 1/2삭감(미만 근무자는 퇴직급여의 1/4)

Ⅵ. 퇴직관리

1) 의 의

: 조직인력의 퇴직상황을 분석예측하여 적정 인력 보전을 위한 대책을 강구하는 활동

2) 퇴직의 유형

- 협의적 해석(은퇴): 정년퇴직과 명예퇴직
- 광의적 해석(공무원 신분의 해지): 협의개념+강제퇴직(파면, 해임)
- 임의퇴직: 공무원의 자발적 의사결정에 의한 퇴직. 의원면직과 명예퇴직
- 강제퇴직: 잘못에 의한 징계(파면, 해임), 직권면직, 정년퇴직, 당연퇴직, 감원에 의한 퇴직

3) 퇴직관리 전략

- 적정 퇴직률 산정하고, 퇴직 억제하거나 촉진전략 구사(비용편익 분석)
비용: 신규직원 채용 및 훈련비용, 숙련기술 손실로 인한 저생산성, 퇴직준비 기간의 사기 및 생산성 저하

편익: 고령인력 교체로 침체 방지, 새로운 지식과 기술 가진 신규인력 도입으로 생산성 향상, 승진적체 해소 통한 사직 진작과 조직 활성화
 - 퇴직유형별 관리전략

■ 퇴직관리업무의 구분
 - 다양한 퇴직 유형의 퇴직원인 분석: 퇴직자 면접(퇴직의 진정한 원인 파악과 조직 속에서의 발전기회 정보의 제공과 구성원 자신의 이익과 조직의 이익에 관한 이해 증진)
 - 원인에 비추어 인사정책 조정과 발전

「교 육 훈 련」

1. 교육훈련의 의의

개 념

 : 공무원의 일반 능력을 개발하고, 직무수행에 필요한 지식과 기술을 연마하고, 태도의 발전적 변화를 촉진하는 활동
 * 직무분석, 채용정보, 근무성적평정과의 관계

1) 교육훈련의 수요 및 목표

* 교육훈련 수요의 추상적 공식

: 직책이 요구하는 자격- 공무원의 현재능력=훈련의 목적 및 수요 (job requirement) (present job skill of public servant) (training objectives and needs)

■ 현대적 교육훈련의 특징
- 급격한 변동과 변화요청
- 행정서비스의 고품질화 촉구
- 고객중심행정의 요청 증대
- 정보화에 대한 적응
- 인간주의 구현의 갈망 증대

■ 교육훈련의 발생요인
- 새로 채용되자마자 부여되는 임무를 곧바로 능숙하게 처리하기 어렵다: 새로운 직위에 배치되면 그 직무와 근무상항을 소개하고 적응시키는 훈련
- 행정의 대상, 성격의 변동에 대비적응
- 현재의 업무에 관한 능력 향상과 새로운 기술의 도입에 적응
- 공무원의 가치관, 태도의 변화

■ 교육훈련의 목적
- 생산성의 향상: 지식과 기술의 향상, 생산적 가치관
- 사기제고: 직무수행에 필요한 지시고가 기술 습득으로 일에 대한 자신감 향상과 의욕 제고
- 통제와 조정의 감소: 자율적인 업무 감당
- 공무원의 경력발전
- 과오와 낭비의 감소
- 조직의 안정성과 융통성 향상

2. 교육훈련의 종류

1) 적응훈련(기초훈련, orientation)

- 신규채용된 공무원이 어떤 직위의 책무를 담당하기 전에 받는 훈련
- 새로운 환경, 조직의 목적, 맡을 직책의 내용 등이 내용
- 방법으로는 인사담당자가 조직의 목적, 구조, 기능, 인사행정 등의 내용 설명 직속상관이 그가 근무할 사무실과 직책 설명

2) 정부고유 업무담당자 훈련

- 정부업무의 특수한 요구에 대응하는 지식과 기술을 일반 교육기관에서 배울 기회가 없으므로 공식적 훈련계획에 따라 상

당 기간 직무에 관한 훈련 필요

3) 직무수행의 개선을 위한 훈련

- 현재 담당하고 있는 직무에 관한 직무수행능력의 유지 또는
향상 위한 훈련
- 오랫동안 근무하는 동안 잃어버린 능력 되찾도록 하는 재훈
련(supplying missing skill)
- 기술 등 여건의 변화에 따라 필요하게 된 새로운 지식과 기
술 습득
- 보통 소속기관이 주관하여 정기적 또는 수시로 실시하며 통
신교육이나 교재를 배포해 훈련

4) 감독자 훈련(supervisory training)

- 우리나라는 제1선 감독자로서 계장, 과장이 해당
- 훈련내용은 인사행정, 의사전달, 인간관계, 부하의 훈련, 사무
관리, 사무개선 등
- 감독능력 향상은 오랜 시간이 소요됨
* 공무원의 유용성 확대훈련: 장래에 필요한 잠재능력 향상에 중점
조직에 대한 적응성 향상훈련, 감독자훈련, 승진대비훈련

5) 관리자훈련

- 관리층 공무원들의 관리능력 즉 정책결정과 리더십에 필요한 능력 향상시키는 훈련
- 행정 관료가 국가 정책수립에서의 역할이 중요해지고 적극화됨에 따라 필요성 확대
- 상황적응 능력의 확대

▶ 예리한 판단력과 논리적 사고를 할 수 있는 지적능력
문제를 분석하고 해결하기 위해서는 광범한 분야에 대한 소양 필요
→ 정책수립, 계획, 조정, 의사결정, 조직, 인사, 부하의 동기부여 등 조직운영에 관한 지식필요
독파력: 보고서 등의 자료를 빨리 읽고 정확히 판단할 능력
▶ 뛰어난 지도력과 존경할만한 인품

* 관리자훈련 계획 시 유의할 점
- 피훈련자의 자기발전을 위한 노력위에 기초: 피훈련자의 내적 동기가 중요
- 관리자들을 획일적으로 훈련시키기보다는 개인차를 존중하고 구체적인 경우 적합한 훈련방법을 채택해야 하며 융통성 있는 계획에 따라 스스로 배울 수 있는 행동의 폭 인정
- 관리능력의 향상은 단기간 내 취득되는 것이 아니므로 장기적인 과정이 필요

6) 윤리성훈련

- 공무원의 가치관, 태도의 변화 모색(공직윤리와 행동규범 체득), 정신교육

3. 교육훈련의 방법

1) 강의(lecture)

- 여러 사람을 모아놓고 한사람이 말로 정보를 전달하는 방법

■ 장점
- 체계적이고 논리적으로 내용 전달
- 한번에 많은 사람을 대상으로 하는 것이 가능해 경제적

■ 단점
- 피훈련자들의 이해와 반응을 잘 알 수 없음
- 피훈련자들이 능동적으로 참여할 기회가 없음: 권태 느끼고 주의 집중하지 못할 수도 있음
- 혼자 이야기하고 피훈련자들은 피동적으로 듣기만 하므로 강의기술이 요구

2) 회의(conference, seminar)

- 상대적으로 적은 수의 사람들이 참가하여 모든 참가자들의 토의로 진행
- 대개 사회자가 있어 의제를 제시하고 토론을 이끌어가며 토론의 결과를 요약하고 종결시킴
- 세미나: 어떤 주제에 관하여 전문지식을 가진 사람들이 事前의 연구에 기초를 두고 자유스럽게 집중적인 토의를 하며 공식적인 회의지도는 최소한에 그치는 방식
- 분반토론(discussion group)
- 자유토론(brain storming): 어떤 막연한 주제에 관하여 이론이나 형식의 구애 없이 자유스럽게 독창적인 의견을 주고받도록 하는 방식이다.

▶ 장점
- 능동적으로 배우기 때문에 효과가 큼
- 독자적인 사고능력을 길러줌
- 여러 사람의 정보, 지식, 생각 등을 모으므로 보다 넓은 배움의 기초 마련

▶ 단점
- 참여자들이 논제에 대하여 어느 정도 예비지식이 있어야 함
- 많은 사람을 한꺼번에 참여시킬 수 없음
- 새로운 정보를 조직적, 체계적으로 전달하기 곤란

- 시간이 많이 걸림
- 진행을 잘못할 경우 초점을 잃은 토론이 됨

3) 대집단을 대상으로 하는 토론(forum, panel, symposium)

- forum: 한 사람이 발표하고 청중으로 참여하는 피훈련자들의 질의와 토론을 허용
- panel: 각각 다른 배경을 가진 토론자들이 하나의 주제를 놓고 토론
- symposium: 토론 참가자들이 각각 별개의 논제에 관하여 발표
* 패널과 심포지엄은 많은 피훈련자를 대상으로 하는 점에서는 강의와 비슷하나 발표자가 복수라는 점에서 다름

▶ 장점
- 자유로우며 공개적 토론
- 여러 다른 의견 또는 생각을 개진발전
- 문제에 관한 중요한 쟁점을 파악하기 쉽다

▶ 단점
- 토의가 연사들의 의견에만 한정되기 쉽다
- 토론이 의도와 다른 방향으로 가기 쉽다
- 피훈련자들의 토론참가 기회가 제약

4) 사례연구(case study)

- 실재했던 상황을 집약적으로 묘사한 사례를 놓고 토론하는 과정에서 내포된 원리 터득
- 피훈련자들이 미리 사례의 내용을 파악한 후 그에 관한 토론에 참가하여 토론자의 지도하에 자유스럽게 토론

▶ 장점
- 피훈련자 전원이 능동적으로 참여할 수 있으며, 참여자들의 관심과 흥미를 이끎
- 스스로 배우게 되므로 독자적인 문제해결능력 향상

▶ 단점
- 문제의 사례를 잘 알고 있는 능숙한 사회자 요구
- 많은 시간 소요

5) 역할연기(role play)

- 사례 또는 사건을 피훈련자들이 연기로서 표현하고 토론

▶ 장점
- 실생활에서와 같은 상황을 실현하므로 문제에 대한 이해가 빠름
- 인간관계의 훈련에 효과적(남의 역할 대신함)

▶ 단점
- 사전준비 필요
- 소극적이거나 연기에 소질이 없는 사람에게는 적용이 곤란

6) 현장훈련(on-the-job-training)

- 피훈련자가 직무를 수행하면서 경험을 쌓고 상관으로부터 지도를 받게 하는 방법

▶ 장점
- 직무수행을 하면서 배우게 되므로 실용적 효과가 큼
- 직무수행을 오래 중단시킬 필요가 없어서 경제적

▶ 단점
- 감독자들은 훈련에 대한 책임 때문에 직무수행에 지장
- 감독자나 교관들의 기술이 미숙하면 성과가 낮아짐

7) 실무수습(internship)

- 장차 공무원이 되려고 준비하는 사람으로 하여금 정부기관의 업무를 실습케 하는 것
- 학술적인 연구와 실무를 연결하여 학교에서 배운 지식을 실제에 적용해보고 반성하는 기회 제공

8) 분임연구(syndicate)

- 관리자훈련의 일종으로 10명 내외로 분반 후 연구 과제를 부여하여 공동토론으로 해결방안을 모색한 후 보고서 제출 및 발표, 비판토론이 이루어짐

* 순환보직, 시찰(견학), 감수성훈련, 황야(극기)훈련

4. 사후평가

- 강의가 끝나면 훈련이 목적을 어느 정도 달성했는지 훈련에서의 문제점은 무엇이었는지 평가

▶ 평가의 기준
- 훈련내용에 대한 반응
- 지식, 기술의 습득정도
- 태도 및 행동의 변화
- 조직의 성과

▶ 측정방법
* 인간행동의 변화를 측정하는 것이므로 평가는 매우 어려운 작업
- 피훈련자의 상관이나 동료에게 훈련 후의 근무성적에 대하여 문의

- 피훈련자들의 평가서식에 기입
- 감독자와 훈련담당자 등으로 구성된 위원회를 조직하여 훈련의 효과 집단적으로 평가

▶ 구체적 측정방법
- 생산성 향상: 훈련 전후의 생산성 비교, 훈련 집단과 비훈련 집단의 비교
- 작업상 과오의 감소
- 기술향상
- 태도 또는 사기의 변화
- 판단력의 향상

〈참고문헌〉

박문옥, 신행정학 대의, 선경사, 1982.

오석홍, 인사행정론, 박영사, 1994.

한만봉, 행정정책기획론, 한국학술정보, 2007.

한만봉, 교육정책학(상), 한국학술정보, 2007.

한만봉, 행정경제교육, 한국학술정보, 2006.

한만봉, 산학협동교육학, 한국학술정보, 2006.

N. Joseph Cayer, Managing Human Resources: An Introduction to public personmel Administration, 1980.

Ⅱ. 인사행정의 제 유형들

1. 근무성적평정

Ⅰ. 의 의

1) 의 의
: 공무원의 능력, 근무성적, 태도, 직무수행가치 등을 평가하는 것
- 고전적 인사행정: 능률성 또는 생산성의 단일 가치기준에 입각 평가하고 인사행정의 표준화와 직무수행의 통제에 중점을 둔 소극적, 통제적 운영에 중점
- 현대적 인사행정: 실적주의, 능률주의적 인사행정의 대두와 객관적 기준발견의 요청→ 직무수행 능력 평가 외에 공무원에 대한 처우, 공무원과 행정의 발전, 인사행정의 타당성 등에 관한 의사결정의 정보 제공

2) 근무성적평정의 용도
- 상벌의 목적(인사행정의 기준 제공)
: 평정이 공정하지 않은 경우
  승진의 기준이 되는 경우
- 시험의 타당성 측정
- 공무원의 능력발전

: 훈련의 필요성 파악

　적재적소의 배치

　근무능률 향상

3) 근무성적평정체제의 요건

- 타당성
- 신뢰성
- 식별력(판별력)
- 수용성
- 실용성

4) 비 판

- 측정하는 사람의 성격, 능력, 경험 등의 주관적 요소가 평정에 영향을 미침
- 과거와 현재의 직무수행을 평가하는 것으로 장래의 능력 판단해주는 것이 아님
→ 장래의 인사배치 기준이 되지 못함
- 단일한 수단을 너무 많은 목적에 활용
- 형식적이고 통제위주의 평정이 많아지는 것의 문제
- 관대화 경향
- 연쇄적 영향

Ⅱ. 평정모형

■ 방법 기준
- 도표식평정척도법,
- 강제배분법,
- 사실기록법(산출기록법, 주기적 검사법, 근태기록법, 가감점수법),
- 서열법,
- 목표관리제평정법,
- 체크리스트법,
- 강제선택법,
- 중요사건기록법,
- 행태기준평정척도법,
- 행태관찰척도법

■ 평가자 기준
- 자기평정법
- 동료평정법
- 감독자평정법
- 부하평정법
- 집단평정법

1) 산출기록법

: 공무원의 산출기록을 보는 방법(수량적 평정)

- 반복적이고 단순업무의 수행실적 평정에 적합
- 행정적 직무나 복잡한 직무에 사용 불가

2) 서열법

: 피평가자를 비교하여 서열을 정하는 방법
- 비교적 작은 집단에 사용
- 집단 내 서열을 알려주나 다른 집단과의 개관적 비교자료는 제시 못함
- 서열 정하기 위한 방법
: 대인비교법
  2인조 비교법
  이전법(移轉法)

3) 등급법

: 직위분류제의 등급표와 비슷한 기준표를 만들고 그에 비추어 우열 평가

4) 도표식평정척도법

: 근무수행실적, 능력, 태도 등에 관한 평정요소를 나열하고, 그 하나하나에 대한 우열의 등급을 표시하는 평정척도를 그린 평정표를 사용하여, 평정자가 평정척도의 등급 중 피평정자에 해당하는 것을 선택하여 표시하는 방법
 - 장점: 평정표의 작성이 간단하고 사용이 용이. 많은 사람 평

정하는 데 용이
 - 단점: 평정요소에 대한 등급을 정하는 기준이 모호
        연쇄적 영향

5) 강제배분식

: 성적분포의 과도한 집중과 관대화 방지를 위해 성적분표의
비율을 미리 정해놓는 방법
 - 관대화와 집중화 경향 방지
 - 평정자 전원이 무능하여도 일정비율이 유능하다고 평정 받
게 됨(전원이 우수할 경우는 반대)

6) 동료평가법

: 집단 내 대등한 위치에 있는 동료들이 상호 평가하는 방법
감독자나 관리자 등과 같이 평정요소가 복잡한 사람들의 평정
에 이용
 - 객관성과 공정성 제고
 - 단독평정의 편견 배제
 - 참여통한 개선방안 모색에 유용

Ⅲ. 운용상의 주의점

1. 작성상의 주의점

1) 평정요소의 선택
: 평정의 용도와 피평정자의 직급에 따라 평정요소의 선택이 달라져야 함
- 용도에 따른 경우: 우리나라는 근무실적, 직무수행능력, 근무수행태도 및 청렴도로 구분
(능력과 태도를 실적의 주요 변수로 보고 있음)
- 직급에 따른 경우: 기술직과 사무직, 9급과 5급

2) 평정요소의 수
: 기관에 따라 다양하며 직급, 이용목적에 따라 다름
- 일반적으로 하위노무직 8, 일반 사무서기직 9, 감독자행정관 12가 평균

3) 평정요소의 비중
: 요소 간의 중요성에 따라 비중을 달리하는 것이 효과적
- 비중이 형식적 배점의 차이가 아닌 실제 평점의 차이에서 발생함
- 평정요소 간 비중의 차이를 둘 때 각 직책이 요구하는 평정요소의 검토가 필요

4) 등급의 수

: 보통 3-5개

- 너무 많으면 등급 간 명백한 분리가 힘들고 적으면 충분한 분별이 되지 않음

5) 평정의 횟수

보통 1년에 1회 또는 2회

- 신규채용자, 하급공무원은 장기 근속한 직업공무원이나 고급직보다 자주 실시

- 능력발전을 도모하는 경우 어떤 업적사유가 있을 때마다 수시로 실시

- 평정결과가 후일 인사에 이용될 때는 평균치 이용이 바람직

6) 평정요소의 나열순서

여러 개의 평정요소의 나열

- 첫 번째의 평정요소에서 받은 인상의 영향이 클 경우 순서의 문제 발생

- 타당도와 신뢰도가 높은 것을 상위에 배치

2. 이용상의 주의점

1) 평정자의 훈련

평정이 주관적 성격을 가진 기술이므로 편견으로 인한 공정한

평정 저해 발생 가능
 - 훈련을 통해 제도의 중요성, 평정의 구체적 방법, 공통적으
로 범하게 되는 결점 인식시킴으로써 효용 높일 수 있음
 - 훈련내용: 평정의 의의, 용도, 제약, 공통적 특성, 결점으로서
의 관대화 경향, 집중화 경향, 연쇄적 영향
 * 근접효과와 선입견

2) 평정의 표준화

평정결과가 평가자나 부서에 따라 차이가 있을 수 있음(직원
의 근무성적의 차이나 우열 또는 평정자의 평정기준이 다른 데
서 기인)
따라서 표준화를 기해야 함
 - 강제배분법
 - 평균치를 정해놓고 거기에 일치시키는 방법
 - 부서별로 각 평정자, 확인자가 평정한 것을 심사하는 합의제
를 구성하여 조정하는 방법
 - 규칙적 착오: 어떠한 평정요소에 대한 평정에서 피평정자를
항상 과대 또는 과소평가하는 것
 - 통계적 착오: 평정자에 의하여 동일 피평정자에 대하여 주
어진 평정과 평균치 간의 차의 총계

3) 평정자의 수

누가 평정하며 몇 명이 평정하는가.

4) 대화를 통한 평정

일방적 평정이 아니라 피평정자와 의논하면서 평정하는 방법

- 본인에게 알려주는 이유

평정의 목적이 상벌의 목적만이 아니고 개인의 능력, 인품 등의 특징을 파악하고, 단점을 시정하거나 능률을 향상시키는 데 있기 때문

평정의 양식이 목표 관리식으로 되어있어 성과업적을 평정자 혼자서 할 수 없으므로 평정의 공정성 제고

- 반대논점

알려줌으로써 사기 저하

관대화 경형

5) 소　청

평정이 부당하다고 느낀 경우 공정한 재결을 요구할 수 있는 권리

평정의 공정성 제고수단

Ⅳ. 실적제(實積制)

1. 실적제의 의의

실적제(merit system)란 공직을 임용함에 있어서 당파성이나 학연·혈연·지연을 배제하고 개인의 능력·자격·성적에 기준을 두어 임용하는 제도를 말한다.

(1) 개 념

초기 실적주의는 엽관주의에 의한 부패와 비능률의 제거에 초점
① 채용시험의 실시 ② 공무원의 정치적 중립과 신분의 보장
③ 정당의 영향력으로부터 중립적인 중앙인사기관의 설치
실적주의 개념의 확충
▪ 인사행정관의 적극화◀— 과학적 관리론, 인간관계론, 인간의
성장이론

(2) 기 준

1) 일반적으로 실적은 능력, 기술, 지식으로 정의
2) 문제점
① 실적평가의 기술이나 도구가 과학적이지 못하다
② 필기시험의 기준타당성과 내용타당성의 문제
③ 근무성적평정의 객관성과 신뢰성의 문제
3) 실적제의 효과

☞ 장점
① 공개경쟁 채용시험은 공직취임의 균등한 기회제공—▶행정
   의 민주성
② 실적기준—▶행정의 능률성
③ 정치적 중립—▶행정의 공정성

④ 신분보장→행정의 안정성과 계속성
⑤ 공직의 상품화 반발→부정부패의 근절

☞ 단점
① 초기 실적주의는 반엽관주의에 너무 집착하여 인사행정을 소극
   적, 경직적, 비능률적으로 운영(중앙인사기관의 신축성 결여)
② 자격요건 혹은 시험내용과 직무수행능력 사이의 낮은 연계성
   (시험내용이 지배계층의 가치관이나 이해반영)
③ 강력한 신분보장으로 정치지도자의 통제력 약화
④ 정치적 중립은 국민과 정치지도자의 요구에 둔감한 폐쇄된
   관료제를 만듦.

2. 실적제의 발달배경

■ 엽관주의의 폐해극복

▪ 엽관주의나 정실주의가 행정의 부패, 능률의 저하, 관직의
남성과 예산의 낭비, 공무원의 신분불안, 행정질서의 문란 등의
병폐를 초래하게 되자 이러한 병폐를 극복하기 위하여 대두.

■ 실적주의운동의 전개

▪ 19세기말에 이르러 정당제도가 발전하면서 다수당의 지도자
들은 공직의 임면을 금전적·정치적으로 활용하였다. 이러한 정
당지도자의 횡포로부터 관료기구를 해방시키고 관료의 신분과

지위를 보장하기 위하여 전개.

■ 행정국가로의 전환

▪ 자본주의 발전과 사회 환경의 변동에 따라 정부의 기능이 양적·질적으로 확대·강화됨으로써 국가의 형태 전환(입법국가 ⇒행정국가)으로 행정의 안정화와 투명화를 위해 필요.

■ 행정의 다양화·전문화 추세

▪ 사회 환경의 변화와 더불어 행정이 다양해지고 전문화됨에 따라 능력 있는 공무원 채용 필요성.

3. 실적제의 발달과정

(1) 美 國

1) 엽관주의에 대한 개혁의 결과
2) 가아필드 대통령의 암살: 실적주의 확립의 주요계기
▪ 1881년 가아필드(James A. Garfield: 19대)대통령이 공직배분에 불만을 품은 엽관운동자인 귀토(Charles Guiteau)에 의하여 암살되자 실적주의의 도입계기.
3) 1883년 펜들턴(Pendleton)법의 제정
❶ 독립적이며 초당적인 인사위원회(CSS; Civil Service Comission)
　　의 설치

❷ 공개경쟁채용시험에 의한 임용

❸ 시보 임용제도

❹ 공무원의 정치적 활동금지

4) 1923년 분류법(Classification Act): 실적주의 적용을 받는 분류직을 80%로 확대

5) 1939년 해치법(Hatch Act): 공무원에 대한 정당의 지배와 공무원의 정치적 활동 금지

6) 실적주의의 개혁

▶ 공무원제도개혁법(Civil Service Reform Act)을 제정.(1978년 카터 대통령)

❶ 인사관리처(Office of Personel Management: OPM)설치

❷ 실적제도보호위원회(Merit System Protection Board: MSPB)설치.

❸ 공무원 채용 시 자격 있는 사람 충원

❹ 탁월한 업적을 올린 공무원에게는 그에 상응하는 보상.

(2) 英　國

■ 1853년의 노스코트와 트레벨리안 보고서(Northcote & Trevelyan Reports): 개혁의 배경

▪ 1848년 러셀(Russell) 수상이 공무원제도 개혁에 관한 조사를 노스코트(Northcote)와 트레벨리안(Trevelyan)에게 위촉하면서부터 시작됨.

1) 정기적인 공개경쟁채용시험의 실시(실적 중시)

2) 독립적인 중앙인사위원회의 설치

3) 공무원의 임용절차를 능률화하고 간소화할 것을 명시

4) 시보임용 기간

■ 1855년 추밀원령(樞密院令: Order in Privy Council)

· 1855년 팔머스톤(Henry Palmerstone) 내각은 'Northcote & Trevelyan Reports'를 일부 수정하여 제정.

1) 독립적인 인사위원회 설치

2) 인사위원회의 증명서: 공무원 임용의 전제조건

■ 1870년 추밀원령: 영국 공무원제도 발전의 획기적인 계기

· 1868년 글래드스톤(W.E. Gladstone) 수상은 1855년의 추밀원령이 미온적인 인사개혁이었다는 인식 아래 제정.

1) 일반교양을 시험과목으로 공개경쟁채용시험

2) 채용시험을 계급별로 실시(행정적 업무와 단순 반복적 업무)

3) 재무성은 지원자의 자격 및 채용관직의 결정에 관하여 동 의권을 보유

■ 플턴위원회(Fulton Committee)의 보고서: 실적주의가 확립된 시기

· 플턴위원회(1966~1968)는 보고서를 통해 영국 공무원제도의 문제점과 개선방안을 제시함으로써 인사개혁을 일으키는 계기 마련.

1) 인사성(CSD : Civil Service Department)의 설치 제안.

2) 공무원대학(Civil Service College)의 설치 제안

3) 공무원 경력관리에 있어서 능력·재능·자격요건 등 보다 많은 요소 적용.

② 한국의 실적제

1. 실적제의 전개

・우리나라에 있어서 실적제의 출발 시기는 1961년 군사정권이 시작한 이후부터라고 할 수 있다.

1963년 새로운 국가공무원법을 비롯하여 공무원훈련법, 직위분류법, 지방공무원법 등의 인사 관계 법률이 제정됨.

2. 실적제의 실태

1) 공직에의 기회균등

・임용에 있어 성별·신분·종교·학벌·지역 등에서 차별을 받지 않는 것.

2) 능력과 실적에 의한 임용

・공개경쟁채용시험을 통한 신규채용은 실적 중심.

3) 정치적 중립성

▪1962년에 공포된 제3공화국 헌법(제7조)에 "공무원은 국민 전체에 대한 봉사자이며 국민에 대하여 책임을 진다. 공무원의 신분과 정치적 중립성은 법률이 정하는 바에 의하여 보장된다" 고 규정.

4) 신분보장

▪직위해제와 직권면직제도의 개선, 고충처리제도의 도입, 징계제도의 보완

▪국가공무원법 제69조는 "공무원은 형의 선고, 징계, 처분 또는 이 법이 정하는 사유에 의하지 아니하고는 그 의사에 반하여 휴직, 강임 또는 면직을 당하지 아니한다"라고 규정.

V. 인사행정의 사기와 동기부여

1. 사기의 의의

1) 정 의

- 공무원들의 직무수행 의욕 또는 직무수행 동기
- 직원의 태도, 감정, 정서의 집합체임과 동시에 집단의 융합적인 감정을 토대로 하여 어느 목적에 매진하는 의욕적이고 적극적인 행동을 자아내는 독특한 정신상태와 집단의 자율성
* 사기와 성과 간의 관계

2) 사기와 동기부여

- 동기부여: 직무수행 동기가 유지되고 활성화되는 과정이나 배경(동기 내용이나 인식과정)

- 사기: 드러난 만족감이나 근무의욕, 태도(내재적 동기유발과 외재적 동기유발에 의해 나타난 조직원의 정신적 마음상태/ 심리적 결과)

* 동기유발→ 조직원의 사기앙양(목표달성의지, 근무의욕, 직무만족)→ 생산성, 성과의 향상

3) 사기조사

: 조직행동에 공통목적을 가진 개인 또는 단체의 심정이나 태도의 수준 측정

사기의 저해요인 파악과 제거 대책 수립의 자료 수집

- 통계적 방법에 의한 조사: 노동 이동률, 결근율 및 지각률, 퇴직률, 고충처리율, 사고빈도율 등의 측정

- 태도조사(의식조사): 직원들의 심리적·감정적 상태를 조사하여 의견과 희망사항을 듣고 불평불만의 원인과 소재 파악(관찰, 면접, 질문서, 소시오메트리)

2. 동기부여 이론

1) 내용이론

마음속의 무엇이 개인의 행동을 유지 또는 활성화시키는가, 무

슨 요인이 사람의 행동을 움직이게 하는가?

- 행동의 유발, 유지, 활성화의 요인(어떤 내용)에 관심(무엇이 직원을 동기유발시키는가?)

- 사람을 만족스럽게 하는 요인과 직원의 사기를 높여주는 요인의 이해에 유용

- 정체적이며, 記述的

① Maslow의 욕구단계이론(1943)

: physiological needs, safety needs, love needs, esteem needs, need for self-actualization

② Alderfer의 ERG이론

: existence needs, relatedness needs, growth needs

* 마슬로우와 앨더퍼 이론의 비교

- 마슬로우는 욕구의 진전과정을 설명한 데 비해, 앨더퍼는 욕구가 좌절되는 회귀과정도 함께 설명하고 있다.

- 마슬로우는 분절형의 욕구단계로 앨더퍼는 복합 연결형의 욕구단계로 이해

③ Herzberg의 2요인이론

: 위생요인(불만족요인)과 동기요인(만족요인)

- 불만 시(환경)와 만족 시(일 그 자체)의 관심

- 만족하지 않음≠불만족, 불만족의 해소≠만족

- 위생요인: 불만족을 방지해 주는 요인. 조직의 방침(정책)과 행정, 관리감독, 상사와의 관계, 근무환경, 보수, 동료와의 관계, 개인생활, 부하직원과의 관계, 지위, 안전 등 **직무환경요인**

- 동기요인: 만족을 제고시키는 요인. 성취, 인정, 직무내용, 책임, 승진승급, 성장 등 **직무 내재적 요인과 직무내용**
④ McClelland의 성취동기이론(학습에 의한 동기이론)
- 성취욕구: 무언가를 잘하려는 갈망 혹은 전에 한 것보다 더 능률적으로 하려는 욕구
- 권력욕구: 개인화된 권력과 사회화된 권력
- 소속욕구: 관계유지나 사회적 교류에 대한 높은 관심. 소외의 회피

2) 과정이론(인식절차이론)

정보처리나 인식 혹은 직무환경요인과 상황에 초점. 인식요인들 간의 관계와 교류절차에 관심
- 어떻게, 왜 영향을 미치는가? 어떤 과정을 거쳐 동기유발되는가?
① Vroom의 기대이론(VIE 모형)
: 개인이 어떤 행동을 하려고 할 때, 어떤 심리적인 과정을 거쳐 행동하게 되는가의 규명
- 행위와 보상의 연결(여러 행동대안 평가 후 자신이 가장 중요시하는 결과 가져다 줄 것이라 생각되는 대안 선택)
- 유의성(valence): 개인이 특정결과에 대해 갖는 선호의 강도 긍정적 유의성, 부정적 유의성, 零의 유의성
- 수단성(instrumentality): 개인이 지각하는 1차적 결과와 2차적 결과와의 상관관계에 대한 인지도
- 기대감(expectancy): 개인행동이 자신에게 가져올 결과(1차적 결과)에 대한 주관적 믿음

② Porter와 Lawler의 동기유발모형(EPRS 모형)

: 기대이론을 기초로 추가변수를 포함하여 조직에서의 근무에 대한 태도와 성과와의 관계 설명

과거에 습득한 바 있는 경험이나 미래에 대한 기대감에 의해 동기를 부여받음

- 노력(effort): 어느 정도 노력할 것인가?(보상의 가치와 지각된 노력에 대해 기대되는 보상을 받을 수 있는 주관적 확률에 의해 결정

- 성과(performance): 다른 조건이 일정할 때, 노력을 경주할수록 높은 수준의 성과를 거둘 수 있다

- 보상(reward): 높은 성과를 올릴수록 많은 보상을 받게 됨

- 만족(satisfaction): 높은 성과와 높은 보상, 그리고 공정한 보상

*** 만족→ 사기앙양→ 성과의 틀에서 노력→ 성과→ 보상→ 만족 → 환류**

③ Adams의 공정성이론

개인의 투입(노력, 성과, 기술, 생산량, 제품과 서비스의 질) 對 결과(보수, 승진, 인정, 칭찬, 지위)의 비율을 동일한 직무상황 내에 있는 다른 사람들의 투입 對 결과의 비율과 비교

느낀 불공정성이 동기를 유발하는 마음이 됨

- 내용: 지각된 불균형의 감각은 개인의 긴장 유발

긴장의 양은 불균형의 정도에 비례

개인에게서 나타나게 된 긴장은 그로 하여금 이를 감소토록 함 불균형을 감소시키려는 동기유발의 강도는 지각된 불균형에

비례

- 상황별 반응: 투입의 증가나 감소

투입 결과의 중요성에 대한 개념변경 또는 조정으로 준거인물
과 균형

준거인물의 투입과 결과 조정

극도의 불균형과 해소를 위한 행동모색에 실패하면 조직을 떠남

3. 사기관리의 문제점과 개선방향

1) 사기의 효과

- 조직의 성과와 발전에 기여

- 지도자를 잘 따르게 함

- 제반 규정을 잘 준수토록 함

- 조직을 아끼고 관심을 갖게 하며 자부심을 갖게 함

- 역경을 극복할 수 있는 능력 향상과 조직의 능력배양을 가
능케 하는 힘을 키우는데 기여

- 조직구성원들을 직무에 만족하게 하고, 조직발전을 위한 창
의성을 발휘케 함

- 조직을 안정시키고 유지시키며, 갈등과 혼란을 극소화하여
조직문화 활성화에 기여

- 조직의 목표달성을 능률적이고 효과적으로 하게 하여 조직
생산성에 기여

2) 사기 저해의 요인
- 변동에 대한 부적응성
- 비민주적 내부통제
- 적시성을 잃은 행동규범
- 공직의 신망 저하
- 제도화된 부패로 공무원에 대한 불신
- 부적절한 지시
- 부당한 업무간섭
- 과중한 업무와 부적절한 보수

3) 공무원의 사기앙양책
- 1992년 한국행정연구원 조사: 보수인상, 승진기회 확대, 인사의 공정성, 행정의 민주화, 후생복지 확대
- 공무원에 대한 규제 완화, 근무조건 개선, 보수의 합리화, 인사제도의 합리화
* 공무원단체?
* 제안제도
* 직무재설계와 직무확충

「인적자원의 보상」

1. 보수의 의의
- 금전적 보상과 비금전적 보상

- 직접적 보수관리와 간접적 보수관리

1) 정 의

: 공무원이 근로한 대가로 정부로부터 받는 금전적 보상

- 공무원 보수규정 제4조에서 보수는 "봉급과 기타 각종 수당을 합산한 금액"

- 봉급은 "직무의 곤란성 및 책임의 정도에 따라 직책별로 지급되는 기본 급여 또는 직무의 곤란성 및 책임의 정도와 재직기간 등에 따라 계급별 호봉별로 지급되는 기본 급여"

- 수당이란 "직무여건 및 생활여건 등에 따라 지급되는 부가급여

2) 공무원 보수의 특징

- 이윤극대화보다 공익을 우선해야 함

- 시장경제나 경쟁원칙 적용에 한계가 있어 경직성을 띰

- 공무원노조가 활발하지 못하여 국가의 일방적 결정

- 국가 정책적 거시적 관점에서 관리

3) 공무원 보수수준의 적정성 여부

* 보수 현실화의 논거

- 공무원들의 기본적 생계 보장(부정부패, 고객에 대한 봉사결여, 소극적 행정, 이직)

- 근무의욕과 사기저하, 자긍심 하락: 유능한 인재의 유지확보에 장애, 경쟁력 저하

2. 보수관리

1) 보수관리의 규범적 기준
- 최소한의 생계를 보장하여 근무에만 전념할 수 있는 적정수준의 유지
- 대외적 형평성
- 대내적으로 개인 간 공정한 차등
- 생산성 증대에 기여할 수 있도록 관리

2) 보수관리의 체계
- 보수수준: 공무원 전체의 적정한 보수수준 결정
- 보수체계: 공무원의 보수총액을 정하여 개인 간 보수격차를 두는 것
- 보수형태: 공무원에 대한 보수의 지급 방법

3) 보수수준의 관리: 보수의 일반적 수준 결정
: 국가공무원법 제46조 1항: "공무원의 보수는 일반의 표준생계비, 민간의 임금 기타 사정을 고려하여" 결정한다.

■ 보수의 일반수준 결정 시 고려사항
* 적정성과 대외적 형평성 고려
- 생계비(사회윤리적 요소)
- 민간부문의 임금수준

- 인건비 지불능력
- 자원배분물가·인사 관련정책
- 물가수준
- 부가적 요인(부수적 편익)

4) 보수체계의 관리

① 개별공무원의 보수수준 결정: 보수표 개발
- 임금곡선과 보수정책선
- 보수등급
- 보수폭과 호봉
- 등급 간 보수액의 중첩
- 보수표 작성

② 보수의 구성
- 실질적 구성: 기본급과 부가급
- 이론적 구성
  생활급
  연공급: 근속연수, 연령, 경력, 학력
  직능급: 직무수행능력 우수자 우대. 속직급과 속인급의 혼합형태
  직무급: 직무의 난이도와 책임에 따른 보수체계
  실적급
  종합결정급

5) 보수형태의 관리

- 시간급
- 성과급: 개인성과급과 집단성과급
* 성과급의 한계와 실제
- 생산성 측정의 문제
- 정량적 측정과 정성적 측정의 무시
- 개인의 노력으로 어쩔 수 없는 성과

3. 연 금

1) 의 의

공무원들에 대한 사회보장제도로 공무원의 퇴직 또는 사망과 공무로 인한 부상·질병·폐질에 대해 적절한 급여를 실시함으로써 공무원 및 그 유가족의 생활안정과 복리향상에 기여하고자 하는 제도
- 공로보상설
- 사회(생활)보장설
- 보수후불설

2) 적용대상

- 상시 공무에 종사하는 공무원

국가공무원법 및 지방공무원법에 의한 공무원(군인과 선거에 의해 취임하는 공무원은 제외) 해 매월 정액의 보수 또는 이에 준하는 급여를 받는 잡급 직원과 전문위원

2. 인사행정에 있어서 행정윤리

1. 행정윤리

1) 행정윤리의 의의
- 개념: 정부조직에 근무하는 공무원이 지켜야 할 행동규범
- 중요성: 행정의 양적 질적 증대와 재량권의 확대에 상응하는 윤리의 중요성 증대

2) 공직윤리 모형
- 대의적정치적 윤리체제: 정치세력이 원하는 것을 준거로 행정의 결정
- 국가주의적 윤리체제: 국가 자체의 가치와 요청이 공직윤리의 바탕을 이루어야함
- 초월적비현세적 윤리체제: 형이상학적영적 초합리적 문화 또는 종교의 가치를 준거로 한 윤리

3) 민주국가의 공직윤리
: 공직윤리체제의 1차적 하위가치
- 공익추구
- 국민의사 존중
- 정부기관의 대내적 관리와 위의 두 가치의 일관성 유지

4) 한국 국가공무원법상의 행동규범

- 성실의무
- 복종의 의무
- 직장이탈금지
- 친절공정의 의무
- 비밀엄수의 의무
- 청렴의 의무
- 영예 등의 수령 규제
- 품위유지의 의무
- 영리업무 및 겸직의 금지
- 집단행위의 금지
- 정치운동의 금지

5) 공직자윤리법상의 부정부패 방지를 위한 행동규범

- 재산등록 및 공개
- 선물 신고
- 퇴직 공직자의 취업 제한

6) 행정윤리의 저해 요인

- 인적교인
- 제도적 요인
- 환경적 요인

7) 행정윤리의 제고방안

- 인적요인의 개선
- 제도적 요인의 개선
  부정부패 방지를 위한 엄격한 규제 장치의 마련
  행정정보 공개를 통한 행정의 투명성 확보
  행정규제의 완화와 규제 법령의 이중성 배제
  공직자의 근무여건 개선
- 행정환경의 개선

2. 부정부패

1) 부패의 의의

● 부패의 정의: 공무원들이 직무와 관련하여 부당한 이익을 취하기 위하여 공식적 규범을 위반하는 행위

● 부패의 속성: 직무관련성, 부당한 사익의 취득, 의식적 행동, 구체적 판단기준의 상황 적응성, 비윤리성과 손실

2) 부패의 유형

- 권력형 부패(정치부패)와 관료부패
- 우발적 부패와 제도적 부패
- 단독형 부패와 거래형 부패
- 백색부패, 회색부패, 흑색부패
- 고위계층 부패와 하위직 부패

3) 부패의 원인

- 도덕적 접근: 관료 개인의 윤리의식과 자질
- 제도적 접근: 법과 제도상의 결함이나 운영의 미숙
- 시장교환 접근방법: 경제적 자원 획득의 한 수단
- 권력관계 접근방법: 사회 내의 권력관계
- 사회문화적 접근: 사회문화적 환경(관습)
- 체제론적 접근: 관료 개인의 속성과 제도 사회문화적 환경 등의 복합요인

* 한국사회의 부패원인: ① 관직 사유관 등 공무원의 전근대적 가치관과 직업윤리의 타락, ② 내부통제장치의 미흡, ③ 행정처리절차의 저급한 제도화, ④ 현실과 괴리된 이중적 규제기준, ⑤ 정부주도 경제개발의 경험과 규제중심의 행정, ⑥ 부적절한 보수와 불합리한 인사제도, ⑦ 시민의 낮은 정치의식 수준과 외부통제의 미흡

4) 부패로 인한 손실

- 도덕성의 타락
- 갈등과 소외
- 비능률과 낭비
- 정책왜곡
- 자원배분의 왜곡
- 유인체제의 왜곡
- 행정개혁의 좌절

5) 부패의 방지대책
- 행정환경의 개선
- 인사행정상의 조치
- 조직관리상의 조치

Ⅰ. 공무원의 근무규율

1. 공무원의 충성

1) 충성의 의미
헌법의 기본질서와 국가적 이념에 대한 헌신, 국가체제에 대한
지지

2) 한국 공무원의 충성의무
- 헌법 제7조: 공무원은 국민 전체의 봉사자이며 국민에 대하
여 책임을 진다
- 국가공무원법 제55조 이하의 행동규범: 충성의무 지지와 보완

3) 충성심사
　신원조회

2. 공무원의 정치적 중립

1) 정치적 중립의 의미
부당한 정당적 정실이나 당파적 정쟁에 대한 중립(비당파성)

2) 정치적 중립의 필요성
- 공익추구의 사명
- 부패와 낭비의 방지
- 전문적 중립적 세력의 필요
- 정치체제의 균형발전
- 직무수행의 능률성 확보

3) 정치적 중립의 내용
- 국가의 역사적 배경에 따른 강약의 차이
- 한국은 국가공무원법에서 강력하게 금지
- 공무원 복무규정에서의 금지

4) 정치적 중립에 대한 비판과 한계
- 헌법적 기본권인 참정권의 제한
- 공무원집단의 이익 경시
- 정당정치의 발전과 정당인의 자질향상 위한 공무원 가입 필요
- 참여적 관료제의 발전 저해
- 공무원의 이념적 무관심 초래, 관료의 국민요구에 대한 대응 저해

5) 정치적 중립의 확립요건
- 정치발전과 평화적 정권교체의 여건 마련
- 공무원의 신분보장 강화
- 민주적 정치윤리 확립
- 정치적 중립에 대한 확고한 행동규범 정립
- 국민의 정치의식 제고

3. 공무원단체

1) 공무원단체의 의의
근로조건의 유지개선을 위해 공무원들이 조직하는 단체 또는 그 연합체

공무원들이 자주적으로 단결하여 근로조건의 개선과 복지증진, 기타 경제적·사회적 지위향상을 목적으로 조직되는 공무원 집단의 단체

공무원의 노동조합

2) 공무원단체의 효용
- 집단적 의사표시
- 동기부여와 사기앙양
- 행정의 민주화와 행정발전에 기여
- 행정발전과 직업윤리의 개선
- 실적제의 강화

- 부패방지에 기여
* 공무원단체 반대의 논거
- 공복으로서의 공적업무 수행의 특수성
- 전체 국민의 이익보다 공무원집단의 부분적 이해를 추구하
여 공익을 해침
- 실적주의 인사 저해
- 행정능률 저해

3) 공무원단체 형성발전의 조건
- 자유사회
- 법체계에 의한 지지
- 노사 간의 협력
- 공무원들의 참여 동기
- 노사 간의 파트너십

Ⅱ. 공무원의 신분보장과 징계

1. 공무원의 신분보장

1) 의 의
- 의의: 법에 정하는 사유에 의하지 않고는 자의적으로 퇴직
당하거나 신분상의 불이익을 받지 않음
- 신분보장의 이유

- 정치적 압력으로부터 보호하여 주어진 책무를 수행토록 함
- 행정의 일간성과 능률성 확보
- 공무원의 사기앙양과 국민에 대한 봉사의 질 향상

2) 신분보장의 한계

: 민주적 통제를 어렵게 하고 무사안일과 부패의 요인이 됨

3) 한국 공무원의 신분보장 내용

* 국가공무원법 제68조: 공무원은 형의 선고, 징계처분 또는 이 법이 정하는 사유에 의하지 아니하고는 그 의사에 반하여 휴직, 강임, 또는 면직을 당하지 아니한다.

- 형의 선고, 징계처분 등의 사유에 의하지 아니하고는 그 의사에 반하여 휴직, 강임, 또는 면직을 받지 않는다.
- 징계사유에 해당하지 않는 한 징계처분을 받지 않는다.
- 인사상의 부당한 불이익 처분에 대해서는 불복신청을 하여 구제받을 수 있다.

2. 공무원의 징계제도

1) 징계의 의의

: 공무원의 의무 위반에 대한 제재, 즉 법령, 규칙, 명령 위반자에 대한 처벌

2) 징계의 사유

* 국가공무원법 제78조

- 이 법 및 이 법에 의한 명령에 위반하였을 때

- 직무상의 의무에 위반하거나 직무에 태만하였을 때

- 직무의 내외를 불문하고 그 체면 또는 위신을 손상하였을 때

3) 징계처분의 종류

- 파면: 강제퇴직처분
- 해임: 강제퇴직의 수단이나 효과는 파면보다 가벼움
- 정직: 직무수행 정지
- 감봉
- 견책: 훈계 및 회개처분

3. 소청심사

1) 의 의

: 징계처분이나 강임휴직직위해제 또는 면직처분과 같이 그의 의사에 반하는 불이익 처분을 받은 공무원이 그에 불복하여 이의를 제기하는 경우 이를 심사하여 구제하는 절차

* 불이익 구제의 방법

- 해당 행정기관 내부에서만 재심구제방법이 강구되는 경우

- 해당 행정기관 외의 중앙인사기관에서 재심하는 경우

- 행정기관과 별개의 행정재판에 의한 경우

2) 소청심사기관

- 행정자치부내 소청심사위원회
- 특별시, 광역시, 도: 지방공무원 소청심사위원회
- 군인과 군무원, 국회공무원, 법원소속 공무원에 대한 별도의 소청심사기관

3) 소청심사 절차

- 소청심사의 청구
- 심사
- 결정

3. 중앙인사위원회

중앙인사위원회의 기능

중앙인사위원회는 공무원의 정실임용을 방지하고 인사행정의 공정성과 중립성을 유지하기 위하여, 1999년 5월 24일 대통령 직속으로 설치된 건국 이래 최초의 인사전담기관이다.

독립성을 가진 합의제 행정기관으로서 위원장 포함하여 7인의 인사위원으로 구성되는 위원회와 위원회의 업무를 지원하는 사무처로 구성되어 있다. 중앙인사위원회는 행정부 소속 공무원의 인사행정에 관한 기본정책 수립, 인사행정 분야의 개혁에 관한

사무 등 국가 인사정책 업무를 담당하고 있다. 1999년 창설당시에는 중앙인사기능이 중앙인사위원회와 행정자치부 인사국으로 나누어 있었으나 지난 2004년 6월 12일 중앙인사위원회로 일원화됨으로써, 인사행정 측면에서 더욱 성숙하고 경쟁력 있는 공직사회를 만들어 가야 하는 책임과 사명을 부여받았다.

인적자원이 국가경쟁력의 원천이 되는 21세기 지식정보화시대를 맞아 효율적인 정부인사관리시스템을 구축하고, 공정·투명한 인사, 개방과 경쟁을 촉진하는 인사, 성과와 보상이 연계되는 인사, 적재·적소·적시의 인사, 그리고 균형 인사라는 정부의 인사혁신정책기조를 실천해 나가고 있다.

중앙인사위원회는

정부인사시스템을 세계 수준으로 발전시키고 국민에게 봉사하는 유능하고 성실한 세계일류 공무원을 확보, 육성하기 위하여 인사혁신의 선도기관 일을 하고 있다.

「중앙인사위원회의 주요업무」
-인사행정에 관한 기본정책의 수립 및 인사개혁 총괄
-고위직 공무원 인사심사 채용 및 승진심사
-정부 직무분석 및 성과주의 인사제도 구축
-공무원 교육훈련 실시 및 제도 운용
-공무원 시험계획 수립 및 시험출제·관리
-국가 인재정보관리 및 정부전자인사관리시스템 운영

-공무원 징계처분 등에 대한 소청심사 및 결정
-공무원 처우개선 및 후생복지

인사행정의 기능 내지 활동은 인적자원의 확보·개발·관리·통제 등으로 분류될 수 있으며 공무원의 바람직한 활용을 통해 정부조직의 정책결정 및 집행 능력을 제고시키는 것을 직접적 목표로 한다. 인사행정은 이러한 목표를 추구함으로써 생산성이나 민주성과 같은 행정의 궁극적 가치 실현에 이바지하게 된다. 오늘날 인사행정의 중요성은 과거 어느 때보다도 크다. 그동안은 행정기능의 확대와 정부조직의 비대화에 힘입어 공무원의 수적 증대가 당연시되어 왔지만, 우리나라의 경우는 현재 90만에 가까운 공무원들이 중앙정부 또는 지방정부에서 다양한 업무를 수행하고 있으며 국가예산의 20% 이상이 인건비로 지출되고 있다. 근래 들어 공공부문의 생산성에 대한 의문이 확산되면서부터 '작은 규모이면서도 효율적인 인력'을 요구하는 시민사회의 소리가 날로 높아지고 있기 때문이다. 이런 연유로 세계 각국은 인사행정의 개혁에 심혈을 기울이고 있으며, 우리나라도 예의는 아니다. 이는 과거 정부개혁의 노력이 주로 조직의 구조와 과정에 초점을 맞추었던 것과 대조를 이루는 현상으로서 정부의 기능수행과 목표 달성에 있어서의 인적자원의 중요성을 새롭게 인식한 결과라고 할 수 있다.

현재 선진 각국의 인사행정은 인간을 비용으로 간주하던 전통적 시작에서 벗어나 인적자원의 전략적 가치를 인정하는 인적자원관리의 관점(Human Resource Management Perspective)에 토대를 두는 새로운 흐름을 타고 있으며 그 특징은 크게 몇 가지로 요약 될 수 있다. 민간부문에서 인적자원에 대한 새로운 접근을 나타내기 위해 1970년대 말부터 종래의 인사관리라는 말 대신에 인적자원관리라는 용어를 광범위하게 사용하여 온 데 반해, 공공부문에서는 근래 들어서야 비로소 이러한 접근방법을 도입하기 시작하였다.

1980년대 이후 많은 국가에 있어 공직사회의 생산성 제고는 행정 효율성 가치의 측면과 더불어 정치적 대응성가치의 측면이 작용하고 있다(Klingner & Nalbandian, 1985: 191-2). IMF 외환위기의 상황에서 출범한 김대중 행정부도 신자유주의 이념의 신공공관리론 시각에서 공공부문의 효율성 제고를 위하여 여러 가지 정부개혁을 추진해 왔었다.(기획예산처, 2000). 인사행정 분야도 역동적인 개혁분야의 하나이다.) 1999년 중앙인사위원회의 신설과 함께 공직사회의 생산성 제고를 위해 인사행정 제도의 개혁이 적극적으로 추진되고 있는데, 공무원 인력감축, 목표관리제와 성과급 도입, 고시제도의 개편, 개방형 임용제도, 인사정책지원시스템(Personnel Policy Support System)의 개발 등이 그 예이다. 그 동안 우리나라 정부개혁에 있어 부처의 통폐합과 같은 조직구조의 개혁에 상당한 비중이 모아졌으나 이에 비해 관리개혁에 대한 관심은 적었다. 그런데 인사행정 개혁을 포함한 관리능력의 개선 없는 조직구조 개편은 그 본래의 성과를 달성하기 어렵다.

〈참고문헌〉

박연호(1996). 인사행정신론: 신정판. 서울: 법문사.

최월회(2000a) 「중국관료체제의 변천과 개혁전략」

임승빈(2000) 「한·중인사제도」, 서울 한국행정연구원

박연호(1996). 인사행정신론: 신정판. 서울: 법문사.

오성호(1990). 한국 공무원의 능력발전에 관한 연구- 관리직 공
　　　무원의 교육훈련을 중심으로- 연세대학교 대학원 박사학
　　　위 논문.

정하경(1992). 공무원 교육훈련체제의 발전방향. 서울: 한국행정
　　　연구원.

한만봉(2006). 행정경제교육, 한국학술정보

한만봉(2007). 행정정책기획론, 한국학술정보

한만봉(2007). 교육정책학, 한국학술정보

Farnham, David and Llorton, Sylvia(1996). Managing People In
　　　the Public Service. Houndmills: Macmill an Press, Ltd.

Ⅲ. 동양전통 인사행정

1. 고려시대 관리등용제도

(1) 과거제

고려시대 관리등용 방식에는 ① 과거 ② 유일(遺逸)의 천거 ③ 음서(문음) ④ 성중애마의 선보(選補) ⑤ 남반을 통한 승전(陞轉) ⑥ 잡로(雜路)를 통한 승전 등 여러 가지 길이 있었다.[2] 그 가운데 가장 일반적인 사로(仕路)는 과거와 음서였다. 과거가 시행된 것은 光宗 9년(958)이다. 이때 도입된 과거는 후주(後周) 출신 쌍기(雙冀)의 건의에 의한 것이었다. 광종은 호족과 무훈공신(武勳功臣) 세력을 억압하고 왕권을 강화하기 위한 목적에서 과거제도를 실시하였다.

과거는 시험을 보는 과목에 따라 제술업(製述業)과 명경업(明經業) 그리고 잡업(雜業)의 세 종류로 크게 나뉘어 있었다. 제술업에서의 시험과목은 예비시험인 제술업 감시(監試)에서는 부(賦)와 육운(六韻)·십운시(十韻詩)로 간단히 시험을 치르고, 예부시(禮部試) 제술업에서는 시(詩)·부(賦)·송(頌)·시무책(時務策) 및 논(論)·경학(經學) 등의 과목을 초장(初場)·중장(中場)·종장(終場)으로 구별하여 세 차례에 걸쳐 시험하였다. 이때

---

2)『高麗史』권73 選擧志 序文

124

초장의 불합격자는 중장에 그리고 중장의 불합격자는 종장에 나갈 수가 없었다. 결국 삼장(三場)에서 모두 합격하여야 급제가 되는데 이를 삼장연권법(三場連卷法)이라 하였다. 이러한 절차는 여타의 과목에서도 마찬가지였다. 명경업의 경우 『주역』·『상서』·『모시』·『예기』·『춘추』 등의 5경을 시험 보았다. 감시의 경우 장정(庄丁)은 12궤(机)를 시험 보되,『주역』·『상서』·『모시』 각 2궤와 『예기』·『춘추』 각 3궤씩 치르며 백정(白丁)은 9궤로 하되 『주역』과 『상서』를 각 1궤씩으로 하고 『모시』·『예기』는 각 2궤, 그리고 『춘추』는 3궤씩 치르도록 하였다. 이어 예부시명경업에서는 이상의 과목을 3장으로 나누어 고시하였다. 잡업의 경우 각각의 전문 분야에 따라 명법업(明法業)·명산업(明算業)·의업(醫業)·주금업(呪噤業)·복업(卜業)·지리업(地理業)·하론업(何論業)·삼례업(三禮業)·삼전업(三傳業)·정요업(政要業) 등의 11업으로 나뉘었다. 그러나 명법업·명산업·명서업을 제외하고는 "다만 본사(本司)에서 시선(試選)하였다"고만 언급하고 있어 감시가 시행되었다는 것만 확인될 뿐 감시에서의 구체적인 시험과목은 어떠한 것이었는지 알 수 없다. 그러나 정요업을 제외하고는 예부시의 고시과목은 모두 확인된다. 명법업은 율(律)과 영(令)을 시험하였으며 나머지 잡업도 각각 전문분야에 따라 각각에 해당하는 과목을 시험을 치르도록 되어 있었다.[3] 과거가 실시된 처음의 얼마 동안에는 고시절차가 비교적 단순하였다. 중앙관리의 자제인 국학생(國學生)이나 지방출신의

---

3) 『高麗史』卷73 選擧1 科目 仁宗 14年 11月 判文

향공(鄕貢)을 막론하고 예비고시 단계를 거침이 없이 바로 본고시에 응시할 수 있었다. 그러나 점차 국가의 기반이 잡히고 관료제가 정비되면서 과거제에도 여러 가지 복잡한 규정이 생기게 되었다. 그 중 가장 중요한 것이 예비시험으로 생각되는 (국자)감시의 설치였다.4) 국자감시는 현종 15년(1024) 그 시행이 최초로 실시되었고 덕종 즉위년에 비로소 예비시험으로 확립되었다. 국자감시는 다른 명칭으로는 성균시(成均試)·남성시(南省試)·거자시(擧子試) 등으로 불렸다. 예비고시로서의 감시는 제술업과 명경업의 경우 중앙의 국자감에서 실시하였다. 여기에는 국자감생과 향공이 모두 거쳐야 하는 과정이었다. 그러나 향공의 경우는 계수관(界首官)에서 주관하는 또 다른 단계의 예비고시인 계수관시(界首官試)를 거쳐야 했다.

 과거는 시험인 이상 고시관이 있기 마련이었다. 먼저 감시의 시관은 국자사업(國子司業)을 비롯한 3품·4품 관원이 총괄하는 책임을 맡고, 그 아래에 각 과업별로 전문지식을 갖춘 관원들이 참여하였다. 본고시인 예부시의 시관은 지공거(知貢擧)와 동지공거(同知貢擧)였다. 광종이 처음 과거를 설행할 때는 지공거만을 두었다. 그러나 몇 번의 과거를 치르고 나서 동지공거는 광종 23년(972)에 새로 증치하였다가 곧 폐지되었고, 그 후 문종 37년(1083)에 이르러 다시 설치한 이후로부터 상례화되었다. 이들 고시관은 흔히 학사(學士)라고도 불렸다. 그리하여 당해 학사 밑에

---

4) 허흥식(「고려 과거제도의 성립과 발전」, 『고려과거제도사연구』, 일조각, 1981, pp.24~34.)·박용운(「고려시대 과거의 고시와 체계에 대한 검토」, 『한국사연구』61·62, 1988.

서 급제한 사람들은 그의 문생(門生)이 되었으며, 이들은 그 학사를 은문(恩門)이라 부르며 좌주와 문생의 관계를 맺었다. 이러한 좌주·문생의 관계는 매우 각별하여 부자와 같은 예를 취하였다고 하며, 과거를 통하여 형성된 좌주와 문생은 서로 공고한 유대를 가지고 학문의 전통을 이어갈 뿐 아니라 정치적·사회적으로 많은 영향을 미치기도 하였다. 한때 복시·친시를 행하여 과거에 왕권이 개입함으로써 고시관의 영향을 축소시키고자 했던 것도 이런 문제와 관련이 깊다고 할 수 있다.

과거응시자의 신분자격은 각 과업별로 달랐다. 고려시대 가장 중시되었던 제술업과 명경업은 향리층 중에서도 부호장(副戶長) 이상은 자(子)·손(孫)까지 응시가 가능하였고, 부호정(副戶正) 이상의 자로 한정하여 응시할 수 있었다. 즉 일반 양인들에게는 제술업과 명경업에 대한 응시 기회는 없었다. 그러나 명경업의 경우는 인종 14년(1136) 백정과 장정에 대해 응시를 허락한 이후 일반 양인들에게도 개방되었던 것으로 보인다. 잡과의 경우는 모든 분야에 대해 일반 양인이상 층에게 개방되었다. 그러나 실제로는 양인들이 현실적으로 급제하여 관리로 진출하는 것은 거의 불가능했다.

고려시대에는 일반 관료를 선발하기 위한 과거 이외에 승려들을 대상으로 하는 승과가 실시되었다. 무과는 예종 때 7재의 하나인 무학재(강예재)를 두어 한때 무거(武擧)가 실시되기도 하였으나 곧 폐지되었다. 고려 말 공양왕 2년에야 다시 무과를 설치하였으나 2년 뒤 고려가 멸망하였으므로 대체적으로 고려시대에는 무과가 없었다고 보아도 무방하다.

(2) 음서제

음서제는 과거제와 더불어 고려시대 가장 보편적인 관리등용법의 하나였다. 과거제가 개인이 가진 일정한 학문적인 능력에 따라 관리로 선발하는 것에 비하여, 음서제는 조상의 음덕에 의하여 그 자손이 관리가 될 수 있게 하는 제도이다. 이러한 음서제도가 제도적으로 정비되는 것은 대체로 성종 대로 보고 있다.

음서의 종류는 『고려사』선거지의 규정에 의하면 문무 5품 이상의 관리의 자손에 대한 일반적인 음서와 공신자손에 대한 음서, 그리고 조종묘예(祖宗苗裔)에 대한 음서 등 3종류가 있었다. 그러나 명시된 규정과 실제 음서가 시행된 사례를 검토해 보면 조종묘예에 대한 음서는 그 실 사례가 확인되지 않는다. 이와는 달리 국왕의 즉위나 관료의 치사(致仕) 등에 따라 부정기적으로 시행되는 특별음서도 존재하였다. 그러므로 단순히 제도적인 규정 내에서만 음서가 시행되는 것이 아니라 규정의 범주를 벗어난 음서도 실시되었다. 이와 함께 음서를 제수 받을 수 있는 친족의 범위는 자(수양자 포함)·내손(內孫)·외손(外孫)·여서(女壻)·질(姪)·생(甥)·제(弟) 등에 이르게 된다. 이는 5품 이상 고급관리의 자손을 대상으로 시행된 일반적 음서 즉 문음(門蔭)에 해당하는 것이다. 그러나 이러한 규정과는 달리 공신자손이거나 특별한 공훈을 세운 관리의 자손에게 내려준 공신음서 즉 공음(功蔭)이 있었다. 공신음서는 증조음(曾祖蔭)·고조음(高祖蔭)·외고조음(外高祖蔭)·고조의 부음(高祖之父蔭)·부의 외고조음(父之外高祖蔭)·칠대조음(七代祖蔭)과 같이 규정의 범위를 벗어나서 시행되기도 하였다. 고려시대에는 국왕의 즉위 등과 같은 국가적 경사가 있을 때 대규모의 은사가 베풀어지는 것이 일반적인 관례였는데 이때 공신자손·조종묘예 등에 부정기적으로 시행하는 것이 특별음서이고, 5품 이상 관리의 자손을 대상으로 하는 일반음서는 정기적으로 시행되는 정규음서였다.

음서를 받을 수 있는 연령은 18세로 규정되어 있으나, 17세 이하에서 받기도 하고, 심지어 5세의 나이로 받았던 경우도 있었다. 그 평균연령은 15. 4세가 된다. 피음서자가 받을 수 있었던 초사직의 경우 대부분 동정직(同正職)이며, 그 관품은 크게 정 8품과 정 9품의 품관 동정직 및 이속 동정직 이었다. 주로 부음을 받는 경우는 품관직을 받게 되지만 부음이외의 음서를 받을 때는 대체로 이속직을 받은 것으로 나타난다. 또한 음서를 통하여 받은 초사직은 대부분 무반직 보다는 문반직을 제수 받았다. 이러한 사실은 음서를 통하여 무반들이 그의 자손들을 문반으로 개반시켰다는 의미가 될 것이다.

음서를 받을 수 있는 혜택은 '1인 1자'가 원칙은 아니었다. 공신음서의 경우 동일 탁음자에 의하여 여러 차례 음서를 받을 수 있었던 것이 확인된다. 일반음서의 경우 구체적인 명문이 남아 있지 않으며, 동일한 인물이 2번 이상에 걸쳐 음서를 주고 있는 사례가 5인에 불과한 것으로 보아 재음 이상의 경우는 예외적인 경우로 보아둔다. 음서는 일정한 자격을 갖추면 누구나 자동적으로 관리가 되기 때문에 문벌귀족 계층에게 유리한 입사로였다. 또한 음서 출신자들은 한품(限品)의 제약 없이 누구나 고위관료로 승진할 수 있었다. 그러나 음서 출신의 인물 가운데 41.9%나 되는 인물이 과거에 다시 급제하고 있다. 이는 음서를 받아 관리가 된 이후에 다시 과거에 급제하는 것이 관리생활에 훨씬 유리하다는 것을 말해 주는 것이라고 할 수 있다.

(3) 교육기관

고려 시기 중요한 교육기관으로는 중앙에는 국자감과 12도, 그리고 지방에는 향교가 있었다. 이 가운데 국자감과 향교는 관립이었고, 12도는 사립이었다. 그중 가장 대표적인 교육기관은 국자감이었다. 국자감은 성종 11년(992) 12월에 설치된 것으로 기록되어 있다. 그러나 태조 13년 서경에 학교가 설치되었다고 하고, 성종 즉위 후 곧 지방 주·부·군·현에서 260명의 자제를 개경에 뽑아 올려 교육을 받도록 한 것은 개경에도 이미 그들을 수용할 수 있는 학교가 설치되어 있었던 것이 분명하다. 성종 11년에 설치되었다고 한 것은 국자감 건물의 준공이거나 신라의 국학이 국자감으로 확립·정비되었던 것을 말하는 것이 아닌가 한다. 성종 때는 국자감 안에 국자학·태학·사문학의 구분도 되어 있었던 것 같다. 이러한 유학부 이외에 율학·산학·서학 등의 기술학부가 추가되어 적어도 문종조에는 경사 6학(京師六學)이 갖추어져 있었다.

성종 대의 국자감 학생들은 향공과 연계된 지방호족의 자제였다. 이후 향공의 범위가 확대됨에 따라 장리나 백성의 자제도 입학이 허용되었으며 가세가 어렵고 하찮은 자도 능력에 의하여 입학이 가능하였다. 그러나 현종 대부터 국자감의 입학자격에도 변화가 일게 되었다. 즉 현종 15년(1024) 향공의 정원이 고정되고, 문종 대를 전후하여 사학 12도가 나타나자 국자감 교육은 쇠퇴하게 되었다. 최충이 사학을 설립한 지 얼마 되지 않은 문종 17년에 국자감은 이미 폐업하는 지경에 이르렀고, 마침내 숙종 7년에는 소태보(邵台輔)에 의해 국학폐지론이 제기되기에 이르렀다.

이러한 상황에서 예종은 국자감의 위상을 재정립하기 위해 예종 4년 여택재(麗澤齋)·대빙재(待聘齋)·경덕재(經德齋)·구인재(求仁齋)·복응재(服膺齋)·양정재(養正齋)·강예재(講藝齋)의 국학 7재를 설치하고, 예종 5년에는 과거제도를 개편하여 제술·명경 등 제업에 응시하고자 하는 자들에게 의무적으로 국자감에서 수학하도록 하였다. 또한 동왕 14년에는 일종의 장학재단인 양현고를 설치하였다. 예종의 뒤를 이어 즉위한 인종은 국자감의 학식(學式)을 제정하였다. 인종 5년에 제정된 것으로 추측되는 학식에 규정된 입학자격을 보면 국자학은 문무관 3품 이상, 사문학은 7품 이상의 자제에게 각각 입학자격이 주어졌고, 여기서는 모두 유학을 교육하였다. 율·서·산학 등의 잡학에는 8품 이하의 자 및 서인, 그리고 7품 이상의 자 중에서 원하는 자가 입학할 수 있었다. 잡학에 대한 유학의 우위를 규정한 입학자격의 제한 규정은 고려의 유교적 귀족사회의 모습을 보여주는 것이다. 관학진흥을 위한 여러 가지 노력에도 불구하고 이후 무신정권의 성립과 몽고의 침입으로 국자감 교육은 전반적으로 위축되었다.

국자감은 충렬왕 원년 국학으로 명칭을 개정하고, 동왕 30년에는 안향의 건의로 양현고의 부실을 보충하기 위해 교육재단인 섬학전을 설치하는가 하면 국학의 대성전을 신축하는 등 여러 가지 방면으로 노력을 기울였다. 이후 공민왕 16년(1329) 이색의 주도로 성균관이 중영되고 5경 4서재가 설치되면서 김구용·정몽주·정도전·이숭인 등이 학관을 담당하여 성균관은 고려전기 국자감의 기능을 이어 받아 순수한 유학교육기관으로 정착하게 된다. 한편 국자감 내에서의 잡학교육은 공양왕 원년 십학(十學)으로 분리되었다.

또한 원종 2년 강화에서 동·서 학당이 설립되어 동왕 11년 개성으로 환도하면서 개성으로 옮아 왔다. 이 동·서 학당은 고등교육을 담당하였던 국자감에 비해 초등교육을 담당하였던 것으로 여겨진다. 그러나 동·서 학당은 이후 상당히 침체되어 공양왕 원년을 전후한 시기에는 거의 교육적 기능을 상실하였던 것으로 보인다. 이로 말미암아 공양왕 2년에는 정몽주의 건의를 받아들여 기존의 동서 학당을 개편하여 5부 학당으로 정비하였다. 그러나 비록 학당 교육에 대한 개혁을 실시하였으나 학사를 비롯한 교육시설은 갖추지 못하였고, 수업은 단지 사원의 승방을 빌려 행해질 따름이었다.

고려 시기 지방교육을 주로 담당한 것은 향교였다. 일찍부터 고려는 지방의 교육에 대하여 관심을 기울여 태조 대에 이미 서경에 학교를 설치하였고, 성종 대에는 지방의 자제 260명을 뽑아 개성으로 불러 올려 학업을 닦도록 하였다. 그러나 이것이 별 효과를 거두지 못하자 207명의 학생 등이 고향으로 돌아가는 것을 허락하고, 대신 12목에 경학박사와 의학박사 각 1인씩을 파견하는 조치를 취하였다. 이 조치가 향교의 기원으로 이해되고 있으며, 지방교육이 일찍부터 시작될 수 있었던 것은 후삼국기에 이미 청주를 비롯한 중요 지방에 학원이라는 명칭의 학교가 있었기 때문에 가능한 일이었다. 이러한 학원이 성종 대의 지방제도 정비와 더불어 중앙의 통제하에 놓이게 됨에 따라 향교로 재편되었을 것으로 여겨진다. 『고려사』에서 향교의 명칭이 처음 보이는 것은 인종대의 일로 진주향교·부평향교·강화향교 등이 이미 설치되어 있었다. 향교의 입학자격은 8품 이하의 자와 서인, 그리고 7품 이상의 자 중에서 원하는 자였다. 그러나 향교의 학생들 역시 과거가 중요 목표였기 때문에, 그들의 주류를 이룬 것은 향리 층의 자제라고 생각된다.

한편 이러한 공교육기관과는 달리 고려시대에는 사교육도 상당히 발전하였다. 12도라고 불리는 것이 그것이다. 12도는 문종조 최충에 의하여 문헌공도가 설립된 이래 한때 국자감을 제치고 중요한 교육기관으로 자리 잡기도 하였다. 그러나 예종 5년 예부시에 응시하고자 하는 이들에게 의무적으로 국자감에서의 수학을 요구함으로써 12도는 국자감시에 응시하기 위한 예비교육기관으로서의 위치를 차지하게 되었다.(金炯秀)

〈참고문헌〉

허흥식, 『고려과거제도사』, 일조각, 1981.

박용운, 『고려시대 음서제와 과거제연구』, 일지사, 1990.

민병하, 『한국중세 교육제도사연구』, 성균관대 출판부, 1992.

신천식, 『고려교육사연구』, 경인문화사, 1995.

박찬수, 『고려시대 교육제도연구』, 고려대학교 박사학위논문, 1992.

유호석, 『고려시대 과거제의 운영과 변천』, 전북대학교 박사학위
　　　 논문, 1993.

박용운, 「과거제」, 『고려전기의 정치구조』(『한국사』13), 국사편찬
　　　 위원회, 1993.

신천식, 「중앙의 교육기관」, 『고려전기의 교육과 문화』(『한국사』
　　　 17), 국사편찬위원회, 1994.

송춘영, 「지방의 교육기관」, 『고려전기의 교육과 문화』(『한국사』
　　　 17), 국사편찬위원회, 1994.

김의규 편, 『고려사회의 귀족제설과 관료제론』, 지식산업사, 1985.

김용선, 『고려음서제도연구』, 일조각, 1991.

김용선, 「음서제」, 『고려전기의 정치구조』(『한국사』13), 국사편찬
　　　 위원회, 1993.

남인국, 「고려문음제도의 몇 가지 문제」, 『역사교육논집』6, 1984.

 * 史料

⑴ 三國以前　未有科擧之法　高麗太祖首建學校　而科擧取士未遑焉

134

光宗用雙冀言　以科擧選士　自此文風始興　大抵其法　頗用唐制　其學
校有國子・大學・四門　又有九齋學堂　而律・書・算學　皆肄國子其
科擧有製述・明經二業而醫・卜・地理・律・書・算・三禮・三
傳・何論等雜業　各以其業試之　而賜出身　其國子陞補試亦所以勉進
後學也　雖名卿大夫　未必不由科目進　而科目之外　又有遺逸之薦・門
蔭之敍・成衆愛馬之選補・南班雜路之陞轉　所進之途非一矣　原其立
法定制之初　養育之方・選取之制・銓注之法　井然有條　累世子孫憑
藉而維持之　東方文物之盛　擬諸中華　自權臣私置政房以賄成　銓法大
壞　而科目取士亦從而汎濫　於是黑册之謗・粉紅之誚　傳播一時　而高
麗之業遂衰矣　其制度節目之詳　遺失殆盡　姑採見於史册者　隨其詳略
條分類聚　作選擧志（『高麗史』卷73　志28　選擧1　選擧志序）
⑵（顯宗）十五年十二月　判　諸州縣　千丁以上歲貢三人　五百丁以上
二人　以下一人　令界首官試選　製述業則試以五言六韻詩一首　明經
則試五經各一机　依例送京　國子監更試　入格者許赴擧　餘竝任還本
處學習　與界首官貢非其人　國子監考覈科罪　（『高麗史』卷73　志28
選擧1　科目1　顯宗 15年 12月）
⑶（文宗）二年十月　判　各州縣副戶長以上孫・副戶正以上子　欲赴
製述・明經業者　所在官試貢京師　尙書省・國子監審考所製詩賦　違
格者及明經不讀一二机者　其試貢員科罪　若醫業須要廣習　勿限戶正
以上之子　雖庶人非係樂工・雜類　竝令試解　（『高麗史』卷73　志28
選擧1　科目1　文宗 2年 10月）
⑷ 仁宗朝　式目都監詳定學式　國子學生　以文武官三品以上子孫及
勳官二品帶縣公以上幷京官四品帶三品以上勳封者之子爲之　大學生

以文武官五品以上子孫若正從三品曾孫及勳官三品以上有封者之子
爲之　四門學生　以勳官三品以上無封·四品有封及文武官七品以上
之子爲之　三學生各三百人　在學以齒序　凡係雜路及工商樂名等賤事
者·大小功親犯嫁者·家道不正者·犯惡逆歸鄕者·賤鄕部曲人等
子孫及身犯私罪者　不許入學　其律學·書學·算學　皆隷國子學　律·
書·算及州縣學生　竝以八品以上子及庶人爲之　七品以上子情願者
聽　國子·大學·四門　皆置博士·助敎　必擇經學優長·景行修謹
堪爲師範者　分經敎授諸生　每授一經　必令終講　未終講者　不得改業
年終計講授多少　以爲博士·助敎考課等第　律·書學　只置博士　律
學博士掌敎律令　書學掌敎八書　算學掌敎算術　凡經　周易·尙書·周
禮·禮記·毛詩·春秋左氏傳·公羊傳·穀梁傳　各爲一經　孝經·論
語　必令兼通　諸學生課業　孝經·論語共限一年　尙書·公羊·穀梁
傳各限二年半　周易·毛詩·周禮各三年　皆先讀孝經·論語　次讀諸
經　并算習時務策　有暇兼須習書一紙　并讀國語·說文·字林·三
倉·爾雅（『高麗史』卷74 志29 選擧2 學校）

⑸ 顯宗五年十二月　敎　兩班職事五品以上子孫若弟姪　許一人入仕
（『高麗史』卷75 志29 選擧3 銓注 凡蔭敍）

⑹ （毅宗）二十一年九月　詔　太祖苗裔許初職（『高麗史』卷75 志29
選擧3 銓注 凡敍祖宗苗裔）

⑺ 毅宗二十一年九月　歷代功臣之後　皆許初職（『高麗史』卷75 志29
選擧3 銓注 凡敍功臣子孫）

2. 조선시대 관리등용제도(과거시험 주기)

요 약

이 글은 과거제도 시험 이해를 통하여 식년시(정기시험)와 증광시, 별시, 알성시 부정기시험을 통하여 그 시대의 정책적 주장과 논리를 분석해 봄으로써 앞으로 추구해야 할 바람직한 정책 방향성을 탐구하는 데 있다. 정기시험과 부정기시험의 역동적인 정책주장을 William N. Dunn의 분석모형을 대입시켜 상황인식, 정책주장, 논리적 기대, 근거체제와 반론 등을 알아보았다. 학자들 간의 이념적 대립으로 인하여 정기시험을 고수하기도하고, 부정기시험을 고수하기도 하며, 이 두 가지를 혼합하는 시험을 주장하기도 하였다. 학자들 주장의 내면에는 정치적인 정책노선이 포함되어 있었던 것을 볼 수 있는데, 왕권 강화와 안정적인 통치를 위하여 왕조에 충성하는 인재와 훌륭한 인재를 채용하고자 하는 의지가 있음을 볼 수 있다. 정기시험과 부정기시험의 시험주기는 왕권의 변화에 따라 변화될 수밖에 없었다. 이러한 주장에 대한 대립은 왕조를 굳건히 세우고자 하는 의지가 포함되어 있으며, 시대적 문제를 풀어 가는 방법론적 차이가 반영된 것이었다. 이러한 논쟁과 변화가 부정적인 것만은 아니었다. 주장에 대한 타당성에 힘을 보태어주었고, 새로운 정책과 제도 정착에 기여한 점도 크다고 할 수 있다. 식년시와 ˚증광시, 별시, 알성시의 시험제도를 정책으로 분석함으로써 서양 것의 천편일률적인 제도수용이 아닌 동양전통의 역사성이 있는 인재등용 방법과 양식을 살펴보는 계기가 되었다. 끝으로 연구자는 이런 분석을 통하여 앞으로 시험제도의 나아갈 방향을 교육적 측면에서 바라보고자 하였다.

Ⅰ. 서 론

과거제도시험주기는 정책 중요도 파악의 중요한 근거 자료가 된다. 그 중요도를 통하여 과거시험의 비중을 알게 되고, 정책적 가치 또한 그것으로 가늠하게 되기 때문이다. 과거제도는 국가적 차원에서 인재를 선발·분류하기 위한 객관적인 장치이다. 과거제는 혈연주의와 정실주의를 배제하고, 개인의 재능과 노력에 따른 업적 평가를 하는 능력주의 이념을 지향하고 있다. 과거제도는 시험을 통한 객관성과 공정성을 보장하는 보편 주의적 성격을 가지고 있다. 과거제도는 균등한 기회와 공정한 선발경쟁으로 인해 역사적으로 인재양성의 효과적인 제도적 장치로 부각되었다. 즉 객관성과 공정성 그리고 능력주의 이념을 구현하는 시험의 기원이 되었다. 과거 교육의 역사와 사상을 반추해보는 가장 큰 이유는 그것을 거울삼아서 오늘의 교육과 행정, 정책의 현실문제를 진단하고 방향성을 모색하기 위함이다. 역사는 어차피 사람이 만들어 가는 것이기에 동일하지는 않지만 비슷한 유형의 삶의 문제들이 반복해서 출현하게 마련이다. 오늘날 한국 사회가 안고 있는 교육문제들 중에는 과거의 동양전통사회에서 이미 경험하면서 나름의 해결책을 모색했던 문제들이 있다(황금중, 2000: 9). 그 중에서 과거제도를 알아보는 것은 현대 정책, 교육 혹은 시험의 이슈들을 해결하는 중요한 준거가 되기도 한다. 이러한 의미에서 과거시험주기는 중요한 연구 가치를 지닌다. 과거시험주기로서는 정기시험과 부정기시험으로 나눠지는데 특히 본 연구에서는 조선왕조시대 과거를 대상으로 구체적으로 살펴보도록 하겠다. 조선왕조의 과거제도는 정기시험인 식년시와 부정기시험이 있었는데, 식년시는 3년에 1회씩 실시하는 것으로, 문과(소과・대과)・무과・잡과・승과가 있었고, 부정기시험은 국가의 경사(왕자 탄생, 전쟁승리 등)가 있거나 특별히 인재등용을 위하여 필요할 때마다 실시하는 것으로, 증광시・별시・알성시 등이 있었다. 각 종류별 시험개념은 기본적인 것이기에 본 논문에서는 다루지 않겠다. 이러한 정기시험과 부정기시험의 비중 문제를 놓고 정기시험을 늘려야 한다는 쪽과 부정기시험의 비중을 높여야 한다는 주장이 팽배하면서 논란이 계속되었다. 이러한 정기시험과 부정기시험 주장의 논쟁들을 정책적으로 구체적으로 분석하여 보도록 하겠다.

Ⅱ. 이론적 배경

1. 식년시와 증광시 알성시 별시 시험주기의 문

이 글에서 살피고자 하는 과거제도시험주기의 정책적 분석은 기존의 연구에서 대부분, 식년시, 증광시, 알성시, 별시 등에 대해서 기초적인 개념정의 정도의 수준에서 연구되었는데, 이를 더욱 구체적으로 정책적인 대응과 분석, 평가를 하여봄으로써 현실과 적용가능성이 있는지를 파악하는 데 있다. 조선왕조 인재선발 방법에서는 주로 과거제도와 문음제도, 천거제도 등이 있었는데, 그 중에서 과거제도가 조선왕조시대에 중요한 관료등용정책이라 할 수 있다. 조선시대에는 특히 양반 관료사회가 보다 체계성을 갖춰 2품 이상의 관료와 공신 자손들에게 문음의 혜택을 주었다. 그러나 일부 중요한 요직의 자손인 경우 2품 이하라도 혜택이 주어진 규정이 경국대전에 나타났다. 이는 고려시대보다 관료사회가 보다 전문화되었기 때문에 나타난 현상으로 풀이될 수 있다.

전문화로 인하여 문과의 종류가 다양해졌고, 정기적인 시험인 식년시, 부정기시험인 증광시, 별시, 등이 있었다. 식년시는 3년마다 실시하였고 그 외 국가의 경사 등이 있을 때 특별시험을 치르는 부정기시험이 있었는데, 식년시는 주로 시골출신들이 많이 급제한 반면, 별시는 갑자기 실시되는 관계로 한양의 권세가 자제들의 합격률이 높았다. 조선왕조시대는 관리의 등용을 위한 과거시험의 중요성이 더하여져 과거를 통하지 않고는 출세의 길이

거의 없었다. 비슷한 것이 있긴 하였는데, 과거와는 구별된 취재·음직제도: 음서·남행에 의한 문음·이과·도시 등이 있었으나 문과가 가장 어려웠다. 과거시험의 시기는 3년마다 보는 정기시험인 식년시가 원칙이었으며, 식년시를 대비과라고도 하였다. 자·묘·오·유가 드는 해를 식년으로 하여 3년에 한 번씩 정기적으로 과거시험을 보았다. 식년시는 소과·문과·무과로 나눈다. 소과의 경우는 생원·진사의 복시, 문과는 복시·전시, 무과는 복시·전시, 잡과는 역과·의과·음양과·율과의 복시를 식년에 실시하였으며, 초시를 거친 합격자는 예조에서 복시를 거쳐 33명을 뽑고 전시에서 성적순으로 갑과에 3명, 을과에 7명, 병과에 23명을 급제시켰다.

무과는 28명, 잡과는 역과가 19명, 의과 1명, 율과 9명, 음양과 9명 등 총 38명을 뽑았다. 식년시가 처음 실시된 것은 1084년(선종 1)이지만, 1393년(태조 2)에 가서야 비로소 제도적으로 정착되었다. 그러나 국가적 변고나 국상, 또는 특별한 사유가 있을 경우에는 식년시를 연기하거나 시행하지 않았다. 식년시는 그 해 1~5월에 시행하는 것이 상례였으나 농번기와 겹치는 이유로 생원 또는 진사의 초시는 식년 전해 8월 15일 이후에, 문과·무과의 초시는 같은 해 9월 초순에 각각 실시하였다. 생원과 진사의 복시와 문과·무과의 복시는 식년의 2월과 3월에 각각 실시하였다. 식년 문과는 총 163회에 걸쳐 시행되었다. 3년마다 보는 식년시가 원칙이었으나, 1401년 태종 때부터 실시된 증광시, 세조 때의 별시, 그리고 세종 때 국왕이 성균관에 가서 시험하는 알성문과 등이 부정기시험으로 실시되었다. 조선왕조의 특징이었던 무과시험에 있어서도 무과 식년시에서는 28인의 정원을 대체로 준수하였으나 별시에서는 항상 식년시보다 많은 인원을 선발하였다. 특히 세조(1455-1468)는 북벌 등에 따르는 백성들의 회유책으로 별시 무과를 많이 실시하였는데, 이러한 무과의 남발은 무과가 만과(萬科)라는 이름으로 불리는 계기가 되었다. 만과는 무과의 급제 인원을 천인들에 이르기까지 많이 뽑는다는 뜻에서 붙여진 이름으로 조선 후기로 갈수록 그 정도가 심하여 졌다. 선조 25년에 일어난 임진왜란 (1592-1598)에서는 왜병의 목 하나에 무과 등과를 시켜주는 등급제자가 수천 명에 달하였으며, 왜란이 끝난 후에도 급격하게 줄어든 국가 재정을 보충하기 위한 수단으로 만과가 더욱 빈번하게 실시되었다. 이러한 현상은 광해군조(1608-1623)의 만주출병과 효종(1649-)에서 숙종(-1720)에 이르는 북벌 계획으로 더욱 그 정도가 심화되었다. 특히 대체로 잘 준수되던 식년 무과의 정원 28인도 숙종조 이후에는 수백 명씩을 선발하였다. 무과 별시는 거의 매년 실시되었고 때로는 한 해에 몇 번씩 실시되기도 하였다. 이러한 만과는 변방에 대한 긴장이 줄어든 조선 후기에도 계속되어 과거제도가 폐지되는 고종 31년(1894)까지 계속되었다. 주된 이유는 재정상의 문제 때문이었으며, 시험의 명목은 국가의 경사나 무를 권장한다는 것이었다. 이로 인해 식년시 정착 주장자들과 무과와 별과 확대자들 간에 정책기조 차이를 보이게 되었다. 후에 현종(1659-1674) 때에는 권무과를 두고 이를 실시하기도 하였다. 조선왕조 초기에는 국방상의 이유로, 중기 이후에는 재정상의 이유로 무과시험의 횟수와 시취 인원이 증가하는 데 비례하여 제도도 크게 포괄적이 되어서 급제자 중에 양민과 천민의 숫자가 점점 더 큰 비중을 차지하게 되었으며, 이러한 현상은 무과의 권위를 하락시키고 병력의 저질화와 신분제의 동요를 초래하였다. 이렇게 남발된 무과를 통해서 양산된 급제자들을 변방의 현직에서 모두 소화할 수 없게 되자 쌀이나 면포 등을 받고 근무를 면제하는 조치가 취해지기 시작하였다. 이러한 조치는 양반 출신의 급제자에게는 현직을 주어 장수가 되게 하고, 양민과 천민 출신의 급제자는 현물을 받아서 국가의 재정을 확보하는 데 주요하게 이용되었다. 조선왕조 초기부터 무과도 제도적 정비를 통하여 정기시험인 식년시와 알성시 부정기시험으로 구분하게 되었는데, 식년시는 태조 2년(1393)에 정해진 삼년일시의 원칙대로 태종 2년(1402)에 실시된 최초의 시험에서부터 철저하게 시행되었다. 시험은 3단계로 되어 있었으며, 초시와 복시를 실시하여 합격자를 결정하고 전시에서 그 등급을 정하였음은 문과에서와 같았다. 다만 문과의 생진과와 같은 예비시험은 무과에 설치되어 있지 않았다. 이와 같이 정기시험인 식년시와 부정기시험인 알성시, 별시 등을 통한 시험주기 변화에 따른 논쟁이 가열되면서 정책적 문제로 작용하게 되었다.

2. 과거제도시험주기의 정책변화

정기시험 비중확대 주장과 부정기시험 비중확대 주장의 논쟁을 정책변화로 살펴보면 조선왕조 초기에는 식년시의 비중을 높게 보다가 후기로 들어서면서 상황논리에 의하여 부정기시험의 합리성을 주장하게 되었다. 주장에 따라 상호 합리성과 타당성을 밝혔는데, 식년시 주장자들은 부정기시험을 확대하여 인원을 늘리기보다는 정기시험을 통하여 인원을 더 늘려야 질서가 잡히고 국정 운영에 도움이 된다는 것이다. 그 이유는 조선왕조 개창 이후에 부정기시험으로 인한 인원 증가가 곧 식년시를 통하여 관료에 임명되는 사람들보다 많아짐에 따른 우려에서였다. 이러한 식년시 주장과 별시, 증광시 주장들의 정책변화를 구체적으로 살펴보고 정책적 의미를 알아보면 아래와 같다.

1). 정기시험 주장

조선왕조시대 과거는 문과·무과·잡과가 있는데 이들은 삼년에 일회씩 정기적으로 시행되었다. 조선왕조 초기에는 식년시를 통하여 주로 과거 합격자가 배출되었으나 시간이 지남에 따라 식년시 보다는 별시, 증광시, 알성시 등 부정기시험을 통하여 합격자가 많이 배출되게 되었다. 이에 따라 부정기시험의 문제점이 나타나게 되고, 학자들은 전통적인 식년시를 확대하여 인원을 뽑는 것이 바람직하다고 하여 상소를 올리고, 식년시 확대를 주장하게 되었다. 이러한 전통적인 식년시험을 주장하는 사람들은 역사성을 존중하며 이 계보를 이어가기를 희망하였다. 이들은 자주 상소를 올려 자기들의 주장을 관철시키곤 하였다. 특히 전통성을 주장하는 학자들은 식년시 확대에 적극적이었다.

조선시대 관리등용제도에서 정기시험의 가치가 높았는데 이것은 그만큼 관료주의 국가로서의 면모를 갖추었음을 말하며 학력과 능력이 존중된 합리적 사회였음을 뜻한다. 그러나 현량과가 시행되기도 하고 후기에는 특정 가문 중심의 세도정치가 성행하면서 이 과거제도는 점차 문벌을 양산하는 형식적 절차로 전락하고 말았는데, 이러한 과정에서 양반들은 식년시의 확대를 주장하고 역사성 있는 전통을 계승하기 위해서는 식년시인 정기시험의 확대가 필요하다고 하여 상소를 올린 것이다. 정기시험인 식년시를 확대하여 인원을 늘려야 한다는 점을 사간원 대사관 정괄 등이 상서를 올려 주장한 것을 보면 다음과 같다.

> 이번에 인원수를 정한 것은 관시에서 1백 50명, 한성시에서 1백 명으로 모두 2백 50명입니다. 비록 식년시에서 취사를 하여도, 관시는 50명, 한성시는 40명으로, 팔도의 향시의 인원을 합쳐도 겨우 2백 40명밖에 안 됩니다. 그런데 지금은 다만 서울에 있는 유생과 조사만을 뽑는 것인데도 정원이 식년시보다 많으니, 신 등은 미편하게 여깁니다. 지난해에도 식년시에 취사하였는데, 금년에 별시, 내년에 중시를 보이고, 또 그 다음해에 식년시를 보이게 되면, 이는 해마다 취사하는 것입니다(조선왕조실록, 성종 6년 3월 신해).

매년마다 시험하는 것의 문제를 들어가면서 식년시 출신의 인원이 많지 않음을 밝히고 있다. 이것은 규칙적이지 않음으로 인하여 등용제도의 신뢰도가 떨어지는 점을 주장한 것이다. 그리고

자주 실시되는 별시로 인하여 매년마다 취사하는 결과가 있음을
아뢰고 이의 부당함을 상소한 것이다. 후에 서거정도 매년 실시
되는 별시에 대해서 경연에서 아뢰었다.

> 달성군 서거정이 경연에 아뢰기를, "근래에 매년의 별시에서
> 모두 제술을 하므로, 이로 말미암아 제생들이 경학을 일삼지 아
> 니합니다."(『조선왕조실록』성종 9년 4월 을사).

알성시, 별시를 자주 함으로써 나오는 부정적인 면을 단적으로
표현한 것이라 할 수 있다. 매년마다 별시를 제술함으로써 유생
들이 경학을 제대로 하지 않는 다는 것이었다. 즉 부정기시험의
빈번함으로 인하여 부정적인 면이 부각돼 이를 극복하는 방법으
로 천거제도까지 거론된 사실도 있다. 천거제도를 통한 부정기시
험의 극복주장은 다음과 같다.

> 대간이 김극핍 등의 일을 아뢰고 간원이 아뢰기를,
> "들으니 조강에서 별시를 보이자고 청한 사람이 있다 합니다. 그
> 러나 천거를 통해서 시취하는 일에 대해 성명이 이미 내렸고 또 추
> 시가 임박했는데, 크게 취인을 해놓고, 또 천거로 취인하고 식년시로
> 취인하면, 과거가 중첩되어서 번거롭습니다. 별시는 보이지 말고 속
> 히 천거시취만 행하소서." (조선왕조실록, 중종 13년 5월 갑자).

앞에서 보듯이 식년시에 대한 주장에서 한 걸음 더 나아가 천
거제도 시행의 신속성을 주장하는 것으로 볼 때, 정책적 혼조는

더할 나위 없었다고 할 수 있다. 그럼에도 불구하고 식년시의 시행의 정당함을 관료들은 끊임없이 주장하고 있다.

사간원이 아뢰기를,

"선왕의 법을 준수하고도 잘못되는 일은 일찍이 없었습니다. 3년마다 한 번씩 과거를 보는 것은 금석과 같은 법으로써 오늘날에도 폐지할 수 없는 것입니다. 무오 식년시에 일찍이 물의가 있어 대간은 파방을 주장하고 대신은 삭과를 주장하여 오래도록 논의하자 성상께서도 결정하지 못하시어 4년이 미루어졌고 거행을 기약할 수 없게 되었습니다. 신유 식년시도 이 때문에 점차 연기되어 금석 같은 법이 장차 도중에 폐지되게 되었습니다. 한갓 문장이나 잘하는 사람을 뽑고 요행으로 합격하는 길만 크게 열어 경학은 거의 폐해지고 의리는 어두워지게 되었습니다. 인재의 수준이 날로 낮아지고 조정이 불안한 것은 모두 이에 말미암은 것이니 무엇으로 나라를 다스리겠습니까. 하물며 마땅히 시행해야 하는 식년시는 시행하지 않고 시행하지 않아야 할 별시만 자주 시행하여 후배가 높은 지위를 차지하고 인심이 날로 투박해져 갑니다. 벼슬길만 다투니 양식 있는 이가 한심하게 여기고 있으나 이미 오래된 폐단이라 구할 약도 없습니다. 어찌 대간들만이 근심하는 일이겠습니까. 성상께서도 명쾌하게 결단을 내리시어 철저히 개혁해야 할 것입니다. 무오 식년시 때 것을 속히 결단하시고 나서 신유년 식년시를 차례대로 시행하셔서, 선왕의 법이 폐지되지 않도록 하시어 정기적인 과거를 중히 하소서. 이 일을 해조로 하여금 품재하여 시행하도록 하소서." 하니 아뢴 대로하라고 답하였다(조선왕조실록, 광해 13년 11월 신유).

위에서 밝힌 식년시 논의가 후에는 실학파들에게서 과거제도의 공정성 제고 방안으로 주장되기도 하였다. 과거의 종류나 횟수가 너무 많다는 것이다. 정규 과정인 식년시 외에 여러 가지의 별시가 시행되다 보니 관직의 수효보다 과거합격자수가 많음으로써 과거가 당쟁의 요인이 되고 과거를 통해서 관직을 얻기 위한 온갖 부정이 자행되고 있다는 것이다(이해명, 1994: 79). 이러한 문제를 조선왕조시대에도 동일하게 인지하고 있었다. 과거의 부정기 시험을 줄이고 과거의 종류나 횟수를 식년시로 통일하자는 논의이었다. 이익도 과거 횟수가 너무 많아서 응시자들이 충분히 실력을 닦을 여유가 없이 과거에 응시하게 됨으로 부정이 발생하게 되었다고 지적하고 있다(이익, 1960: 278-279). 결과적으로 식년시 이외의 여러 종류의 별시는 수많은 응시자가 실력 없이 요행을 바라고 응시하여 과거의 부정행위를 유발하는 요인이 되고 있음을 보고 과거의 종류를 식년시로 하자는 주장이었다. 이렇게 과거의 횟수가 많고 종류가 많게 되면 결과적으로 많은 합격자 수를 내게 되고, 합격자 대부분은 관직을 얻지 못하게 된다는 것이다. 따라서 관직을 얻기 위해서 붕당을 조직하거나 권력자에게 아첨하고 뇌물을 쓰는 악습이 생겨나게 되고 그 결과는 가렴주구의 나쁜 결과를 낳게 된다는 것이다. 그러므로 과거합격자 수를 조정하고 바람직한 과거시험이 되기 위해서는 시험 종류를 식년시로 고쳐야 한다는 점을 주장하게 되는 것이다. 이에 식년시를 제대로 실시함이 국가의 기강을 세우는 길이며 선왕의 법을 지키는 것임을 말하고 있다. 그러나 이와 반대로 실제적으로는 식년시보다는 부정기시험이 더 많이 실시되었다. 양반들의 요구로 식년시 외에도 부정기적 과거가 실시되었는데 이 별시의 횟수가 식년시의 횟수보다 훨씬 많았다. 그러나 이러한 조선시대에 별시를 자주 실시하였던 이유를 살펴보면 과거합격자를 모두 등용하려는 것이 아니라 양반층을 회유하려는 데 목적이 있었음을 볼 수 있다. 따라서 과거에 합격했다 하더라도 모두 관직에 임용되는 것은 아니었는데, 일종의 명예직인 산직이나 녹봉을 받지 못하는 무록관 등으로 임명되는 경우도 허다하였다. 이를 더 구체적으로 알기 쉽게 살펴보면 문과에서부터 율학에 이르기까지 식년시인 정기시험 이외에 국가의 경사가 있을 때 또는 기타 필요하다고 인정할 때에 임시로 실시하는 부정기과거가 무수히 실시되었다는 점, 이러한 부정기과거는 정기과거인 식년시 합격자보다 더욱 많았다는 점, 태조 이후 고종 31년(1895)갑오경장으로 폐지될 때까지 정기과거제도였던 식년시는 503년 동안 163회 5977인의 급제자를 선발하였는데, 그 기간 중 부정기시험으로 합격한 사람은 9217인으로 총 급제자 수 15194인의 61%가 이 부정기시험에 의하여 선발되었던 것이다(김운태, 1983: 182~183). 이를 집권 왕별로 다음 「표 1」과 같다.

[표 1] 조선왕조 역대 문과의 과시횟수와 입격자 수

대	왕명	재위	식년시	증광시	중시	별시	정시	알성	기타	계
	太祖									
1	定宗	7	2(66)	-	-	-	-	-	-	2(66)
2	太宗	2	1(33)	-	-	-	-	-	-	1(33)
3	世宗	18	6(198)	1(33)	2(15)	-	-	2(35)	-	11(281)
4	文宗	32	10(331)	1(33)	3(43)	-	-	7(101)	-	21(508)
5	端宗	2	1(33)	1(40)	-	-	-	-	-	2(73)
6	世祖	3	1(33)	2(73)	-	-	-	-	-	3(106)
7	睿宗	13	4(132)	1(33)	3(41)	9(192)	-	5(44)	2(52)	24(404)
8	成宗	1	1(33)	-	-	-	-	-	-	1(33)
9	燕山	25	8(264)	-	3(23)	10(120)	-	7(61)	1(4)	20(472)
10	君	11	4(132)	1(33)	1(10)	5(55)	-	1(14)	-	2(244)
11	中宗	39	13(414)	1(36)	4(22)	30(380)	1(4)	6(38)	2(40)	57(932)
12	仁宗	1	-	-	-	-	-	-	-	-
13	明宗	22	7(240)	1(33)	3(25)	9(160)	1(12)	5(24)	-	26(494)
14	宣祖	41	12(495)	5(176)	3(17)	23(348)	7(78)	11(105)	-	61(1,129)
15	光海	14	4(132)	5(189)	2(16)	7(122)	4(35)	7(48)	-	29(542)
16	君	27	8(268)	3(114)	3(22)	15(215)	17(127)	6(39)	-	52(785)
17	仁祖	10	3(101)	2(66)	1(8)	3(42)	1(4)	5(32)	-	15(253)
18	孝宗	15	5(173)	2(75)	1(5)	8(77)	6(62)	2(18)	-	24(410)
19	顯宗	46	14(521)	12(456)	5(35)	10(121)	15(181)	18(116)	4(37)	78(1,467)
20	肅宗	4	2(69)	2(73)	-	-	4(34)	1(7)	-	9(183)
21	景宗	52	17(760)	8(377)	6(40)	11(82)	57(745)	20(121)	7(52)	126(2,117)
22	英祖	24	8(363)	3(120)	3(21)	6(38)	13(217)	8(39)	-	14(798)
23	正祖	34	11(437)	2(91)	3(9)	11(202)	18(294)	5(56)	-	50(1,089)
24	純祖	15	6(213)	3(119)	2(8)	1(5)	11(127)	1(3)	1(8)	25(483)
25	憲宗	14	4(167)	2(80)	1(5)	3(18)	15(203)	1(3)	-	26(476)
26	哲宗	31	11(464)	6(336)	3(15)	10(199	35(598)	7(91)	9(53)	81(1,756)
	高宗									
總計		503	163(5,977)	64(2,584)	52(380)	171(2,286)	205(2,721)	124(995)	26(246)	805(15,194)
			227(8,560)			428(5,387)				

*출처: 김운태(1983). 『조선왕조행정사』, 박영사 P. 182~183.

위 「표 1」에서 볼 수 있듯이 조선왕조 후반으로 갈수록 증광시, 중시, 별시, 정시, 알성·친시, 춘장대시 등의 입격자 수가 갈수록 증가하였음을 볼 수 있다. 다시 말하면 정기시험의 비중보다는 부정기시험의 비중이 높아진 것을 볼 수 있는데, 이것은 후에 과거제도의 병폐를 낳게 되는 계기가 되었다. 정책적인 측면에서도 인재등용의 규칙과 제도준수보다는 현실적응에 지나치게 치중한 나머지 균형적이지 못하고 편중된 정책을 추진했다고 할 수 있다. 또한 정기시험도 그 비중이 늘었는데 부정기시험보다는 합격자 수가 많지 않음을 볼 수 있다. 이렇게 식년시의 인원이 늘은 것은 식년시 확대주장 학자들이 있었기 때문이다. 태조 때는 7년 재위 기간에 식년시를 2번 실시하여 66명을 뽑은 데 비하여, 마지막 고종 때는 31년 재위에 11번의 식년시를 시행하여 464명을 입격시켰음을 볼 때 그 인원 또한 차이가 생기게 된 것을 자료를 통해 볼 수 있다. 이러한 원인으로 조선왕조후기에는 정약용 같은 학자는 부정기시험을 혁파하고 식년시로 통일하자는 주장을 하였는데, 정약용은 경과 명목으로 자주 실시되던 모든 부정기과거시험을 일체 혁파하고 식년시 하나만을 보강하여 잔존시키되 이로 인한 인재 선발의 부족을 막기 위하여 음관의 천용제를 병용할 것을 주장하였다. 그리고 과거와 공거를 함께 시행하여 양자의 미비점을 상호 보완할 것을 주장하기도 하였다. 왕조 때마다 사회적 상황, 정치적 상황 등을 고려하여 실시하였겠지만 정책적으로 제도적 정착의 미비가 있지 않았나 생각된다. 그리고 합격자 비율 또한 왕조가 진행되면서 점차 증가하였는데, 조선 문과방목을 중심으로 살펴보면 다음 「표 2」와 같은데 표1에서의 자료와는 상당한 차이가 있음을 보여준다. 조선왕조시대에는 총 418회의 문과가 실시되어 15,151명의 합격자를 냈다.

[표 2] 조선 문과방목

왕대(제위 기간)	과거횟수	합격자	합격자비율
태조(1392~1398)	총 2회	66명	(0.44%)
정종(1398~1400)	총 1회	33명	(0.22%)
태종(1400~1418)	총 9회	281명	(1.85%)
세종(1418~1450)	총 16회	506명	(3.34%)
문종(1450~1452)	총 2회	73명	(0.48%)
단종(1452~1455)	총 2회	106명	(0.70%)
세조(1455~1468)	총 11회	402명	(2.65%)
예종(1468~1469)	총 1회	33명	(0.22%)
성종(1469~1494)	총 22회	472명	(3.12%)
연산군(1494~1506)	총 9회	261명	(1.72%)
중종(1506~1544)	총 34회	935명	(6.17%)
명종(1545~1567)	총 18회	497명	(3.28%)
선조(1567~1608)	총 32회	1,129명	(7.45%)
광해군(1608~1623)	총 14회	510명	(3.37%)
인조(1623~1649)	총 25회	784명	(5.17%)
효종(1649~1659)	총 8회	253명	(1.67%)
현종(1659~1674)	총 12회	406명	(2.68%)
숙종(1674~1720)	총 40회	1,465명	(9.67%)
경종(1720~1724)	총 3회	183명	(1.21%)
영조(1724~1776)	총 50회	2,181명	(14.40%)
정조(1776~1800)	총 20회	797명	(5.26%)
순조(1800~1834)	총 29회	1,058명	(6.98%)
헌종(1834~1849)	총 14회	463명	(3.06%)
철종(1849~1863)	총 14회	476명	(3.14%)
고종(1863~1907)	총 30회	1,781명	(11.75%)

「표 2」에서도 볼 수 있듯이 문과는 초기에 집중돼 있고 후기에
는 별과가 많았다. 즉 부정기시험의 확대를 볼 수 있는데 이와 같
은 부정기시험은 관리의 정원을 무시하고, 급제자 수의 과잉을 초

래하여 인적·물적·양반의 급증·지급토지의 부족 등 많은 사회적 폐단을 가져오기도 했다. 이 부정기시험의 종류를 세밀하게 열거하면, 국가의 경사 시(왕의 즉위·왕비 간택·왕자 탄생·세자빈 간택·전쟁의 승리 등 기타 경사 시)에 실시한 증광시·대증광시·별시·정시·춘당대시 등이 있었으며, 성균관과 사학유생들에게 특전을 준 대과시로는 반제·절일제·응제·황상제·전강·통독 등과 소과시에는 승보·사학합제·공도회가 있었다. 그 외 특수과거제도로 알성시·종친과·충량과·기로과·발영시·등준시·진현시·현량과·경잠과 등이 수시로 실시되어 조선왕조 과거급제자 증가에 많은 영향을 미쳤다. 이러한 관계로 부정기시험의 확대보다는 정기시험의 확대를 주장하게 된 것이다.

2). 부정기시험 확대 주장

조선왕조의 과거는 전기한 식년시가 중심이 된 것이나, 태종 즉위를 계기로 등극을 축하하는 「증광시」의 예가 생기고 동왕 14년에는 국왕이 문묘에 배알하는 날 시행한 「알성시」가 있다. 이러한 부정기시험은 국가의 경사가 있거나 특별한 일이 있을 때 실시된 시험이었는데, 정기시험으로 발탁되는 사람만으로 모든 인재들을 선발할 수 없으므로 부정기시험을 자주 이용하였다. 부정기시험은 증광시와 알성시, 별시로 나뉘는데 증광시는 왕의 등극, 세자나 세손의 탄생 등 왕조의 경사를 축하하는 의미에서 치러진 시험이며 별시는 학문 권장의 뜻에서 시행된 것으로 시험 시기나 합격 인원도 특별히 정해져 있지 않았다. 주로 서울 거주자들이 대상이었으며 시험절차도 간소해 대체로 1회의 시험으로 당락이 결정됐다. 조선 전 기간의 문과 합격자 명단에 의하면 식년시 합격자가 약 40%, 증광시 등 각종 별시 합격자가 60%였다. 조선왕조시대 내에 부정기시험을 늘려야 한다는 의견도 자주 나왔는데, 한명회 등은 관원의 결원이 있으니 이를 위하여 별시를 실시하여 충원하자고 하였다.

> 사관에 결원이 많이 생겨서 신 등이 아뢰고자 한 지가 오래였는데, 성상의 하교는 진실로 마땅합니다. 하였다. 전교하기를,
> "정승 등에게 물어서 아뢰라."
> 하니, 정창손이 의논하기를,
> "근래에 유생들이 학업에 전념하지 않고, 요행을 바라고서 별시만 보는데, 이는 별시가 너무 잦은 소치입니다. 지금 비록 사관에 결원이 많다 하더라도 일이 폐지될 정도는 아니며, 또 식년시에서도 강경을 하니, 비록 별도로 명경과를 실시하지 않더라도 될 것입니다." 하였다.
> 그러나 한명회·침회·윤사흔·김국광·윤필상·노사신은 의논하기를,
> "지금 사관에 결원이 많으니, 명경과의 별시를 보는 것이 매우 좋겠습니다."
> 하니, 임금이 한명회 등의 의논에 따랐다(조선왕조실록, 성종 9년 11월 경진).

자주 실시되는 별시에 대한 부정적인 면은 알고 있으나 사관 등의 필요에 따라 별시를 시행하였다. 국정을 운영함에 있어 때

때로 급히 필요한 인재 수요가 있게 되고, 이를 원활하게 추진하고자함에서 별시의 필요성이 제기되곤 하였다. 때로는 국왕이 친히 별시의 필요성에 대해서 논의하라고 하기도 하였다.

> 별시가 편리할 것인지의 여부를 의논하라고 명하매, 영의정 정광필·좌의정 신용개·우의정 안당(안)·좌찬성 이계맹·우참찬 최숙생 등이 의논하였다(조선왕조실록, 중종 13년 5월 을축).

위에서 보아서 알 수 있듯이 별시를 논의하여 보라는 것은 부정기시험의 비중을 높이고자 하거나, 별시 시행을 염두에 두고 하명을 내린 것이라고 할 수 있다. 이들의 논의는 곧 왕의 시행에 근거가 되는 것이었다.

> 정원에 전교하였다.
> 여느 때에는 식년시를 치른 뒤에 별거가 혹 있었거니와, 근래에는 물의가 '별거가 잦으면 유생이 요행을 바라고 학업에 힘쓰지 않는다.' 하므로 자주 하지 않았다. 올해는 한 해 안에 포상하는 칙서가 두 번 이르렀으므로 우리나라의 경사로는 이보다 더한 것이 없으니, 별거를 하지 않을 수 없다. 내년 정월이나 2월의 농한기에 시험하여 뽑는 것이 어떠한가? 서울에 있는 선비만을 뽑으면 좁은 듯하니, 경외의 유생을 모아서 널리 뽑는 것이 옳겠다. 이 뜻을 대신에게 의논하라(조선왕조실록, 중종 38년 11월 기사).

이처럼 국왕은 별시에 대해서 부정적이지만은 않았던 것으로 나타났다. 왕이 친히 별시를 시행하는 것이 좋겠다는 생각을 알리고, 관료들로부터 논의하라고 한 것을 볼 때 별시에 대한 긍정적인 면이 상당히 있음을 알 수 있다. 그리고 때에 따라서 별시인원을 높이기도 하였는데, 그것은 다음과 같다.

> 별시의 초시 액수를 늘렸다. 원래 증광시에서 인재를 뽑는 숫자는 식년시와 동일시하여 초시에서는 2백 40인을 뽑고 복시에서는 33인을 뽑도록 되어 있었다. 그런데 대증광시를 보이면 7인을 더 뽑도록 되어 있었기 때문에 초시에서 뽑는 숫자도 이에 맞추어 54인을 늘려 정한 것이었는데, 의논하는 이들이 말하기를 "을해년에 대증광시를 거행했을 때 관시에서 늘려 뽑은 숫자가 30인이나 되었고 타소 역시 이에 맞추어 더 뽑았었는데, 지금 해조에서 정한 것은 너무 적다." 하였다. 이에 관시의 30인의 숫자에 비례하여 1백 40인을 더 늘려 정한 것이다(조선왕조실록, 현종 2년 9월 경진).

별시 인원을 늘렸다는 것은 그만큼 환경과 여건의 변화에 민감했다는 것으로 이해할 수 있다. 다른 한편에서는 다음에 있을 별시에서는 인원을 크게 늘리지 못한다는 뜻도 된다. 이러한 과거제도의 별시를 늘려야 한다는 주장자들이 극단적으로 식년시를 폐지하고 별시만을 시행하여야 한다고까지 주장하기도 하였다.

식년시와 별시의 시험주기의 문제는 왕권과 관계가 깊다. 특히 국가의 좋은 일이 많이 있으면 있을수록 별시가 증가하고, 이에 따라 급제자 수가 증가하는 결과를 초래하였다.

부정기시험인 과거의 실시횟수와 급제자 수를 식년시 과거와 비교하여 살펴보면 다음 「표 4」와 같다.

[표 3] 각종 과거 비교표

區　分		科擧回數	及第者數	比　率 (總 及第者數에 對한)
式年試 科擧		163	5,977	39%
不定期試驗	應 科	440	7,593	49%
	其他 各種科試	202	1,624	12%
總　計		805	15,194	100%

※ 자료: 이종춘,「이조의 과거제도 연구」,『청주교육대학교 논문집8판』, 1968, p.107.

위 「표 3」에서 보는 바와 같이 조선왕조의 과거는 그 중심이 식년시보다 부정기과거가 더욱 성황을 이루었고 그 실시횟수 및 급제자 수가 가장 왕성하였다. 부정기과거는 각종의 이유로 실행되었으나 국가 경사에 실행된 것이 지배적이었으며 총 급제자 수 15,194명은 조선왕조 관직수가 120인 데(박동서, 1961 30) 비하여 과열상태를 초래하였다. 과열양상을 보였음에도 양반들은 부정기시험의 확대를 주장하게 되었고, 이것이 받아들여진 것은, 그들을 모두 등용하려는 것이 아니라 양반층을 회유하려는 데 목적이 있었음을 앞에서 밝혔듯이 정책적 측면의 의도가 상당히 반영된 처사이었음을 알 수 있다. 이러한 주장의 논쟁을 이해함으로서 그 시대상황을 바로 파악할 수 있는 근거가 된다.

Ⅲ. 정책적 분석

하나의 제도가 아무리 이상적일지라도 운영상의 결함이 나타나고, 혼란이 있다면 수정이 불가피한 것이다. 제도가 시대상황과 정치상황에 따라 변화하면서 가장 바람직한 제도로 정착하기 위해서는 근본적인 기초가 튼튼하여야 한다.

과거제도시험주기 중에서 식년시와 증광시, 별시, 알성시를 정책적으로 논의하는 이유는 오늘날 정기시험과 부정기시험과 관련된 규칙의 체계로서 주목할 만한 의미를 지니기 때문이다. 과거시험 전형제도를 이루고 있는 정기시험과 부정기시험 등은 오늘날 여러 가지 시험제도를 수립하는 데 있어서 참고할 수 있는 준거의 틀로 작용하기도 한다. 우리 민족성이 담긴 동양전통 관료채용제도인 과거제도를 통하여 논리적 상관성 가운데 가능한 바람직한 시험양식 패턴을 선택하여야 한다. 이런 점에서 보면 정기시험인 식년시와 부정기시험인 증광시, 알성시, 별시에 내포된 정책주장에 대한 분석은 중요한 정책적 변화로 읽어질 수 있다. 조선왕조 관료채용의 큰 흐름이 된 과거제도는 시험 중심으로 국정운영의 핵심적 역할을 하였다. 이런 과거제도에 있어서 정기시험과 부정기시험의 역동적 과정은 정책적 분석의 크나큰 의미를 내포하게 된다.

이를 정책 분석적 논의로 함축하여 밝히면 다음과 같다.

첫째, 시험을 준비와 관련된 행위주체들로서 정기시험을 준비하는 거자들과 부정기시험을 준비하는 행위 규칙은 상당히 중요한 영향을 시험 보는 거자들에게 미친다. 왜냐하면 시험을 준비하는 거자들에게 영향을 미친다. 특히 별시로 시행될 경우 상황적 여건이 중요하게 작용하기 때문이다. 국가의 경사 중에서 어떠한 경사냐에 따라서 답하는 내용이 달라지기 때문이다. 둘째, 앞에서도 말

했듯이 과거제도 식년시와 별시, 증광시, 알성시는 사회·제도적 맥락 속에서 거자의 공부 방식에 영향을 미친다. 즉 식년시를 할 것인지, 부정기시험 중에서 증광시를 할 것인지, 알성시를 할 것인지 시행정책에 맞게 따라가야 하기 때문이다. 이러한 주장들에 대한 정책행위 모형을 [그림 1]과 같이 도식화하여 나타낼 수 있다.

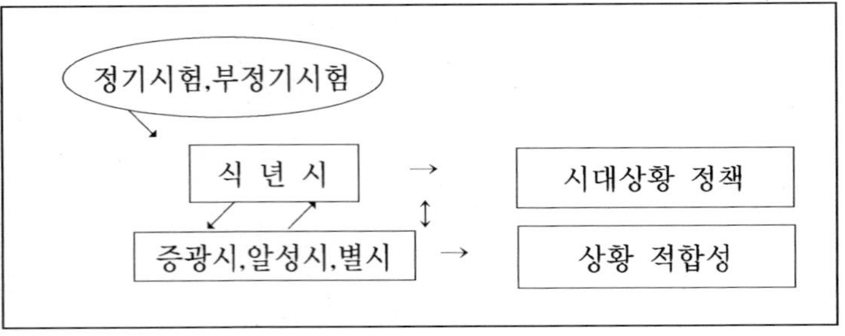

[그림 1] 정기시험과 부정기시험에 관련된 주체들의 정책행위

[그림 1]에서 보면 과거제도의 시험주기에 있어서 식년시와 증광시, 별시, 알성시가 상호 교류하면서 주장되는데, 식년시는 기존의 제도를 시행정책에 있어서 실행하려고 하고 증광시, 알성시, 별시는 현 상황에 맞는 시험제도를 추구한다. 두 가지가 상호 교류하면서 정책기조가 변하게 하는 근거를 만든다. 때로는 갈등이 되기도 하지만, 공조를 보이면서 바람직한 제도로 변화해간다. 이것은 정기시험과 부정기시험의 상호 관계성이라고 할 수 있다. 조선왕조 실정에 맞도록 그 내용과 형식을 보완하면서 바람직한 방향으로 추진되도록 식년시 주장자는 식년시의 합리성과 타당성을 주장하고, 부정기시험 주장자들은 환경변화에 민감하게 대처할 수

있는 인재를 뽑고, 시기적절하게 인재등용을 위해서는 부정기시험을 통하여 인재채용을 하여야 함을 주장한다. 이들 모두는 각자 자기 입장을 주장하고 있다. 이런 주장을 펴게 되는 근원에는 정기시험과 부정기시험의 근본적인 시험주기의 차이가 존재하기 때문이다. 이러한 시험주기의 차이로 인한 변화를 힘의 역동성을 설명할 수 있는데, 정기시험과 부정기시험의 정책적 힘의 역동성을 William N. Dunn의 분석 틀을 응용하여 [그림 2]에서 표현하면 다음과 같다(William N. Dunn, 1994: 115).

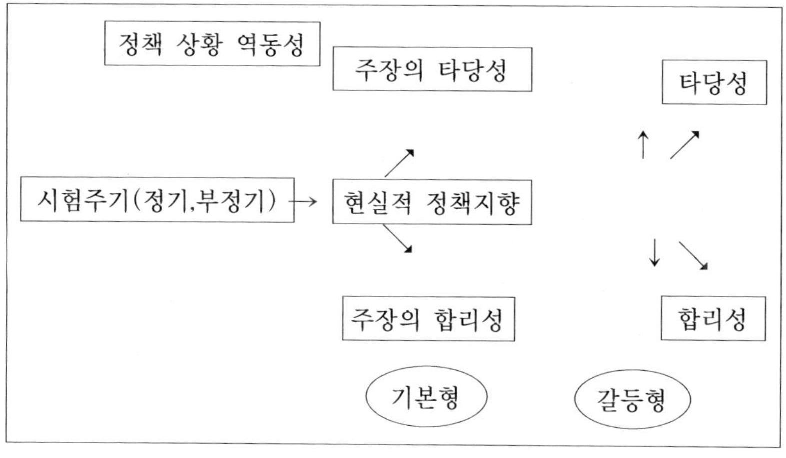

[그림 2] 정기시험과 부정기시험에 대한 정책적 힘의 역동성

[그림 2] 과거제도를 구성하는 시험주기의 개념적 구성요소를 보면, 교육의 본연, 우수한 인재의 선발, 정책 정상화를 요구하는 힘으로 볼 수 있다. 정책적으로 적격자를 선발하고자 하는 식년시 주장자들과 왕조의 필요성에 의해 선별적으로 시험을 보아야

한다는 부정기시험 주장자들 간의 힘은 상충될 수 있으나 크게는 우수한 인재를 선발하고자 하는 정책적 요구의 틀 속에 묶을 수 있다. 식년시는 그해 1~5월에 시행하는 것이 상례였으나 농번기와 겹치는 이유로 생원 또는 진사의 초시는 식년 전해 8월 15일 이후에, 문과·무과의 초시는 같은 해 9월 초순에 각각 실시하였다. 정기시험을 시행함으로써 거자들이 계획을 세워 공부를 할 수 있도록 한 것이며, 국가차원에서도 인재채용의 계획을 정확히 세울 수 있는 제도였다. 그러나 이러한 정기시험의 비중을 높일 것인지, 부정기시험의 비중을 높일 것인지 보는 관점과, 주장자들에 따라 다른 주장을 하게 된 것이다. 정기시험과 부정기시험 논쟁은 정책적 기조의 변화를 시험을 통해 얻으려는 조선왕조의 변화상태라고 할 수 있다. 긍정적인 측면에서는 발전을 향한 다양성으로 볼 수 있으나, 부정적인 면은 정기시험과 부정기시험의 갈등으로 인하여 교육정책 발전에 역효과를 초래하였다는 것이다. 이것을 기본형, 갈등형, 이상형으로 보는 것은 전통적인 주장의 상태로 보는 것인가 아니면 이것을 하나의 갈등상태로만 인지하는 것인가를 살펴보고 가장 바람직한 이상형이 어떠한 방향으로 나가야 하는지를 설명한 것이다. 가장 바람직한 것은 이상형이겠지만 시대적 상황, 정치적 여건 등에 따라 달라지며, 보는 관점과, 해석의 차이에 따라 약간의 상이한 결과를 나타낼 수 있을 것이다. 정기시험, 부정기시험의 확대 주장들은 그 시대 인재채용에 크나큰 변수로 작용하게 되었음을 볼 수 있는데, 거자들의 공부 방법과, 성균관에서의 교육에도 영향을 미치게 되는 결과를 초래하였다. 학문의 깊이 있는 공부를 등한시하고 부정기시험에 의한 신속한 진출을 생각하게 되고, 관료등용의 외형적인 것에 힘을 쏟게 되는 파급효과를 가져오기도 한다. 조선시대 관리등용제도에서 과거가 비중이 컸다는 것은 그만큼 관료주의 국가로서의 면모를 갖추었음을 말하는데, 이것은 곧 학력과 능력이 존중된 합리적 사회였음을 뜻하기도 한다. 그리고 식년시를 확대하고자 한 의지는 조선왕조만의 전통성과 가치성을 전승하고자한 양반들의 의지가 돋보인 점이라고 할 수 있다.

정책주장 시험주기 중에서 식년시 주장을 William N. Dunn의 분석 틀을 응용하여 [그림 3]에서 표현하면 다음과 같다(William N. Dunn, 1994: 115).

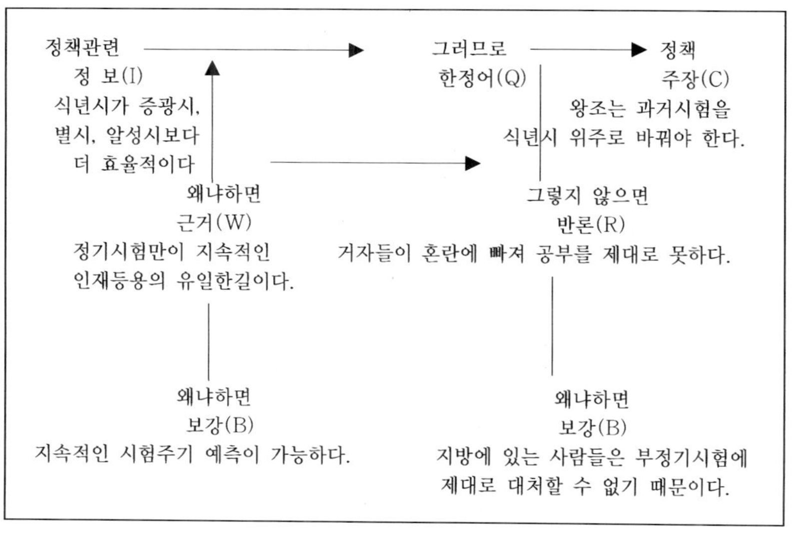

[그림 3] 식년시 주장자들의 정책논증 요소

[그림 3]에서 보면 정책관련 정보인 정기시험이 부정기시험보다 더 효율적인 면을 부각시키고 식년시 시험의 타당성을 밝히고 있다. 식년시 시험이 부정기시험보다 더 효율적인데 왜냐하면 그 근거로서 식년시만이 지속적인 인재등용의 유일한 길이며 문장력을 키워준다는 점이었다. 그러므로 식년시를 통하여 인재를 채용하면 유능한 인재채용이 될 것이며, 정책주장으로서는 왕조는 과거시험을 식년시 중심으로 바꾸어야 한다는 점을 나타낸다. 그렇지 않으면 거자들이 혼란에 빠지며, 지방에 있는 사람들은 상대적으로 피해를 입는다는 점을 밝히고 있다. 즉 부정기시험에 제대로 대처하지 못하기에 한양에 있는 사람이 많이 진출하게 되고, 지방에 있는 사람은 시험의 기회조차 얻지 못한다는 것이다. 지금처럼 교통이 발달한 시대가 아니기에 시험을 보기 위해서 며칠 걸려 한양에 오는 실정이다 보니 부정기시험은 이들에게 시험기회를 박탈하는 것이 된다. 그래서 이를 극복하기 위하여 조선왕조 후기인 임진왜란 이후 국방상의 요지인 평안도와 함경도, 경기도의 요새인 강화도, 왕은의 혜택이 적은 제주도에 시재라 하여 그곳 유생들에게 시험하여 관직을 주기도 하였는데 이는 극히 한정적이었다. 후에 함경도의 시재는 별시로 승격하여 서도과, 북도과라 불리어 10년에 한 번 정기적으로 거행되었는데, 이것 또한 문과, 무과만 있어서 한 번의 시험에 의하여 약간 명을 뽑아 직책을 주기도 하였다. 그리고 이러한 정기시험이 아닌 부정기시험은 국가의 대소사가 있을 때마다, 국가의 경사뿐만 아니라 필요에 의해서도 수시로 시험을 보아 인재를 등용하는 것

이었는데, 대소경사가 있을 때마다 그 기쁨을 나누기 위해 행해졌고, 중대사가 있을 때마다 경각심을 일으키기 위해 행하였으며, 혹은 유생들을 위로하고 학업을 권장하기 위해 실시하는 등 그 목적이 다양하였다(조좌호, 1996: 117). 게다가 국초의 식년시·증광시·별시 문과는 여러 차례의 시험이 있어서 고시 절차가 복잡하고 경비가 많이 들기도 하였다. 이런 이유 때문에 과거의 종류가 많아지고 또 과거가 자주 열리는 원인이 되었다. 그리고 이러한 부정기시험을 자주해야 국가 왕권이 바로 선다고 주장하는 논리가 생기게 되었다. 부정기시험 주장에 대한 논증의 구조를 William N. Dunn의 논증 구조를 대입하여 [그림 4]에서 설명하면 다음과 같다(William N. Dunn, 1994: 115).

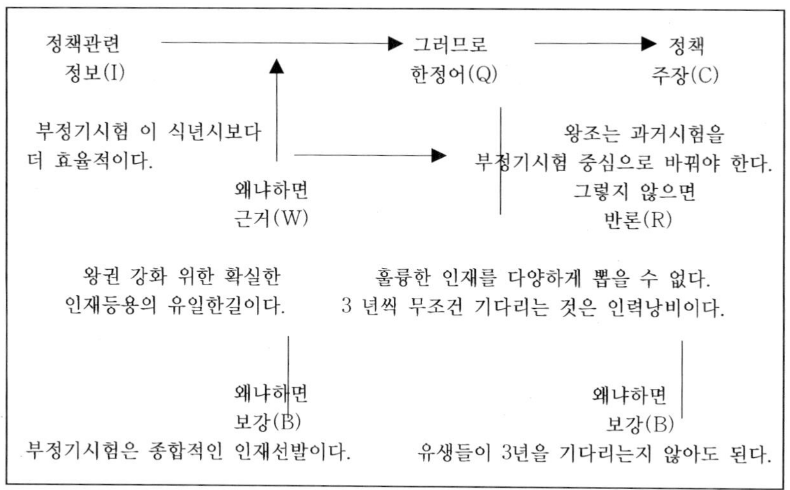

[그림 4] 부정기시험 정책논증 요소

[그림 4]에서 보면 정책관련 정보인 부정기시험이 식년시보다 더 효율적인 면을 부각시키고 부정기시험의 타당성을 밝히고 있다. 부정기시험이 정기시험보다 더 효율적인데 왜냐하면 그 근거로서 다양한 인재를 3년을 기다리지 않아도 채용을 할 수 있다는 점이며, 왕권과 권력 강화에 보탬이 된다는 점이다. 그러므로 부정기시험을 통하여 인재를 채용하면 유능한 인재채용이 될 것이고, 정책주장으로서 왕조는 과거시험을 부정기시험 위주로 바꾸어야 한다는 점을 나타낸다. 그렇지 않으면 왕권 강화를 위한 유능한 인재를 수시로 채용할 수 없다는 점이다. 부정기시험은 수시전형으로서 장점이 많다는 것이다. 이를 간단히 설명하면 별시는 국가경사 때 실시하였고, 전국을 대상으로 하나 부정기여서 서울일원에서 주로 시험을 보았고 합격생도 서울중심의 사람이 많았다. 증광시는 왕의 즉위경사나 즉위기념 외 왕실경사 때 실시되었다. 알성시는 왕이 성균관에 참배할 때 성균관 유생들을 대상으로 치르던 과거였다. 대부분이 부정기시험은 지방이 아닌 서울·경기지역의 선비들이 주로 합격되었다. 그 이유는 지방에서 갑작스런 서울 과거에 응시하기 위해 상경하기는 어려운 일이었다.

서울의 양반대신들은 자신의 자제들을 과거에 많이 합격시키기 위해 지방 선비들의 응시기회를 최소화하고자 했다. 1만 4,600명의 문과 합격자 중 전국 대상의 식년시와 나머지 과거시험의 비율이 1:3정도여서 조선 500년간 식년시의 선발인원은 약 3,600명 정도로 적은 편이었다. 특히 부정기시험을 주장하는 학파들은 위에서 보는 것과 같이 식년시(정기시험)와 부정기시험(알성시,

증광시, 별시) 시험주기의 차이를 놓고 왜냐하면, 그렇지 않으면, 그러면 등을 통하여 정책에 대한 주장을 하게 된다. 이러한 과정을 통하여 정책기조가 변화하게 되고, 또한 이로 인해 시험출제 방식이 달라질 수밖에 없게 되었다. 이러한 부정기시험의 빈번한 시행으로 인하여 후기에는 폐단이 나타났다.

첫째, 국가의 대소경사나 사건이 있을 때마다 과거를 개설하였기 때문에 과거가 자주 열렸는데, 심하면 1년에 세 번, 한 달에 두 번 여는 경우도 있었다. 이러한 과거가 자주 실시됨으로 유생들 사이에 운을 바라는 일이 생기게 되었다. 초기의 유생들은 차분히 공부하여 충분한 실력을 양성한 뒤에 과거에 응시하였으나 후기의 유생들은 과거의 빈번한 실시로 마음이 들떠서 실력을 양성할 생각은 않고 과거응시만 서둘렀다. 특히 한 번의 시험으로 급락을 정한 알성시·정시·춘장대시 등은 운만 좋으면 합격 할 수 있다는 생각 때문에 요행을 바라는 무리들이 많이 모여서 심지어는 장님이나, 어린이까지 응시하였다. 후세에 알성시·정시·춘장대시 등의 응시자수가 수만 명이나 된 것은 이 때문이다. 이러한 문제점이 나타나자 두 시험주기에 대한 논쟁이 격에 다다랐고, 식년시 폐기, 부정기시험 폐기 등 극단적인 양상을 띠기도 하였고, 두 가지를 혼합하자는 주장도 나왔다. 이러한 시험의 문제를 해결하는 것은 교육적 측면에서 중요한 의미를 지닌다. 우리가 알고 있듯이 교육은 어디까지나 인간의 변화를 목표로 하는 경험과학의 성격을 강하게 가진 것처럼(정덕희, 2003: 175)

과거제도시험 변화로 인하여 거자들의 직접경험과 간접경험에 영향을 주고 있음을 알 수 있다. 이러한 제도적 현실들은 현재 교육정책에 있어서도 마찬가지이다. 고급인재를 채용하는 사법시험, 행정고시, 대학수학능력시험 등 정기시험과 부정기시험 비중 확대 문제가 이슈화될 소지를 많이 차지하고 있기 때문이다.

Ⅳ. 결 론

우리나라의 과거는 고려대 중엽이후 3년에 한 번꼴로 시행되었으나, 정식화된 것은 아니었다. 3년1시의 원칙이 정식화된 것은 조선왕조에 들어와서부터 이다. 이러한 식년시는 처음에는 사마시의 초시·복시, 문무과의 초시·복시·전시, 잡과의 초시·복시 등의 모든 시험을 식년의 정월에서 5월 사이에 시행하였다. 이 때문에 향시 입격자가 회시에 응시하는 데 너무 시일이 촉박하며, 농번기에 거자의 내왕이 빈번하여 농사에 방해가 되는 일이 적지 않았다(조좌호, 1996: 196). 이에 농번기를 피해 실시하자는 상소에 따라 변화를 주기도 하였다. 그리고 시험주기에 대한 논변들이 있어왔고, 식년시 주장과, 부정기시험 주장자들의 주장에 따라 과거제도 시행에 영향을 미치기도 하였다. 이러한 주장에 대한 조선시대 과거제도시험주기 식년시(정기시험)와 증광시, 별시, 알성시(부정기시험)의 교육 정책적 분석을 통하여 그 시대의 정책적 주장과 논리를 앞에서 분석해 보았다. 지금까지 다루었던 내용을 요약하면 다음과 같다.

첫째, 이 글은 과거제도의 식년시 와 증광시, 알성시, 별시 시험에 내재된 시험주기 차이에 의한 주장별 특징을 살펴보았다. 정기시험과 부정기시험 필요성과 장점·단점, 주장하는 그 시대 학자들을 통해 논리적 타당성을 살펴보았으며, William. N. Dunn 의 분석모형을 대입시켜 상황인식, 정책주장, 논리적 기대, 근거 체제와 반론 등을 개념적 요소로 적용해 보았다. 다만 학자들 간 의 이념 대립으로 인하여 식년시험을 고수하기도하고 부정기시 험을 고수하기도 하며, 이 두 가지를 혼합하는 시험을 주장하기 도 한다. 학자들 주장의 내면에는 정치적인 정책노선이 포함되고 있었던 것을 볼 수 있다. 왕권 강화와 안정적인 통치를 위하고 능력 있는 인재를 채용하고자 한 의지가 표현된 것이었고. 이러 한 상황에서 정기시험과 부정기시험의 시험주기는 왕권의 변화 에 따라 변화할 수밖에 없었다.

둘째, 이 글은 조선왕조시대 과거제도시험주기인 정기시험과 부 정기시험 주장에 대한 대립을 살펴보았다. 이러한 대립은 개혁을 단행하고 조선왕조를 굳건히 세우고자 하는 의지가 포함되고 있으 며, 시대적 문제를 풀어가는 방법론적 차이가 반영된 것이라고 할 수 있다. 그러나 이러한 논쟁과 변화가 부정적인 것만은 아니었다. 새로운 정책과 제도 정착에 기여한 점도 크다고 할 수 있다.

셋째, 이 글은 과거제도시험주기에서 제기되는 정기시험과 부 정기시험을 통해 오늘날 시험정책의 변화 가능성을 살펴보았다. 요즘 들어 국가에서 공직의 채용기회를 다양화하여 고시제도와 병행할 수 있는 전문가 채용제도를 계획하고 있다. 이것은 곧 향 후 공직자 채용제도의 근본적인 변화가 예상되는 점이다.

전문가 채용제도는 기존의 산발적인 특채제도와는 근본적으로 다른 것이어서 앞으로 공직사회의 획기적인 변화가 예상된다. 이것이 곧 개방형 직위제도인데, 개방형 직위제도는 공직의 일정 직위에 사회 전체 인력 풀(pool)에서 적격자를 수혈함으로써 폐쇄적 임용제도와 신분보장을 근간으로 하는 종래의 인사제도하에서 누적·심화되어 온 관료들의 무사안일, 복지부동, 전문성 부족과 같은 다양한 문제점들을 해소하고, 공직사회의 경쟁력과 생산력을 제고시키기 위한 목적에서 만들어진 것이기에 실효성이 있다. 개방형 직위제도는 그동안 한편으로는 충원의 범위를 넓힘으로써 정부 인적자원의 활용범위를 확대시킬 수 있고, 공개경쟁을 통해 공직사회의 무사안일 풍토를 쇄신하고 새로운 분위기를 형성하며, 행정의 전문성, 대응성(responsiveness), 책임성(responsibility)을 높일 수 있을 것이라는 기대를 낳은 반면, 다른 한편으로는 그 적정성에 대한 우려와 비판을 적지 않게 야기해 왔다.

요즈음 논의되는 개방형 직위제도의 도입·실시와 관련된 회의적 시각은 크게 두 차원으로 나누어질 수 있다. 하나는 제도 자체에 관한 것으로서 제도의 내용이 해결하고자 하는 문제와 달성하고자 하는 목적에 적합한 것인가의 적정성에 의문을 제기하는 것이고, 다른 하나는 제도의 운영에 관한 것으로서 제도 실천의 비현실성과 애로 사항을 지적하는 것이다. 만약 기존의 지적과 비판처럼 개방형 직위제도 자체에 문제가 내재되어 있거나 제도가 충실히 운영되지 않고 있다면, 제도의 본래 취지가 달성되기 어려운 것은 물론 제도의 장기적 정착 가능성도 낮다고 할 수 있으므로, 제도 자체와 제도 운영의 양 차원에서 재검토하여 수정·보완할 필요가 있다.

그간 한국에 도입되었던 많은 새로운 제도들이 소기의 성과를 거두지 못하였던 것은 이러한 후속 작업을 소홀히 하였기 때문이라고 할 수 있다. 그러므로 이러한 인재등용 정책을 비교하고, 분석하여 봄으로써 바람직한 우리풍토에 맞는 제도를 만들 수 있고, 정착시킬 수 있으리라 본다. 즉 조선왕조시대에 있었던 상황을 시나리오해서 오늘날의 인재등용 제도와, 적재적소에 필요한 인재를 채용하는 시스템을 구축한 조선왕조의 부정기시험을 살펴봄으로써 하나의 좋은 모델을 구할 수 있는 것이 된다고 생각한다.

오늘날 한국 교육정책은 인재를 길러 내거나 인재를 채용하는 데 있어 정치적 영향에 많은 부분을 할애하고 있고, 서양 것의 천편일률적인 제도 수용으로 혼란을 거듭하고 있는 실정이다. 즉 교육의 본연을 우리 전통에서 찾자는 것이다. 이러한 상황에서 우리 전통 과거제도가 추구했던 인재등용 방법과 시험주기는 중요한 준거가 되기도 한다.

〈참고문헌〉

조선왕조실록

김경용(1998). "조선시대 과거제도의 교육적 성격 연구", 연세대학교 대학원 박사학위 논문.

김경용(2004). 「과거제도 시행에 따른 관련문서 연구」, 한국교육
    학회 2004년 춘계학술발표.

김만규(1982). 『조선조의 행정사상연구』, 인하대학교 출판부.

김경태(1990). 『조선의 정치 행정』, 박영사.

김영국(외)(1993). 『한국행정사상』, 박영사.

김운태(1983). 『조선왕조행정사』, 박영사.

김창현(1999). 『조선초기 문과급제제도 연구』, 일조각.

김판석, 윤주희(2000). 「고려와 조선왕조의 관리등용제도」, 한국사회
    와 행정연구11.

나진, 김상연(역술)(1986). 『국가학』(영인본), 부산: 민족문화.

나기산 외 공역(1996). 『정책분석론』, 법문사.

류석영(1975). 「우리나라 과거제도에 관한 연구」, 건국대학교 행
    정대학원 논문집3.

류석영(1983). 「려·조왕조 관료임용제도에 관한 비교연구」, 건국
    대학교 행정대학원 논문집16.

부남철(2001). 「한국행정사상 연구 현황과 과제」, 한국동양상사학회.

박동서(1961).한국 관료제도의 역사적 전개』, 한국연구원 서관.

박동서(1961). 「한국 관료제도의 역사적 전개」, 한국연구원 서관.

박연호(1993). 「조선전기 사대부 교양에 관한연구」, 박사학위 논
    문. 한국정신문화연구원.

이종춘(1968). 「이조의 과거제도 연구」, 조선전기 논문집61.

이강선(1993). 「조선조 관료채용제도 연구」, 성결대학교 교수논총.

이해명(1994). 「실학파의 과거제도 개혁론 연구」, 퇴계학연구 8.

조성율(1998).「정약용의 과거제도 개혁론」, 역사학보 157.

조성대(1997).「고려 조선조 과거제도의 내용과 특성」, 한국 행정
　　　사학회 5.

정덕희(2003).「조선 후기 호락논쟁」, 한국교육사학 25.

정덕희(2004).「녹문 임성주의 인간형성이론」, 교육학연구 42.

정시채(1997).「조선왕조시대의 과거제도 연구」, 논문집10.

차미희(1999).「조선시대 문과제도 연구」, 국학자료원.

피정만(1990).「조선시대 성균관의 교육제도에 관한 연구」, 성균
　　　관대학교 대학원 박사논문.

하영선(1999).「조선의 근대사회과학개념 도입사」, 전파연구모임
　　　발표논문.

허흥식(1996).「한국의 과거제도에 대한 통사적 자리매김」, 한국
　　　과학논평14.

황금중(2000).「주자의 공부론 연구」, 박사학위 논문. 연세대학교.

한만봉(2006).「현대교육학실기론」, 한국학술정보.

William N. Dunn(1994). *Public Policy Analysis*, Prentice Hall.

1) 고려시대, 조선시대 관직 및 명칭들

가례(家禮)- 한 집안의 예법. 또는 주자가례(朱子家禮).

가자(加資)- 정3품 통정대부 이상. 정3품 통정대부 이상으로 품계를 올림.

각루(刻漏)- 물시계의 하나. 누각(漏刻).

각촉시(刻燭試)- 초에 금을 그어 놓고 촛불이 그 금까지 타 들어 가면 시험을 종료하는 시.

경재소(京在所)- 서울에 설치하였던 각 지방 고을의 출장소.

고과법(考課法)- 능력 평가제. 상, 중, 하의 3단계로 평가. 중이 나 하면 사임이 관례.

관각(館閣)- 조선조의 홍문관(弘文館)과 예문관(藝文館).

관찰사(觀察使)- 조선조 각 도의 최고 지방관. 8도 또는 23부, 13도를 다스림. 감사(監司).

관품(官品)- 벼슬의 등급. 조선에서는 18품 30계. 관계(官階). 관등(官等).

관학(官學)- 국가에서 운영하는 학교. 성균관, 4학(四部學堂), 종학(宗學), 잡학, 향교 등.

교지(敎旨)- 4품 이상 벼슬의 관직 임명이나 상벌에 관하여 임금이 내리는 명령. 명령서.

군관(軍官)- 각 군영의 권무군관, 별군관, 지고관, 기패관, 별무사, 교련관, 별기위 등.

금군(禁軍)- 궁중을 방어하던 군대. 용호영 산하의 내금위, 겸사복, 우림위 소속 병사.

기묘사화(己卯士禍)- 중종 14년, 위훈삭제사건(僞勳削除事件)을 계기로 일어난 사화.

낭청(郎廳)- 각 관청에 소속된 당하관을 이르는 말. 또는 정5품 통덕랑 이하. 낭관(郎官).

녹봉(祿俸)- 관원에게 연액(年額. 연금)으로 주던 쌀, 콩, 보리, 명주, 베 등. 복록(福祿).

능행(陵幸)- 임금이 선왕이나 왕후의 무덤, 즉 능에 거둥[擧動]함.

당상관(堂上官)- 조선조 정3품 통정대부, 절충장군, 명선대부, 봉순대부 이상의 관리.

당하관(堂下官)- 조선조 정3품 통훈대부, 이모장군, 창선대부, 정순대부 이하의 관리.

대간(臺諫)- 사헌부(司憲府)와 사간원(司諫院)을 아울러 이르는 말.

대사성(大司成)- 성균관(成均館)의 정3품 으뜸 벼슬.

대제학(大提學)- 홍문관(弘文館)과 예문관(藝文館)의 으뜸 벼슬. 문형(文衡).

목사(牧使)- 고려 및 조선조 때의 정3품 외관직(外官職) 문관. 목관(牧官). 목백(牧伯).

몽진(蒙塵)- 임금이 난리를 만나 피함.

문묘석전(文廟釋奠)- 문선왕(文宣王) 공자(孔子)를 모신 사당의 정규 제향(祭享).

문벌(門閥)- 대대로 내려오는 그 집안의 지체. 가세(家世). 문호(門戶).

미관말직(微官末職)- 지위가 보잘것없이 낮은 벼슬. 미말지직(微末之職).

방목(榜目)- 과거에 급제한 사람의 성명을 적은 책. 방(榜).

배강(背講)- 책을 보지 않고 돌아앉아서 외움. 배독(背讀).

변려체(騈儷體)- 대구(對句)를 많이 사용하여 4자 6자의 구를 쓰는 한문체의 하나.

변설(辯設)- 사리를 분별하여 설명함.

변장(邊將)- 첨사(僉使)나 만호(萬戸) 등의 총칭. 종3품 무관직.

별시(別試)- 나라에 경사가 있을 때나 또는 병년(丙年)마다 보던 문무의 과거.

병마절도사(兵馬節度使)- 조선조 때 각 도에 1-2명씩 파견한 병마(兵馬)지휘관. 종2품.

사대부(士大夫)- 양반 벼슬아치를 통틀어 이르는 말. 정1품에서 종4품까지의 벼슬아치.

사류(士類)- 학식과 덕망이 높은 선비의 무리.

사맹삭(四孟朔)- 네 철의 각 첫 달. 음력 1월, 4월, 7월, 10월. 맹월(孟月).

사서(四書)- 유교의 경전인 논어(論語), 맹자(孟子), 중용(中庸), 대학(大學).

사서삼경(四書三經)- 사서(四書)와 삼경(三經). 칠서(七書).

사서오경(四書五經)- 사서삼경(四書三經)에 예기(禮記)와 춘추(春秋)를 더한 것.

사장(詞章)- 시가(詩歌)와 문장(文章).

사중삭(四仲朔)- 네 철의 각 가운데 달. 음력 2월, 5월, 8월, 11월. 중월(仲月).

삼경(三經)- 유교의 경서 중 시경(詩經), 서경(書經), 역경(易經). 시서역(詩書易).

상정일(上丁日)- 최초로 정자(丁字)가 든 날.

서경(署經)- 이름과 문벌, 이력 등에 관하여 대간(臺諫)의 조사 후에 승인을 받음.

수령(守令)- 각 고을을 맡아 다스리던 지방관. 관찰사, 부사, 목사, 군수, 현령, 현감.

승문원(承文院)- 사대문서(事大文書)와 교린문서(交隣文書)에 관한 일을 담당하던 관청.

승지(承旨)- 승정원(承政院)의 정3품관. 도승지, 좌우승지, 좌우부승지, 동부승지.

시관(試官)- 조선조 때 科擧試에 관계되는 모든 직임(職任).

시권(詩券)- 과거 때 글을 지어 올린 종이. 글장.

시취(試取)- 시험을 보게 하여 인재를 뽑음.

실직(實職)- 실무를 보는 문무관의 벼슬. 본직(本職). 실무에 해당하는 실제의 관직.

안렴사(按廉使)- 고려와 조선 초의 지방관. 안찰사(按察使). 도관찰출척사(都觀察黜陟使).

양관제학(兩館提學)- 홍문관(弘文館)과 예문관(藝文館)의 제학(堤學). 종2품 당상관.

양반(兩班)- 동반(東班)인 문반(文班)과 서반(西班)인 무관

(武班). 문관과 무관.

양첩(良妾)- 양민의 신분으로 남의 첩이 된 여자.

역관(譯官)- 통역을 하는 관리. 사역원(司譯院) 관리의 총칭.

역수(易數)- 음양에 의하여 길흉화복(吉凶禍福)을 미리 아는 술법.

위훈삭제사건(僞勳削除事件)- 사림파가 중종반정 때의 공신 중 76명의 훈을 깍은 사건.

육조(六曹)- 고려와 조선의 여섯 관청. 이(吏), 호(戶), 예(禮), 병(兵), 형(刑), 공(工).

은사(恩賜)- 임금이 내려 줌. 임금이 내려 주는 물건.

음사(蔭仕)- 문음(門蔭) 또는 생원, 진사, 유학에 의해하는 벼슬. 음관(蔭官).

의녀(醫女)- 8도에서 선발하여 의술을 교육받고 내의원과 혜민서에서 심부름을 하는 여자.

의정(議政)- 영의정(領議政), 좌의정, 우의정. 삼상(三相). 삼공(三公). 삼정승(三政丞).

의정부(議政府)- 조선조 최고 행정 관청. 정종2년(1400) 설치. 의정, 찬성, 참찬 등을 둠.

적서(嫡庶)- 정처(定妻)에서 난 아들과 첩(妾)에서 난 아들. 또는 그 계통.

전조(銓曹)- 관리를 임명하거나 이동시키는 권한을 가진 관청인 이조(吏曹)와 병조(兵曹).

절제사(節制使)- 조선조 병마절제사(兵馬節制使)의 준말. 정3

품 당상관. 순문사(巡問使).

제수(除授)- 추천을 받지 않고 임금이 직접 관리(官吏)를 임명함. 제배(除拜).

제조(提調)- 각 관청의 일을 명목상으로 맡은 자. 정1품 도제주, 정2품 제주, 당상 부제주.

조관(朝官)- 나라의 정사를 맡은 벼슬아치. 심부름하는 관리와 궁관, 환관 등을 제외.

조참(朝參)- 왕이 매달 4차례 정전(正殿)에 친림하여 신하들과 정사에 관하여 논의하는 것.

좌주문생제(座主門生制)- 시관(試官)이 자신의 문하생을 급제시킴?

주자학(朱子學)- 남송의 주자가 이기설(理氣說)을 기초로 집대성한 유학. 성리학(性理學).

중사(中使)- 궁중에서 왕의 명령을 전달하는 일을 맡은 내시.

중종반정(中宗反正)- 연산 12년(1506) 연산군이 훈구파(勳舊派)에 의해 물러나게 된 사건.

참상관(參上官)- 정3품 당하관 통훈대부로부터 종6품 선무랑까지의 품계에 있는 관리.

참판(參判)- 육조(六曹. 吏, 戶, 禮, 兵, 刑, 工曹.)의 종2품 당상관. 문관직. 차관급.

참하관(參下官)- 정7품 무공랑부터 종9품 장사랑까지의 품계에 있는 관리. 참외(參外).

천거(薦擧)- 인재를 어떤 자리에 쓰도록 추천함. 거천(擧薦).

천첩(賤妾)- 종이나 기생의 신분으로 남의 첩이된 여자.

초입사(初入仕)- 처음으로 벼슬길에 오름. 초사(初仕).

취재(取材)- 재주를 시험하여 뽑아 씀.

판서(判書)- 육조(六曹. 吏, 戶, 禮, 兵, 刑, 工曹.)의 으뜸 벼슬. 정2품 당상관. 장관급.

한량(閑良)- 무관 벼슬아치 집안 출신으로 무과에 응시하지 않았거나 낙제한 자.

행재소(行在所)- 임금이 거둥(擧動. 임금의 거동은 거둥이라고 읽음.)할 때 머무는 장소.

향통사(鄕通事)- 사신(使臣)들의 편의를 도모하기 위하여 지방의 요충지에 둔 역관(譯官).

현관(顯官)- 잡직을 제외한 실직의 문반 또는 무반관직에 있는 자.

훈석(訓釋)- 한문 글자의 뜻을 해석함.

朝鮮朝에 있어서 官僚될 적격자를 선발·임용하고, 登用하는 절차와 재직관료의 성적에 따라 승진·전임을 결정하는 인사행을 '都目政事'[5]라고 하였다.

이 제도는 대체로 관료의 재직연수와 근무평정에 따라 매년 6월·12월 두 번에 걸쳐 王늡를 물어 인사조치를 행하는 것이 관례가 되었다. 즉 매년 6월·12월 2차에 걸쳐 1년간의 근무평정 또는 근무성적고사표인 '都歷狀'을 토대로 문관은 吏曹에서, 무관은 兵曹에서 각기 判書 이상의 책임자들이 모여 심의한 결과에 따라

---

5) '都目政事', 도목정사란 都政, 大政, 開政, 京察, 注擬, 銓注, 銓選 등을 말한다.

선임과 승임을 행하였다. 이 兩次의 都目時期 이외에는 비록 공
석이 생겨도 중요하고 긴급한 인사가 아닌 이상 補任하지 않은
것이 원칙이었으나, 不定期로 긴요한 보임을 행하는 것을 '散政'
이라 하여 시행하는 경우도 있었다.6) 文·武官의 銓選은 吏曹와
兵曹에서 행하였는데, 이 두 가지 방법을 합하여 銓曹라 하였다.
銓曹에서는 都歷狀을 근거로 하여 관직에 적격자라고 판단되는
후보자를 3배수(3인)선발하여 국왕에게 奏聞하였는데 이를 '備三
望'이라 하였다.

  이러한 모든 名錄을 국왕에게 봉정하면 국왕은 三望 중 1인에
게 점을 찍어 최후의 결정을 내리는데 이를 '落點' 또는 '批下'라
하여 이대로 朝報(官報)에 공표한다. 그러나 어떤 관직에 대한
임명절차는 이에 그치지 않고, 임용에 앞서 신분의 적격여부를
심사하는 절차가 있는데 이를 '署經'(身分照會)이라 하였다.

  이 서경절차는 우선 吏曹·兵曹가 당사자의 內·外·妻 등 三
族의 四祖를 열기하여 司憲府와 司諫院에 보내면, 이곳에서 당사
자는 물론이고, 三族 四祖를 조사하여 신분상의 이상이 없다고
판정되면 이를 인준하였다. 이렇게 하여 임관이 확정되면 '職牒'
(任命狀)을 銓曹에서 수여한다. 이렇게 소정의 절차를 밟아 관직
에 除授(任命)되며, 文官 9品, 武官 4品 이상의 官吏는 제수된 다
음날 大殿·王妃殿·王世子宮에 '謝恩肅拜'를 드리고 신임된 중앙
과 지방의 堂下官과 出仕者는 10일 이내에 議政府·吏曹(또는
兵曹)와 소속 曹 등 감독관청에 '參謁' 또는 '歷辭'를 하여야 한

---

6) 이강선, 조선조 관료채용에 관한연구, 강의를 위해 채용 부문 인용함.

다.[7] 參謁은 새로 임명된 당하관과 출사자가 감독권한을 가진 관청에 직접 나가서 인물고사를 받는 절차이며, 歷辭는 외직의 文·武官이 행하는 것으로 그들이 임지에 가기 전에 국가의 重臣·關係官衙의 요인 및 감독권한을 가진 兩司의 관리를 차례로 방문하여 부임 인사를 하면서 人物考査를 받던 중요한 인사제도 절차인 것이다

2) 관료의 정원

朝鮮朝 관료의 총원은 시대에 따라 차이가 있었으나, 건국초기 문관의 수는 正1品～從9品(18品階)에 이르기까지 520餘人이었고, 武官의 수는 上將軍에서 隊副에 이르기까지 4170餘人에 달하였고, 이에 포함되지 않은 祿官과 檢校 등을 포함하면 이보다도 훨씬 더 많았던 것이다. 그러나 시대가 지날수록 과거급제자가 급등하여 현원 관리가 500여인에도 불구하고, 급제자로 임용후보자는 2300여인에 달하였으므로 관직에 임명되기 위해서는 극심한 경쟁을 치러야만 하였다. 이렇게 정원은 한정되었는데 有資格者는 그 몇 배가 되었는바 이 문제를 해결하기 위하여 마련한 것이 '遞兒職'[8]이었다. 중기이후에는 이 遞兒職이 정원의 4～5배에 달하였던 바 인사제도상 많은 문제점을 주었던 것이다.[9]

---

7) 經國大典, 卷 3 禮典 諸科 參謁.
8) '遞兒職'… 관리가 현직에서 물러난 뒤에도 일정 기간 휴직형식으로 생활을 보장하기 위하여 만든 자리를 말한다.
9) 經國大典, 卷1 吏典, 遞兒

3) 상피제도

朝鮮朝 인사제도에 있어서 相避制度란 中央과 地方官吏의 임용에 하나의 관행으로 京官職이나 地方官職에 있어서 일정한 친척관계나, 자신들의 鄕里에 보임을 피하게 하는 제도를 말한다. 이는 본래 中國 唐末 五代의 亂을 치른 후 송대에 이르러 '回避'라는 제령을 공포하여 당해 지방출신자에게 그 지방의 통치를 위임하지 않는 데서 연유하고 있는 것이다. 이 제도는 원·명에서 근대에 이르기까지 더욱 번잡한 條令으로 발달한 바 있으나 조선왕조에서 '相避制'라 하여 광범하게 실시하였던 것이다. 이러한 제도는 정치적 의의를 내포한 것으로 外官이 임지에서 가족 또는 친척관계와 동향출신인사 등의 결합으로 지방호족세력과 扶植하여 반란을 야기하거나 정실에 빠져, 행정의 공정을 잃거나 또는 官衙가 族黨의 소굴이 되어 국가수입(조세)을 횡령·착취하거나, 그 밖에 여러 가지 폐해와 위험이 있기 때문에 이를 저지하기 위한 특수제도인 것이었다. 위와 같은 이유에서 南北互選法·親族回避法 등을 제정하여 직무상의 각종 회피규정을 준용하고, 지방 세력을 억제하는 데 갖은 노력을 다했던 것이다.[10] 이러한 제도는 조선조 초에(世祖때) 咸吉道에서 일어난 兩亂(이징옥의 난·이시애의 난) 이후 더욱 강화되었다.

---

10) 前揭書, 卷 1 吏典, 相避

3. 현재의 인사행정과 미래

21세기의 한국의 인사행정은 어떻게 변화되고 어떠한 변화로 가야 하는가를 우리는 집고 넘어가야 한다.

우리를 둘러싼 환경 변화는 그 폭을 예측할 수 없을 정도로 가속화되고 급변화되어 가고 있다. 그런 까닭에 앞으로 100년을 예측하기는 곤란할 것이며 그에 맞춰 한국 인사행정의 나아갈 바를 제시하는 것 또한 신중할 필요가 있다. 우선 향후 10-20년을 내다보고 현재 한국 인사행정의 개선 방향을 알아보도록 하자.

범세계적 추세로 볼 때 어느 누구도 부정할 수 없는 사실은 세계화와 정보화의 물결이다. 또한 나라마다 차이는 있겠지만 거의 대부분의 국가가 그 기본 이념으로 민주주의와 자본주의를 지향하고 있다. 민주주의와 자본은 국가의 발전을 가늠하는 근거가 된다. 민주주의가 된 나라들일 수록 발전하고 있다. 공산주의 또는 전체주의, 독재를 하고 있는 나라들은 모두 경제적 어려움에 시달리고 있는 실정이다.

우리의 경우에는 다행히 해방 직후부터 민주주의와 평화를 추구해 왔다. 그러나 여러 가지 이유로 아직 대단히 미급한 수준에 머물러 있으므로 이 양대 이념의 본질에 접근하기 위하여 정치·경제·사회 및 행정 체제를 개선하는 것이 우리 온 국민의 과제라 하겠다.

여기서 민주주의와 자본주의에 대한 개념 규정은 논자에 따라 달라질 수 있겠으나 우리의 현실에 비추어 본다면, 민주주의는 참여와 분권일 것이고 자본주의는 지식기술의 개발을 위한 창의의 조장과 경쟁이라 할 수 있을 것이다. 이러한 국정의 기본 틀을 지원하는 수단으로서의 행정 이념으로는 당연히 민주성과 능률성, 효과성, 자유성을 제시할 수 있을 것이다. 민주성의 내용이라 할 수 있는 '참여'의 측면에서 볼 때 앞으로 행정에서 중시되어야 할 것은 국민에 의한 행정권 통제와 행정조직 내 하위계층의 참여 신장을 통한 계층 간의 심각한 권력 불균형을 시정하는 일이다. 또한 민주성의 또 다른 내용인 '분권'의 측면에서 본다면 권력의 지나친 집중과 집권을 조속히 완화하고 권한에 비례한 책임을 묻는 것이라 할 것이다. 분권은 권력만의 분권을 의미하지 않고 전반적인 분권을 이야기하는 것이다.

능률성을 확보하기 위해서는 정보화, 전문화는 물론이요 경쟁을 조장하며 참여를 스스로 할 수 있도록 유도하는 방향으로 조속히 나아가야 할 것이다. 질 높은 능률성은 스스로 자발적인 참여가 존재하여야 한다. 후진국일수록 지시적인 참여를 유도하고 선진국일수록 비지시적인 참여를 유도한다. 그러면 인사행정의 기본방향은 어디에 있는가를 살펴보아야 한다.

해방 이후 역대 중앙정부의 고위 공직자들은 기본적으로 우수한 잠재력을 가진 인물들로서 1987년까지 우리나라의 정치·경제 및 행정을 이끌어 왔다. 그 결과 많은 비난을 받기도 하였지만 많은 부분에서 높은 평가를 받기도 한 것이 사실이다. 그러나 이제는 시대가 변화하고 있다. 날로 강해져 가고 있는 시민사회는 정부의 신속한 변화와 개혁을 요구하고 있다. 이에 따라 인사행정도 국민의 요구에 부응하는 행정 이념을 효율적으로 구현할 수 있는 자질의 소유자를 공급할 수 있도록 개편, 운영되어야 할 것이다. 이것이 단순하게 입에 발린 말이나 공론이 되어서는 안 된다. 실천적이고 실질적인 방향으로 나아가야 한다.

이와 같은 요청에 비추어 볼 때, 인사행정의 발전을 위해서는 다음 몇 가지 측면의 개혁이 조속히 이루어져야 할 것이다.

공직 또는 사윤리

민주주의와 자본주의를 지향하는 나라의 행정인으로서 갖추어야 할 이념과 윤리를 내재화하고 이에 따른 행동지향성을 갖도록 해야 한다. 요즘은 윤리와 도덕이 없어진 시대에 살고 있다. 현대 포스트모던에 살다 보니 모두들 자기만 잘 먹고 잘사는 이기주의 문화가 한국인에게 만연하다. 공직윤리, 사윤리가 확립되어야 한다.

전문화되어야 한다.

급속도로 변해가는 국내외 상황을 예측하고 그 변화에 시의적절하게 대처할 수 있는 전문지식과 기술을 갖추며 이를 끊임없이 향상시켜 나가도록 해야 한다. 전문화는 끊임없이 교육과 연구로서 이루어진다. 산학협동교육이 실천되어야 한다.

능동적 욕구를 높여야 한다.

학력 수준이 높은 행정인으로 하여금 피동적으로 움직이게 하지 말고, 개혁의 주체로서 능동적으로 일하는 자세를 갖게 해야 한다. 분위기와 환경을 만들어주고 스스로 하는 풍토가 되어야 한다.

첫째, 행정을 담당하는 공무원들이 민주적인 권력관을 갖게 하는 것이다. 대단히 어려운 일이겠지만 공무원들은 조속히 인습적인 권력관을 버리고 주권자인 국민의 어려움을 해결하기 위한 수단으로서 권력을 위탁받고 있다는 생각을 가지고 업무에 임해야 할 것이다. 또한 공무원 책임만이 아닌 주민 스스로가 질 높은 의식이 되어야 한다. 공무원을 지역주민을 위한 대변자와 일꾼으로 인식하고 이해해 줄 수 있는 자세가 중요하다. 공무원이 돈이나 빼돌리고 권력에 아첨하는 사람처럼 치부한다면 국민의 의식을 다시 교육해야 한다. 공무원을 탓하기보다 우선 시민의식의 질 높음으로 유도하고, 그에 발맞추어 공직자의 의식과 발전을 위해 교육이 되어야 할 것이다. 목소리 큰 사람이 이긴다고 자기 잘못도 시인하지 않고 공무원이 일하는 곳에 와서 소리치고 집기 부수고하며 난동을 부려도 공무원 탓으로 돌린다면 그건 국가발전을 제대로 할 수가 없는 것이 된다. 민원인이 왕인 것은 사실인데 왕에 따른 품위, 퀄리티를 가져야 한다는 말이다. 이런 일이 상호 조화를 이룰 때만이 발전하는 것이다.

그리고 정책을 결정하는 등 업무를 추진함에 있어서 자신들의 능력만 믿고 권위주의적인 결정을 하기보다 공개, 참여, 집단토론 등 제 법령이 정한 절차를 충실히 밟아야 할 것이다. 영미와 같은 선진국들은 사법부와 입법부에서의 공개, 토론, 절차를 중시하였기 때문에 지난 몇백 년간 큰 실수를 범하지 않고 계속 번영해 왔다고 볼 수 있다. 그러나 과거 우리의 문화는 다분히 '엘리트(elite)론'에 치우쳐 왔었다.

상술한 몇 가지 요건을 갖춘 공직자를 충원하고 훈련할 수 있도록 법제상의 장치를 마련해야 한다. 사실상 우리는 이러한 윤리를 갖춘 공직자를 충원하고 훈련하기 위해 많은 노력을 기울여 왔다. 그러나 성인에게 단시간에 이러한 가치관과 태도를 갖도록 하는 일은 대단히 어려운 것이다. 따라서 현실상의 대안은 인사상의 상벌 체제를 엄격하게 적용함으로써 바람직하지 못한 행동을 사전에 차단하는 것이라고 볼 수 있다. 유감스럽게도 우리의 상벌체제가 아직도 지나치게 관대하게 되어 있는 까닭이다.

또한 기술계 직위의 수를 증가시켜 전체 공무원에서 자연과학 전공자의 비율을 높이는 것이다. 그 중요성을 인식하면서도 그 성과가 지지부진한 것은 농업사회적 유산에 기인한 탓도 있겠지만 대부분의 공직을 점하고 있는 사무계의 기득권 유지 활동에 기인한 면도 배제할 수 없을 것이다. 따라서 앞으로 중앙인사위원회에서는 이와 관련하여 선도적인 역할을 해야 할 것이다.

공무원 임용 시험의 경우 출제 방법과 면접의 개선을 위한 투자를 해야 할 것이다. 먼저 출제 방법의 측면에서는 암기력 검증보다도 판단력, 창의력을 검증하는 방향(문제해결능력)으로 개선

되어야 한다. 면접은 응시자의 성격, 가치관, 판단력, 지도력 및 발표력 등과 같이 필기시험으로 검증하기 곤란한 면을 평가하는 것으로서 평가자의 주관이 개입될 소지가 많다. 따라서 응시자에 대한 평가를 세분하기보다 먼저 전체 응시자의 일정 비율(예를 들어 상·하 각각 10% 정도)에 대한 가감을 너무 크지 않게 하면서 점차 그 비중을 높여 나가는 방법이 바람직할 것이다.

개방형 직위제도의 도입과 관련하여 몇 가지 구체적으로 심사 숙고해야 할 점이 있다. 똑같이 선진국의 대열에 있지만 영연방과 미국의 경우 이 제도가 시행되고 있는 반면 독일, 프랑스, 일본 정부는 폐쇄형 체제를 유지하고 있다. 이는 국가마다 고위 공무원에 대한 평가가 다른 데서 비롯된 것이라고 할 수 있다. 따라서 현재 우리의 경우에도 이들 고급 공무원에 대한 평가가 어떠한지 그 여부를 검토해 보아야 하겠다. 이와 동시에 이 제도의 시행 대상이 업무의 전문성이 많이 요구되는 4급이 아닌 1급 내지 3급까지라고 하는 점도 생각해 보아야 한다. 그러나 조속한 민주화와 행정발전을 위한 개혁이 요청되고 있는 우리의 형편을 생각해 볼 때, 무엇보다도 장기간 근무한 직업 공무원만을 개방형 직위의 대상으로 규정해서는 그 성과를 기대하기 어렵다는 점을 염두에 두어야 할 것이다. 물론 4급 이하 공무원의 사기와 선발과정에서의 실적인사 가능성은 신중을 기해야 할임에 틀림없다.

공무원을 교육·훈련함에 있어 좀더 효율적이고 수요자 위주의 방향으로 나아가야 한다. 이를 위해서는 장기간에 걸친 교육보다 단기간에 이루어지는 교육이 주가 되어야 할 것이며 국제기구나 선진국 정부에서의 근무, 국내외 모범적인 사기업에서의 연수 등의 방법이 형식적으로 이루어지지 않도록 노력해야 할 것이다. 장기적으로 하다 보면 업무에 상당한 지장을 초래한다. 그러므로 공무원들이 교육을 기피한 것이다. 자기 일은 그대로 남아 있는 데서 오는 스트레스가 존재하기 때문이다.

공직자의 능력 발전이나 사기에 결정적인 영향을 미치는 요인은 업무에 대한 공정한 평가라 할 수 있다. 그간의 숱한 '개선' 작업에도 불구하고 인사행정 부문에서 가장 후진성을 면치 못하고 있는 부분이므로 속히 개선해야 할 것이다. 몇 년 동안 우리 정부는 '성과'중심의 인사행정을 강조해 왔다. 그러나 성과중심의 인사행정이 이루어지기 위해서는 반드시 공정한 근무성적평정이 반드시 전제되어야 한다. 그럼에도 불구하고 이를 개선하기 위한 노력은 상대적으로 부족했던 것이 사실이다. 공정한 평가의 문제는 선진국에서도 상당히 풀기 어려운 문제이다. 따라서 개선을 위한 지속적인 노력은 하되 단시일 내에 개선될 수 없는 문제임을 깨닫고 근무성적평정을 객관적이고 공정하게 할 수 있는 여러 가지 방법-목표관리제, 교육훈련, 관련자 간의 협의, 다각적 평가 및 소청 등-을 적극적으로 검토하고 이용하면서 이들 방법에 대한 효과를 검증하고 점차 개선해 나가야 할 것이다. 특히 정치선이 깊어지다 보니 자기 선에서 일하지 않고 다른 사람 밀어주는 사람으로 찍히면 승진은 절대 불가능하게 된다. 8배수 선택으로 하던, 4배수 선택으로 하던 공정성이 우선시돼야 하는 문제가 도사린다. 이를 위해 과거에 사용했던 암행어사제도를 부활하여 국가 차원에서 제대로 된 실사와 감찰이 필요하다. 지금처럼 암행감사라면서 이미 떠벌리고 감사하는 그런 차원의 감사가 아닌 제대로 된 감사를 말하는 것이다. 이것은 인사권에도 필요하리라 본다. 그러기 위해서는 암행어사가 양심과 청렴함이 있는 충신을 뽑아야 할 것이다.

　보직관리와 승진 부문에서의 개선 노력이 필요한데, 현행 체제를 살펴보면, 동일한 직렬, 직급이라 하더라도 직위 수가 많아 직무내용이 다양하므로 순환보직하면서 승진 일차후보 직위까지 가다 보면 공무원의 전문화가 이루어질 수가 없게끔 되어 있음을 알 수 있다. 따라서 4급에서 7급까지는 직무내용과 종류에 따라 기관별로 몇 개의 계열로 분류하고 각 계열 내에서 순환보직을 이루어 그 계열 상위직에 공석이 생긴 경우 곧바로 승진할 수 있도록 해야 할 것이다. 아울러 동일 직위에 최소한 2년 이상 재직케 하는 것도 필수적이라 하겠다. 지금까지 거의 대부분의 공무원들이 동일 직위에 2년 이상 근무하지 않은 이유는 승진 일차 후보 직위에 오르기까지 거쳐야 할 직위 수가 너무 많았기 때문이다. 그런 까닭에 승진 일차 후보 직위에 조속히 영전하기 위해서는 동일 직위에 2년 이상 머물러 있어서는 안 되었던 것이다. 그러나 동일 직급의 계열화와 승진제를 개선할 경우 종전처럼 서둘러 영전하려는 욕망이 완화될 수 있을 것이며 공무원의 전문성 확보에도 많은 도움이 될 것이다. 보직과 승진 부문에서의 이러한 관행은 너무나 장기간에 걸쳐 굳어져서 쉽게 극복

되지는 않을 것이다. 따라서 새 제도의 법적근거를 높은 수준에 규정함과 동시에 각 기관장의 개선의지를 굳건히 하는 일도 빼놓지 않아야 할 사항이라 하겠다.

인사행정의 3대 변수는 임용, 능력발전 및 근무의욕이라고 볼 수 있다. 그중에서 근무의욕이 인사행정에서 차지하는 비중은 가장 크다. 그럼에도 불구하고 우리는 그간 여러 가지 비합리적인 이유로 이를 경시해 왔으며 공무원에 대해 다분히 강제적인 방법을 취해 왔었다. 그러나 우리가 행동 과학에 대한 기초적인 상식만 갖고 있더라도 이러한 접근이 너무나 잘못된 것이라는 것을 쉽게 알 수 있을 것이다.

몇 년간 공무원에 대해 연속적으로 감원, 보수 삭감이라는 조치를 취해 왔다. 이는 다분히 정치적 논리에 따라 무리하게 강행된 것으로 공직자의 사기저하에 지대한 영향을 끼쳐 왔음은 부인할 수 없는 사실이다. 그런 까닭에 정부는 공무원의 사기앙양을 위한 시도를 미봉적으로 실시하고 있는 것이다. 다행히 인사행정의 발전을 위해 중앙인사위원회가 창설되었으므로 공무원에 대한 좀 더 합리적인 배려가 행정관리나 인사관리 면에서 이루어져야 할 것이다.

공무원들의 근무의욕 고취를 위한 개혁방향은 아래 몇 가지로 요약해 볼 수 있을 것이다.

첫째, 공무원 보수의 적정화가 조속히 이루어져야 한다. 여기서 '적정화'의 기준은 사기업의 평균액이어야 하며 각 직급, 호봉 간의 차액, 소요 기간 등에 관한 차등을 합리적인 기준에 따라 새로이 정하거나 현재 사용하고 있는 것을 수정해야 한다. 그런데 이 부문에 대한 전문가가 희소하므로 속히 이를 개선하기 위한 연구가 시작되어야 할 것이다. 이는 고위직에 대한 연봉제 문제와도 관련되는 사항이다. 연봉제 또한 성과에 대한 공정한 평가가 이루어지지 않은 상태에서 시행하는 것은 공직 사회에 불만을 조장하고 인사권자의 부하에 대한 일방적인 통제력만 강화시키는 결과를 초래할 뿐 연봉제 본래의 효과를 제대로 거둘 수 없을 것이기 때문이다.

둘째, 상하위직 간의 자유로운 의사교환 장치가 마련되고 실제로 자유로운 의사교환이 이루어져야 한다. 우리나라 행정조직의 가장 큰 취약점은 상하위직 간의 솔직한 대화가 어렵다는 사실이다. 그러나 그러한 상태가 지속된다면 하위직 공무원들의 근무의욕을 향상시킬 수 없을 것이며 이는 또한 잘못된 정책 결정으로 이어질 수도 있다는 사실을 염두에 두어야 할 것이다. 현 정부에서는 이와 관련한 개선 조치의 일환으로 협의제를 법제화하였다. 그러나 협의제가 그 실효를 거두려면 동일 직급 간의 자유로운 의견교환이 가능하도록 기관장들이 분위기 형성에 힘써야 할 것이다.

셋째, 상벌 간의 차등을 확대함으로써 공무원들의 근무의욕을 자극할 필요가 있다. 사실상 공무원에 대한 상벌이 지나치다싶을 정도로 객관적인 연공에 기초해 왔음은 부인할 수 없을 것이다. 따라서 앞으로는 합리적이고 공정한 근무평정의 기준과 평가에 기초하여 공무원을 상벌하되 그 폭을 확대해 나가야 할 것이다. 다면평가라고 하지만 현재는 윗사람이 아랫사람만 평가하는 시스템인 것이다. 아랫사람이 윗사람에 대한 평가는 형식적이거나 무시되어 오고 있다. 이것부터 개선되어야 한다. 그리고 엽관주의의 장점을 살려야 할 것이다. 이를 구체적으로 기술하면 다음과 같다.

◆ 엽관주의(Spoils system)란 정당에 대한 공헌도와 충성도에 따라 공직임용을 행하는 것을 말한다.

엽관주의와 정실주의는 오늘날 거의 같은 뜻으로 사용되고 있으나, 정실주의가 엽관주의(: 정치적 요인을 중시)보다 넓은 개념으로 인식되고 있다.

◆ 엽관주의의 이점과 단점:

입법국가시대에 민주정치, 정당정치의 발전에 기여하였던 엽관주의는 행정국가시대에 접어들면서 본래의 의의가 변질되어 많은 병폐를 초래하였다.

이점

1. 정당이념의 실현과 정당정치의 발달에 도움이 된다.
2. 국민의 지지를 받는 정당의 당원이 관직에 임용됨으로써 민주통제의 강화와 행정의 민주화에 기여한다.
3. 공직경질(公職更迭)을 통하여 관료의 특권화, 침체화, 관료주의화를 방지할 수 있다.
4. 관료의 특권화를 배제함으로써 평등의 이념에 부합한다.
5. 공무원의 적극적인 충성심을 확보할 수 있다.

단점

1. 인사행정에 있어서 유능한 인물이 배제되어 행정능률이 저하된다.

2. 관료가 정당의 사병화가 되어 관료의 대표성, 책임성 확보가 어렵게 된다.

3. 공무원의 불안전한 신분 보장으로 행정의 안정성, 계속성, 중립성이 저하되고 전문성, 기술성의 확보 및 유지가 어려워진다.

4. 정치와 행정의 결탁으로 정치, 행정의 부패와 행정기강의 문란을 초래한다.

5. 예산의 낭비를 초래한다.

최근 대두되고 있는 인사행정 개혁으로는 다음과 같은 것이 있다.

고위공무원제

전문 분야별 보직관리제

전문직위제

성과급제

민간근무휴직제

민관기관파견제도

고용휴직제도

개방형 직위제도

총액인건비제도

책임운영기관제도 등

위와 같은 인사행정 부분들이 본래 의도대로 시행되기 위해서는 가치관의 재정립과 새로운 인식이 필요하리라 본다.

Ⅳ. 인사행정 법령

1. 공무원 인사기록 및 인사처리 규정

제1장 총칙

제1조 (목적) 이 규정은 「국가공무원법」 제19조의 규정에 의하여 행정부소속 공무원의 인사기록 및 인사사무처리에 관한 절차 등을 규정하여 인사관리의 합리화를 기함을 목적으로 한다. 「개정 2005. 2. 25」

제2조 (적용범위) 행정부소속 공무원(이하 "공무원"이라 한다)의 인사기록과 인사사무처리에 관하여는 다른 법령에 특별한 규정이 있는 것을 제외하고는 이 규정에 의한다.

제2장 인사기록

제3조 (인사기록의 종류) 공무원의 인사기록은 개인별인사기록과 인사관리서류로 구분한다.

제4조 (개인별인사기록)

① 개인별인사기록의 종류는 다음과 같다.「개정 2005. 2. 25, 2006. 6. 12」

1. 인사기록 및 성과관리카드

2. 선서문

3. 삭제 「2006. 6. 12」

4. 삭제 「2006. 6. 12」

5. 신원조회확인 회보서(시·구·읍·면장 발행)

6. 신원조사회보서(국가정보원장 또는 경찰청장 발행)

7. 병적증명서(제1국민역과 실역미필보충역 해당자에 한한다) 또는 주민등록표 초본

8. 최종학력증명서 또는 학력증서사본(인사담당자의 원본대조·확인이 된 것에 한한다. 이하 같다)

9. 면허 또는 자격증명서

10. 경력증명서

11. 공무원전력조사서

12. 호적초본

13. 임용후보자 등록원서

14. 「공무원채용신체검사 규정」에 의한 채용신체검사서

15. 재정보증서(「예산회계법」에 의한 회계공무원에 한한다)

16. 그 밖에 임용권자 또는 임용제청권자가 필요하다고 인정하는 인사에 관한 기록

② 임용권자·임용제청권자 또는 시험실시기관의 장은 필요한 경우에는 병역의무자의 병역사항을 해당 병무관서에 조회·확인할 수 있다.

제5조 (인사관리서류)

① 인사관리서류의 종류는 다음과 같다.

1. 인사 관계법령 및 예규

2. 발령대장

3. 채용시험에 관한 서류

4. 채용에 관한 서류

5. 임용후보자 명부

6. 전보에 관한 서류 및 전보제한자 대장

7. 겸임 및 파견근무에 관한 서류

8. 전직 및 전직시험에 관한 서류

9. 근무성적평정에 관한 서류

10. 경력평정에 관한 서류

11. 인사평정에 관한 서류

12. 승진후보자 명부

13. 승진시험에 관한 서류

14. 승진임용에 관한 서류·승진후보자명부 가점자 대장·승진
임용제한자 대장 및 일반승진 시험응시자격정지자 대장

15. 강임에 관한 서류

16. 승급 대장과 봉급 및 호봉사정에 관한 서류

17. 각종 수당지급에 관한 서류

18. 교육훈련 대장 및 교육훈련에 관한 서류

19. 포상에 관한 서류

20. 출장·휴가 등 복무에 관한 서류

21. 노조가입 현황에 관한 서류

22. 면직에 관한 서류

23. 휴직에 관한 서류

24. 직위해제 및 복직에 관한 서류

25. 징계자 대장 및 징계에 관한 서류

26. 소청에 관한 서류

27. 연금에 관한 서류

28. 고용직 공무원에 관한 서류

29. 정·현원 관리에 관한 서류

30. 인사통계에 관한 서류

31. 제 증명 발행에 관한 서류

32. 그 밖에 임용권자 또는 임용제청권자가 필요하다고 인정하는 서류

② 제1항 각호의 인사관리서류는 필요하다고 인정할 때에는 이를 합철하여 관리할 수 있다

제6조 (인사기록의 작성·유지·보관)

① 임용권자는 소속공무원에 대한 제4조 및 제5조의 규정에 의한 인사기록을 작성·유지·보관(보존을 포함한다. 이하 같다)하여야 한다. 이 경우 임용권자라 함은 6급 이하·기능직 또는 이에 상당하는 공무원은 당해 계급의 신규채용권자를, 5급 이상 및 이에 상당하는 공무원(고위공무원단 소속 공무원을 포함한다. 이하 같다)은 임용권자 또는 임용제청권자를 말한다. 「개정 2005. 2. 25, 2006. 6. 12」

② 공무원의 임용권이 없는 5급 이상 및 이에 상당하는 공무원인 기관의 장은 인사 관리상 필요하다고 인정되는 경우에는 제1항의 인사기록의 부본을 작성·유지·보관할 수 있다.

③ 중앙인사위원회는 5급 이상 및 이에 상당하는 공무원의 인

사기록을 전자인사관리시스템으로 전산 관리하여야 하며, 인사관리상 필요하다고 인정되는 경우에는 제1항의 규정에 의한 인사기록의 부본을 작성하여 이를 유지·보관할 수 있다. 「개정 2006.6.12」

제6조의2 (전자적 인사기록의 관리 등)

① 임용권자 또는 임용제청권자는 제6조제1항의 규정에 불구하고 소속공무원에 대한 제4조 및 제5조의 규정에 의한 인사기록을 「전자인사관리시스템의 구축·운영 등에 관한 규정」 제3조 제5항의 규정에 의한 전자인사관리시스템으로 작성·유지·보관할 수 있다. 이 경우 전자인사관리시스템에 의한 인사기록의 작성·유지·보관은 제6조제1항의 규정에 의한 인사기록의 작성·유지·보관으로 본다.

② 제1항의 규정에 의하여 인사기록을 전자인사관리시스템으로 작성·유지·보관하는 방법 및 절차 등에 관하여 필요한 사항은 중앙인사위원회가 정한다.

제7조 (인사기록의 보관방법)

① 공무원의 개인별인사기록의 정본은 임용권자가 보관하며, 퇴직한 후에는 퇴직 당시의 임용권자가 보관한다. 이 경우 임용권자는 제6조제1항 후단의 규정에 의한 임용권자를 말한다.

② 개인별인사기록은 인사기록봉투에 넣어서 보관한다.

제8조 (인사기록 및 성과관리카드의 정리 및 변경「개정 2005. 2.25」) ① 공무원이 신규채용·승진·전직·전보·강임·면직·징계·휴직·직위해제·복직·국내외훈련·국외출장·겸임·파

견·승급·전출·전입되었거나 포상을 받을 때에는 인사담당관은 지체 없이 이를 당해 공무원의 인사기록 및 성과관리카드에 기록하여야 한다. 이 경우 「국가공무원법」(이하 "법"이라 한다) 제28조제5항, 법 제37조제2항 또는 「공무원임용령」 제29조제3항의 규정에 의한 전직·전보 또는 승진제한사유가 있는 공무원에 대하여는 그 사유를 인사기록 및 성과관리카드의 임면사항란에 주서로 기록하여야 한다. 「개정 2005. 2. 25」

② 주요 업무의 성과와 이에 대한 상급자의 평가의견, 각급 기관의 정책평가 내용 및 감사결과는 매년 당해 공무원 등이 중앙인사위원회가 정하는 바에 따라 당해 공무원의 인사기록 및 성과관리카드에 기록하여야 한다. 「신설 2005. 2. 25」

③ 공무원은 인사기록의 착오기재사항이나 누락사항 또는 신상변동사항을 확인·정정하기 위하여 자신의 인사기록 및 성과관리카드를 수시로 열람할 수 있다. 이 경우 열람의 방법·절차 및 정정신청 등에 관하여는 기록보관기관의 장이 정한다. 「개정 2005. 2. 25」

④ 공무원은 제3항의 규정에 의하여 자신이 열람한 인사기록 및 성과관리카드를 정정·변경 또는 추가 기재하여야 할 정당한 사유가 있을 때에는 이를 증명하는 증빙서류를 갖추어 기록보관기관의 장에게 인사기록 변경신청서를 제출하여야 한다. 「개정 2005. 2. 25」

제9조 (징계 등 처분기록의 말소)

① 임용권자 또는 임용제청권자는 징계처분을 받은 공무원이

다음 각호의 어느 하나에 해당되는 때에는 제8조제1항의 규정에 의하여 당해 공무원의 인사기록 및 성과관리카드에 등재된 징계처분의 기록을 말소하여야 한다. 「개정 2005. 2. 25」

1. 징계처분의 집행이 종료된 날부터 다음의 기간이 경과한 때. 다만 징계처분을 받고 그 집행이 종료된 날부터 다음의 기간이 경과하기 전에 다른 징계처분을 받은 때에는 각각의 징계처분에 대한 해당 기간을 합산한 기간이 경과하여야 한다.

가. 정직: 7년

나. 감봉: 5년

다. 견책: 3년

2. 소청심사위원회나 법원에서 징계처분의 무효 또는 취소의 결정이나 판결이 확정된 때

3. 징계처분에 대한 일반 사면이 있은 때

② 임용권자 또는 임용제청권자는 직위해제처분을 받은 공무원이 다음 각호의 어느 하나에 해당하는 때에는 제8조제1항의 규정에 의하여 당해 공무원의 인사기록 및 성과관리카드에 등재된 직위해제처분의 기록을 말소하여야 한다. 「개정 2005. 2. 25」

1. 직위해제처분의 종료일부터 2년이 경과한 때. 다만 직위해제처분을 받고 그 집행이 종료된 날부터 2년이 경과하기 전에 다른 직위해제처분을 받은 때에는 각 직위해제처분마다 2년을 가산한 기간이 경과하여야 한다.

2. 소청심사위원회나 법원에서 직위해제처분의 무효 또는 취소의 결정이나 판결이 확정된 때

③ 제1항 및 제2항의 규정에 의한 기록의 말소는 인사기록 및 성과관리카드 상의 당해 처분기록 위에 말소된 사실을 표기하는 방법에 의한다. 다만 제1항제2호 또는 제2항제2호에 해당되고 그 해당사유 발생일 이전에 징계 또는 직위해제처분을 받은 사실이 없을 때에는 당해 사실이 나타나지 아니하도록 인사기록 및 성과관리카드를 재작성하여야 한다. 「개정 2005. 2. 25」

④ 징계처분 및 직위해제처분의 말소방법·절차 등에 관하여 필요한 사항은 행정자치부장관이 정한다.

제10조 (개인별인사기록의 이관)

① 공무원이 승진·강임·전출·전입으로 인하여 임용권자를 달리하게 된 경우에는 전임용권자는 신임용권자에게 당해 공무원의 개인별인사기록의 정본·인사평정서·경력평정표·근무성적평정표(부본) 및 승진후보자명부의 가점에 관한 서류를 인사기록봉투에 넣어 그 사유가 발생한 후 지체 없이 이관하여야 한다.

② 퇴직한 공무원을 재임용할 경우에는 임용권자는 개인별인사기록을 보관하고 있는 전 임용권자에게 당해 공무원의 개인별인사기록의 이관을 요구하여야 하며, 전임용권자는 신임용권자의 요구가 있는 즉시 이를 이관하여야 한다.

③ 제1항 및 제2항에서 임용권자라 함은 6급 이하·기능직 또는 이에 상당하는 공무원은 당해 계급의 신규채용권자를 5급 이상 또는 이에 상당하는 공무원은 임용권자 또는 임용제청권자를 말한다. 「개정 2005.2.25」

제11조 (전력조회)

① 전직공무원이나 정부관리기업체 또는 그 밖의 공공기관에서 근무한 경력을 가진 자를 임용할 경우에는 임용권자 또는 임용제청권자는 당해 공무원이 전에 근무하였던 기관의 장에게 공무원전력조회서에 의하여 전력을 조회하여야 한다. 다만 공무원의 채용시험을 시행함에 있어서 필요하다고 인정할 경우에는 시험실시기관의 장도 전력을 조회할 수 있다.

② 제1항의 규정에 의하여 전력조회서를 요청받은 기관의 장은 공무원전력조사서에 의하여 그 결과를 20일 이내에 통보하여야 한다.

제12조 (선서문)

① 임용권자 또는 임용제청권자는 선서한 공무원으로 하여금 별표 4의 규격에 따라 작성된 별표 3의 선서문 2부에 각각 서명날인하게 하여 1부는 제4조의 규정에 의한 개인별인사기록으로 분류하여 보관하고, 1부는 본인이 소지하도록 하여야 한다.

② 공무원 본인이 소지하는 선서문은 사무실의 항상 볼 수 있는 위치에 비치하거나 게시하도록 하여야 한다.

제3장 임용과 발령

제13조 (시험요구 및 구비서류)

① 임용권자 또는 임용제청권자가 시험실시기관의 장에게 특별채용시험을 요구할 때에는 공무원특별채용시험요구서에 의한다.

② 임용권자 또는 임용제청권자가 시험실시기관의 장에게 일

반승진 및 전직시험을 요구할 때에는 공무원일반승진시험요구서 및 공무원전직시험요구서에 의한다.

③ 제1항 및 제2항의 시험을 요구하는 경우의 구비서류는 별표 1과 같다.

④ 제1항 또는 제2항에 따라 시험을 요구하는 때에 임용권자·임용제청권자 또는 시험실시기관의 장은 「전자정부 구현을 위한 행정업무 등의 전자화촉진에 관한 법률」 제21조제1항에 따른 행정정보의 공동이용을 통하여 대상자의 병역사항이 포함된 주민등록표 초본을 확인하여야 한다. 다만 대상자가 확인에 동의하지 아니하는 경우에는 이를 제출하도록 하여야 한다.「신설 2006. 6. 12」

제14조 (임용후보자 추천)

① 시험실시기관의 장은 공개경쟁채용시험 또는 공개경쟁승진시험에 합격한 채용후보자 명부 또는 승진후보자명부(이하 "임용후보자명부"라 한다)에 등재된 채용후보자 또는 승진후보자(이하 "임용후보자"라 한다)를 추천할 때에는 공무원임용후보자추천서에 공무원임용후보자추천명단을 첨부하여 추천한다.

② 제1항의 규정에 의하여 추천된 자를 임용할 때에는 그 사실을 시험실시기관의 장에게 지체 없이 통보하여야 한다. 「개정 2005.2.25」

제15조 (인사발령을 위한 구비서류)

① 공무원을 임용 또는 임용제청할 때에 첨부할 서류는 별표 2와 같다. 다만 시험실시기관의 장과 임용권자가 동일한 경우에는 시험요구 시 제출한 서류에 대하여는 이를 첨부하지 아니할 수 있다.

② 제1항의 규정에 의한 서류는 원본을 첨부하되 특별한 사유로 인하여 사본을 첨부할 때에는 원본과의 대조확인을 하여야 한다. 이 경우에 대조자는 인사담당관이 되며, 그 사본에는 인사담당관의 직위·성명·대조 연월일을 기입하고 서명 또는 날인하여야 한다.

③ 5급 이상 일반직 국가공무원을 일반직 지방공무원으로 임용한 후 다시 일반직 국가공무원으로 임용 또는 임용제청하는 경우와 당해 지방자치단체 안에서 6급 이하·기능직 또는 이에 상당하는 지방공무원을 국가공무원으로 임용할 경우에는 별표 2의 신규채용을 위한 구비서류 중 인사기록 및 성과관리카드만을 첨부할 수 있다. 이 경우 인사기록 및 성과관리카드는 제8조의 기록사항을 누락함이 없이 기록하고 작성자가 확인한 것이어야 한다. 「개정 2005. 2. 25」

④ 제3항의 경우 외에 지방공무원을 국가공무원으로 임용할 때에는 당해 지방공무원이 임용 시에 제출한 구비서류를 그 소속기관으로부터 이관받아 이를 별표 2의 신규채용을 위한 구비서류로 활용할 수 있다. 다만 인사기록 및 성과관리카드는 제8조의 기록사항을 누락함이 없이 새로 작성하고 작성자가 이를 확인하여야 한다. 「개정 2005. 2. 25」

⑤ 제1항 내지 제3항에 따라 공무원을 임용 또는 임용제청하는 경우에 임용권자 또는 임용제청권자는 「전자정부 구현을 위한 행정업무 등의 전자화촉진에 관한 법률」 제21조제1항에 따른 행정정보의 공동이용을 통하여 다음 각 호의 서류를 확인하여야 한다. 다만 임용대상자가 확인에 동의하지 아니하는 경우에는 이

를 제출하도록 하여야 한다. 「신설 2006. 6. 12」

1. 임용대상자의 병역사항이 포함된 주민등록표 초본 또는 병적증명서

2. 임용대상자의 호적등본·초본

제16조(임용 및 임용제청)

① 공무원을 임용할 때에는 공무원임용서에 임용조사서를 첨부하고, 임용제청할 때에는 공무원임용제청서로서 한다. 「개정 2005. 2. 25, 2006. 6. 12」

② 삭제 「2005. 2. 25」

③ 제1항의 규정에 의하여 임용제청된 공무원의 임용을 대통령에게 상신할 때에는 인사발령안에 의한다. 「개정 2005.2.25」

④ 「공무원임용령」 제25조제1항의 규정에 의하여 시보 기간에 산입될 교육훈련을 받은 자를 임용함에 있어서는 공무원임용서에 시보임용단축 기간 산출표를 첨부하여야 한다. 「개정 2005.2.25」

제17조(전출·전입요구) 임용권자·임용제청권자 또는 소속기관의 공무원의 전보권을 가진 자가 소속공무원을 다른 기관에 전출시키고자 하거나 다른 기관의 소속공무원을 임용제청 또는 전입시키고자 할 때는 당해 기관의 장의 동의를 얻어야 한다. 다만 법 제32조에 따라 소속장관을 달리하는 고위공무원단에 속하는 공무원을 임용제청하는 경우와 법 제32조의2에 따른 인사교류계획에 따라 전입 또는 전출하는 경우에는 그러하지 아니하다. 「개정 2006. 6. 12」

제18조(전출·전입동의) 제17조의 규정에 의하여 전입 또는

전출의 요구를 받은 기관의 장은 15일 이내에 그 동의 여부를 통보하여야 한다.

제19조 (국가공무원이 지방공무원으로의 임용) 일반직 또는 기능직 국가공무원을 일반직 또는 기능직 지방공무원으로 임용하고자할 때에는 본인의 동의서를 첨부하여야 한다.

제20조 (임용적부심사)

① 시험실시기관의 장은 제13조의 규정에 의한 시험요구서를 접수한 때에는 동조에 규정된 서류의 구비 여부와 결원상태·임용자격 및 임용적부를 심사하여야 하며, 그 결과를 시험요구기관의 장에게 접수 일부터 7일 이내에 통보하여야 한다.

② 임용권자가 제16조의 규정에 의한 임용서류 또는 임용제청서류를 접수한 때에는 접수 일부터 7일 이내에 제15조에 규정된 서류의 구비여부와 결원상태·임용자격 및 임용적부를 심사하여야 한다.

제21조 (서류반려 및 보완) 제20조의 규정에 의하여 시험요구서·임용서류 또는 임용제청서류를 심사한 결과 미비사항이 있는 경우에는 즉시 그 내용을 지적하여 서류를 반려하거나 보완을 요구하여야 한다.

제22조 (정·현원 대비표) 임용권자 또는 임용제청권자는 소속공무원에 대한 정원과 현원을 파악하기 위하여 매월 말일을 기준으로 정·현원 대비표를 비치·보관하여야 한다. 이 경우 정·현원 대비표의 작성단위는 「행정기관의 조직과 정원에 관한 통칙」 제27조제3항의 규정에 의한 정원배정표의 작성단위로 한

다. 「개정 2005. 2. 25」

제23조 (전보 사전승인) 「공무원임용령」 제45조제4항의 규정에 의한 전보 사전승인신청은 전보사전승인신청서에 의하여야 한다. 「개정 2005. 2. 25」

제24조 (파견근무 및 결원보충의 협의「개정 2005. 2. 25」) 「공무원임용령」 제41조의 규정에 의한 파견근무협의신청은 파견근무협의신청서에 의하여야 한다. 이 경우 「공무원임용령」 제42조제1항의 규정에 의한 결원보충이 인정되는 파견의 경우에는 결원보충의 협의신청을 병행하여야 한다. 「개정 2005. 2. 25」

제25조 (임명장 또는 임용장)

① 정규공무원으로 임용되거나 승진 또는 전보(기관 간의 전출·전입을 포함한다) 임용될 때에는 임용권자는 당해 공무원에게 임명장 또는 임용장을 수여한다. 이 경우 소속기관의 장이 대리 수여할 수 있으며, 5급 이하 공무원의 전보와 7급 이하 및 기능직 공무원의 승진에 있어서는 인사발령통지서의 교부로써 임명장 또는 임용장의 수여에 갈음할 수 있다.

② 임명장 또는 임용장에는 임용권자의 직인을 날인한다. 다만 대통령이 임용하는 공무원의 임명장에는 국새를 함께 날인한다. 「개정 2005. 2. 25」

제26조 (인사발령통지서)

① 시보로 채용되거나 전직·강임·면직·징계·직위해제·휴직·복직·호봉재사정·승급되거나 위원으로 임명·해임·위촉 또는 해촉된 경우에는 소속기관의 장은 당해 공무원에게 인사발

령통지서를 교부한다.

② 소속공무원의 국내외훈련·국내외출장·휴가명령은 회보로 통지할 수 있다.

③ 직위해제를 행함에 있어서는 인사발령통지서에 직위해제처분사유 설명서를 첨부하여야 한다.

제27조 (발령 대장)

① 임용권자 또는 임용제청권자는 소속공무원에 대한 인사발령사항을 기재하기 위하여 발령대장을 비치·보관하여야 한다. 다만 승급발령에 관하여는 그 발령 량이 많은 경우에 한하여 기재를 생략할 수 있다.

② 제1항의 발령 대장은 필요하다고 인정할 때에는 계급별 또는 발령내용별로 구분하여 비치·보관할 수 있다.

③ 임용권자가 대통령인 경우에는 중앙인사위원회가 비치하는 발령 대장을 인사발령안으로 갈음할 수 있다.

제4장 인사 관계보고 등

제28조 (인사보고) 5급 이상 및 이에 상당하는 소속 공무원이 신규채용·승진·전직·전보·강임·면직·승급·국내훈련·국외훈련·국외출장·포상·사망·징계처분·직위해제·휴직·복직·겸임·파견근무 또는 전출입 등의 사유가 발생한 때에는 발령일 또는 당해 사유가 발생한 날부터 7일 이내(고위공무원단 소속 공무원은 발령일 또는 당해 사유가 발생한 날)에 전자인사관리시스템을 통하여 중앙인사위원회에 통보하여야 한다.

210

[전문개정 2006. 6. 12]

제29조 (관보의 게재) 5급 이상 및 이에 상당하는 공무원의 신규채용·승진·전직·기관 간 전보·전출전입·정년퇴직·명예퇴직 및 추서의 인사발령사항은 발령과 동시에 행정자치부장관에게 관보 게재를 의뢰하여야 한다.

[전문개정 2005. 2. 25]

제30조 (인사발령 통지) 임용권자 또는 임용제청권자가 공무원을 인사발령한 때에는 발령과 동시에 당해 부처 또는 기관의 장에게 통지하여야 한다.

제31조 (경유 등) 임용권을 위임받은 기관의 장이 이 영에 의하여 중앙인사위원회에 제출하는 서류는 소속장관을 경유하여야 한다.

제32조 (증명서 등의 발급)

① 5급 이상 및 이에 상당하는 공무원을 장으로 하는 기관의 장은 재직 중인 공무원이 재직증명서의 발급을 청구할 경우에는 제4조의 규정에 의한 인사기록 및 성과관리카드에 의하여 재직증명서를 발급한다. 「개정 2005. 2. 25」

② 재직 중인 공무원 또는 퇴직한 공무원이 경력증명서의 발급을 청구할 경우에는 임용권자(제6조제1항 후단의 규정에 의한 임용권자를 말한다)는 제4조의 규정에 의한 인사기록 및 성과관리카드에 의하여 경력증명서를 발급한다. 「개정 2005. 2. 25」

제33조 (서식 등)

① 공무원의 인사기록 및 인사사무처리에 관한 각종 서식은

중앙인사위원회가 따로 정한다.

② 인사사무를 전산관리하기 위하여 필요한 서식 및 사무절차는 중앙인사위원회가 따로 정한다.

부칙 「제18423호, 2004. 6. 11」

이 영은 2004년 6월 12일부터 시행한다.

부칙 「제18718호, 2005. 2. 25」

① (시행일) 이 영은 공포한 날부터 시행한다. 다만 제8조제2항의 개정규정은 2005년 7월 1일부터 시행한다.

② (다른 법령의 개정) 국새규정 일부를 다음과 같이 개정한다.

제6조제1항제2호 중 "5급 이상"을 "대통령이 임용하는"으로 한다.

부칙(행정정보의 공동이용 및 문서감축을 위한 국가채권관리법시행령 등 일부 개정령) 「제19507호, 2006. 6. 12」

이 영은 공포한 날부터 시행한다.

부칙 「제19518호, 2006. 6. 12」

① (시행일) 이 영은 공포한 날부터 시행한다. 다만 고위공무원단 소속 공무원과 관련된 사항은 2006년 7월 1일부터 시행한다.

② (전자인사관리시스템 도입·운영에 따른 경과조치) 이 영 시행 당시 전자인사관리시스템(PPSS)을 도입하지 아니한 중앙행정기관은 전자인사관리시스템을 도입·운영할 때까지는 종전의 규정에 따라 인사기록의 관리 및 인사보고를 할 수 있다.

2. 고위공무원 인사규정

제1장 총칙

제1조(목적) 이 영은 「국가공무원법」에서 고위공무원단에 속하는 공무원의 임용 등에 관하여 위임된 사항 및 그 시행에 관하여 필요한 사항과 「공무원임용령」·「별정직 공무원인사규정」 및 「계약직공무원규정」 그 밖의 공무원 인사 관계 법령에 대한 특례를 규정함을 목적으로 한다.

제2조 (정의) 이 영에서 사용하는 용어의 정의는 다음과 같다.

1. "역량"이라 함은 고위공무원단에 속하는 공무원(이하 "고위공무원"이라 한다)으로서 직무를 성공적으로 수행하기 위하여 요구되는 의사소통, 문제 인식·이해 및 조정·통합 등과 관련된 능력과 자질 등으로서 중앙인사위원회가 정하는 것을 말한다.

2. "고위공무원단 후보자"라 함은 고위공무원단 직위에 임용될 수 있는 자격을 갖춘 공무원을 말한다.

제3조 (다른 법령과의 관계) 고위공무원의 임용 등에 관하여 이 영에서 정하지 아니한 사항에 관하여는 다른 공무원 인사 관계 법령에서 정하는 바에 따른다.

제4조 (고위공무원단 인사관리대상의 범위) 국가공무원법(이하 "법"이라 한다) 제2조의2제4항에 따라 파견·휴직 등으로 인사관리 되는 공무원은 법 제2조2제2항 각 호의 고위공무원단 직위(이하 "고위공무원단 직위"라 한다)에 임용되어 그 직위에 근무하던 자로서 다음 각 호의 어느 하나에 해당하는 자를 말한다.

「개정 2006. 6. 30」

1. 법 제6조제3항에 따라 조직의 개편 등으로 현원이 정원을 초과하여 보직 없이 근무 중인 자

2. 법 제71조에 따라 휴직 중인 자

3. 법 제73조의3에 따라 직위해제 중인 자

4. 「공무원임용령」(이하 "임용령"이라 한다) 제41조제1항에 따라 파견근무 중인 자

5. 임용령 제43조제1항 각 호에 따라 보직 없이 근무 중인 자

6. 「개방형 직위 및 공모직위의 운영 등에 관한 규정」(이하 "개방형및공모직위규정"이라 한다) 제10조제5항·제11조제3항·제19조제3항 및 제20조제3항에 따라 보직 없이 근무 중인 자

7. 「재외공관주재관임용령」(이하 "주재관임용령"이라 한다) 제17조에 따라 보직 없이 근무 중인 자

8. 제18조제7호 및 제8호에 따라 보직 없이 근무 중인 자

9. 그 밖에 다른 법령에서 정하는 사유로 보직 없이 근무 중인 자

제5조 (임용권의 위임)

① 법 제32조제3항에 따라 대통령은 고위공무원단에 속하는 일반직 공무원(이하 "일반직 고위공무원"이라 한다)에 대한 다음 각 호의 임용권을 제외한 임용권을 소속장관에게 위임한다.

1. 신규채용, 고위공무원단 직위로의 승진임용 및 고위공무원이 아닌 연구관·지도관의 제17조제2항 각 호의 직위로의 전보

2. 제13조제4호에 따라 지정된 직위 및 「연구직및지도직공무원

의임용등에관한규정」(이하 "연구직및지도직규정"이라 한다) 별표 2제1호 가목의 직위에 보직된 일반직 고위공무원의 전보·직위해제·휴직·정직·복직 및 겸임

3. 다음 각 목의 전보

가. 제13조제4호에 따라 지정된 직위로의 전보

나. 연구직및지도직규정 별표 2제1호 가목의 직위로의 전보

4. 소속장관을 달리하는 기관 간의 전보

5. 전직·강임·면직·해임·파면 및 겸임(소속장관을 달리하는 기관 간의 겸임에 한한다)

② 고위공무원단에 속하는 별정직 공무원(이하 "별정직 고위공무원"이라 한다)은 소속장관의 제청으로 중앙인사위원회와의 협의를 거쳐 국무총리를 경유하여 대통령이 임용하되, 대통령은 별정직 고위공무원에 대한 다음 각 호의 임용권을 제외한 임용권을 소속장관에게 위임한다.

1. 제15조제1항에 따라 지정된 직위에 보직된 별정직 고위공무원의 휴직·정직 및 복직

2. 신규채용·면직·해임·파면 및 겸임

③ 소속장관은 제1항 및 제2항에 따라 임용권을 위임받은 고위공무원을 전보·겸임·파견·직위해제·휴직·정직 및 복직시킨 경우에는 지체 없이 그 결과를 중앙인사위원회에 통보하여야 한다.

제6조 (고위공무원으로의 임용방법)

① 일반직 고위공무원으로의 임용은 제13조에 따른 특별채용, 제16조에 따른 승진임용 또는 제17조에 따른 전보의 방법에 따

른다.

② 별정직 고위공무원으로의 임용은 제5조제2항제2호에 따른 채용, 고위공무원단에 속하는 계약직 공무원(이하 "계약직 고위공무원"이라 한다)으로의 임용은 「계약직공무원규정」 제5조에 따른 채용계약의 방법에 따른다.

제2장 고위공무원단 후보자 양성

제7조 (고위공무원단 후보자) 제8조에 따른 교육과정을 이수하고 제9조에 따른 역량평가를 통과한 자로서 다음 각 호의 어느 하나에 해당하는 자는 고위공무원단 후보자가 된다.

1. 3급 공무원

2. 4급 공무원으로서 임용령 제31조에 따른 승진소요 최저연수 이상 재직한 자

3. 고위공무원이 아닌 연구관·지도관으로서 10년 이상 재직한 자(연구관·지도관으로 재직한 기간에는 5급 이상 일반직 공무원으로 재직한 기간을 통산하며, 중앙행정기관의 실장·국장 밑에 두는 보조기관 또는 이에 상당하는 직위에 재직한 연구관·지도관의 경우에는 해당 직위에서 총 5년 이상 재직한 자를 말한다)

4. 고위공무원단 직위 또는 그에 상당하는 직위에 일반직 국가공무원으로 재직한 자

제8조 (고위공무원단 후보자 교육)

① 중앙인사위원회는 4급 이상 공무원(고위공무원이 아닌 연구관·지도관을 포함한다)을 대상으로 고위공무원에 필요한 역

량을 함양하기 위한 교육과정(이하 "고위공무원단 후보자교육과정"이라 한다)을 운영하여야 한다.

② 소속장관은 중앙인사위원회가 정하는 선발 기준 및 방법에 따라 당해 기관의 교육대상자를 선발하여 중앙인사위원회에 추천하여야 하며, 중앙인사위원회는 소속장관별 고위공무원단 직위의 정원, 고위공무원단 직위로의 승진예정인원 등을 감안하여 교육 대상자 수를 결정하여야 한다.

③ 고위공무원단 후보자교육과정의 이수기준은 중앙인사위원회가 정한다.

④ 고위공무원단 직위 또는 그에 상당하는 직위에 국가공무원으로 재직하였던 자를 다시 고위공무원단 직위로 승진임용하거나 전보하는 경우에는 고위공무원단 후보자교육과정을 면제할 수 있다

제9조 (역량평가의 실시)

① 법 제2조의2제3항에 따른 평가(이하 "역량평가"라 한다)는 고위공무원으로 신규채용하려는 자 또는 4급 이상 공무원이 고위공무원단 직위로 승진임용되거나 전보(고위공무원이 아닌 연구관·지도관을 고위공무원단 직위로 전보하는 경우에 한한다)되려는 자를 대상으로 신규채용·승진임용 또는 전보 전에 실시하여야 한다. 다만 다음 각 호의 어느 하나에 해당하는 경우에는 역량평가를 실시하지 아니할 수 있다.

1. 지방공무원 또는 민간인을 법 제2조의2제2항제3호의 직위에 신규채용하는 경우(지방자치단체의 장 또는 지방교육행정기관의

장이 역량평가를 거쳐 임용하는 것을 요청하는 경우에는 그러하지 아니하다)

　2. 다음 각 목의 어느 하나에 해당하는 고위공무원단 직위에 별정직 공무원으로 임용하는 경우

　　가. 비서관

　　나. 장관정책보좌관

　　다. 비상계획관

　　라. 대통령경호실의 직위

　　마. 그 밖에 '가'목 내지 '라'목에 상당하는 직위

　3. 고위공무원단 직위 또는 그에 상당하는 직위(법 제2조의2제2항제3호 및 이 항제2호의 직위를 제외한다)에 국가공무원으로 재직하였던 자를 임용하는 경우

　4. 그 밖에 고위공무원으로서 역량을 이미 갖추고 있다고 볼만한 특별한 사유가 있어 소속장관이 중앙인사위원회와 협의하는 경우

　② 제1항제1호·제2호 또는 다른 법령에 따라 역량평가를 받지 않고 고위공무원으로 임용된 자를 역량평가를 실시하여야 하는 고위공무원단 직위로 임용하려는 때에는 역량평가를 실시하여야 한다.

　③ 역량평가는 역량항목별로 5점 만점으로 평가하되, 평가점수 범위에 따라 매우우수·우수·보통·미흡 또는 매우미흡 중 하나의 등급으로 나누며, 역량평가의 통과기준은 평가대상자의 평균점수가 "보통" 이상(평균점수 2.5점 이상을 말한다)인 경우로 한다.

④ 역량평가를 통과하지 못한 자는 부족한 역량을 보완한 후 재평가를 받을 수 있되, 연속하여 2회 이상 통과하지 못한 경우에는 중앙인사위원회가 정하는 일정한 기간이 지난 후 재평가를 받을 수 있다

제10조 (역량평가위원)

① 중앙인사위원회위원장은 평가대상자에 대한 역량의 평가 그 밖에 역량평가에 필요한 사항을 담당하게 하기 위하여 고위공무원이거나 고위공무원이었던 자 또는 인사행정이나 역량평가 등에 관한 학식과 경험이 풍부한 자 중에서 역량평가위원을 임명 또는 위촉할 수 있다.

② 역량평가위원으로 임명 또는 위촉된 자는 중앙인사위원회가 정하는 역량평가에 관한 준수사항을 성실히 이행하여야 한다.

③ 중앙인사위원회는 역량평가위원이 제2항을 위반하여 역량평가의 신뢰도를 매우 저하시키는 행위를 함으로써 법 제44조 및 제45조를 위반하였다고 인정되는 경우에는 형사고발하거나 그 명단을 당해 역량평가위원이 소속하고 있는 기관의 장에게 통보하여야 한다. 이 경우 당해 기관의 장에게 해당 역량평가위원에 대한 징계 등 적절한 조치를 취할 것을 요청할 수 있다.

④ 역량평가위원에 대하여는 예산의 범위 안에서 수당을 지급할 수 있다

제11조 (역량평가방법) 역량평가는 4인 이상의 역량평가위원이 참여하여 제시된 직무상황하에서 나타나는 평가대상자의 행동을 관찰하여 그 역량을 평가하는 방법에 따른다.

제12조 (역량개발) 역량평가결과 제9조제3항에 따른 "미흡" 이하의 수준으로 평가된 역량항목이 있는 자는 해당 역량을 향상시키기 위하여 노력하여야 하며, 소속장관은 그 공무원이 고위공무원에게 요구되는 역량을 갖출 수 있도록 필요한 지원과 지도를 하여야 한다.

제3장 고위공무원단으로의 진입

제13조 (특별채용 요건) 법 제28조제2항에 따른 일반직 고위공무원의 특별채용은 다음 각 호의 어느 하나에 해당하는 경우에 한한다. 다만 연구관·지도관의 특별채용은 연구직 및 지도직규정 제7조·제7조의2 및 제8조에 따른다.

1. 법 제28조제2항제1호에 따라 고위공무원단 직위 또는 그에 상당하는 직위에 재직하였던 일반직 고위공무원을 재임용하는 경우에는 전 재직기관에 전력을 조회하여 그 퇴직사유가 확인된 경우에 한하며, 동호에 따라 특수경력직 공무원 또는 다른 종류의 경력직 공무원으로 되기 위하여 퇴직하였던 일반직 고위공무원을 재임용하는 때에는 퇴직 후 30일 이내에 임용되는 경우에 한한다. 이 경우 전력조회에 관하여는 「공무원인사기록및인사사무처리규정」이 정하는 바에 따른다.

2. 법 제28조제2항제2호에 따라 동종직무에 관한 자격증 소지자를 특별채용하는 경우에는 「공무원임용시험령」(이하 "시험령"이라 한다) 제27조제1항에 따른 임용예정직급별 자격증 중 임용예정직위의 직무내용과 관련된 자격증을 소지한 자로서 시험령 별표 7

및 별표 8에 규정된 3급의 경력기준에 해당하는 자여야 한다.

3. 법 제28조제2항제3호에 따라 특별채용하는 경우에는 다음 각 목의 어느 하나에 해당하는 자로서 시험요구일 현재 퇴직 후 3년이 경과하지 아니한 자에 한한다.

가. 고위공무원단에 속하는 특정직 공무원(이하 "특정직 고위공무원"이라 한다)으로 근무한 자

나. 일반직 고위공무원 또는 국회·법원·헌법재판소·중앙선거관리위원회 또는 감사원 등에서 일반직 공무원으로 고위공무원단 직위 또는 그에 상당하는 직위에 2년 이상 근무한 경력이 있는 자

다. 임용예정 직위와 관련되는 직무분야에서 시험령 별표 9의 3급 경력기준에 해당하는 근무 또는 연구경력이 3년 이상인 자(별정직 공무원으로 근무한 경력이 있는 경우에는 고위공무원단 직위 또는 그에 상당하는 직위 중 임용예정 직위와 관련되는 직위에 근무 또는 연구한 경력이 3년 이상인 자)

4. 법 제28조제2항제5호에 따른 특별채용은 고위공무원단 직위 중 중앙인사위원회와 협의하여 지정한 직위에 한한다.

5. 법 제28조제2항제7호에 따라 지방공무원을 일반직 고위공무원으로 특별채용하는 경우에는 고위공무원단 직위에 상당하는 지방자치단체 또는 지방교육행정기관의 직위에서 일반직 공무원으로 근무한 경력이 있는 자여야 한다.

6. 법 제28조제2항제10호에 따라 임용예정 직위와 관련되는 과학기술분야 또는 통계·전자계산·대외통상·환경·교통·도시

공학분야 그 밖에 소속장관이 공개경쟁채용시험에 따른 결원보충이 곤란하다고 인정하여 정하는 특수전문 분야의 근무 또는 연구경력이 있는 자를 특별채용하는 경우에는 박사학위소지자로서 임용령 별표 4의 3급 경력기준에 해당하는 자여야 한다.

제14조 (특별채용시험의 방법)

① 법 제28조제2항 및 이 영 제13조에 따른 특별채용시험은 서류전형과 면접시험의 방법에 따른다.

② 특수경력직 공무원 또는 다른 종류의 경력직 공무원으로 되기 위하여 퇴직하였던 일반직 고위공무원을 재임용하는 경우에는 제1항의 시험을 면제한다.

③ 제1항에 불구하고 법 제28조제2항제3호에 해당하는 자(퇴직한 고위공무원을 3년 이내에 고위공무원으로 재임용하는 경우를 제외한다)에 대하여는 필기시험과 서류전형 또는 면접시험의 방법에 의하되, 제한경쟁 특별채용시험에 따라 임용하는 경우와 개방형 직위에 재직 중인 자를 특별채용하는 경우에는 서류전형과 면접시험의 방법에 의할 수 있다. 다만 특정직 고위공무원을 특별채용하는 경우에는 제1항의 시험을 면제한다.

④ 제1항에 불구하고 법 제28조제2항제5호에 해당하는 자에 대하여는 서류전형의 방법에 의하되, 제15조제1항에 따른 직위에 채용되어 근무 중인 별정직 고위공무원을 퇴직 후 즉시 특별채용하는 경우에는 제1항의 시험을 면제한다.

⑤ 법 제28조제2항제7호에 따라 지방공무원을 고위공무원으로 특별채용하는 경우에는 제1항의 시험을 면제할 수 있다. 다만 지

방공무원으로 임용할 당시 또는 지방공무원으로 재직 시 중앙인사위원회가 실시한 임용예정 직렬에 해당한 시험에 합격하여 지방공무원으로 임용된 자와 최초에 국가공무원으로 임용되어 지방공무원으로 교류임용된 자에 대하여는 제1항의 시험을 면제한다.

⑥ 법 제28조제2항제2호 및 제10호에 따른 특별채용은 제한경쟁특별채용시험에 따라 실시하여야 하며, 그 밖의 특별채용의 경우에도 시험실시기관의 장이 필요하다고 인정할 때에는 제한경쟁특별채용시험에 따라 실시할 수 있다.

⑦ 제13조에 따른 특별채용시험은 제9조에 따른 역량평가 이전에 실시한다.

제15조 (별정직 고위공무원의 채용)

① 소속장관은 고위공무원단 직위 중 별정직 공무원으로 보할 수 있는 직위로서 제13조제4호에 따른 직위에 상당하는 직위를 중앙인사위원회와 협의하여 지정하여야 한다.

② 별정직 고위공무원의 채용은 채용예정 직위의 업무수행에 필요한 구체적인 직무수행요건을 설정하여 공고에 따른 경쟁의 방법에 의함을 원칙으로 한다. 다만 다음 각 호의 어느 하나에 해당하는 경우에는 그러하지 아니할 수 있다.

1. 제1항의 직위에 채용하는 경우

2. 비서관·장관정책보좌관 및 이에 준하는 직위에 채용하는 경우

3. 신속한 결원보충의 필요성, 채용시험에 따른 비용의 과다 등 특별한 사유가 있는 경우로서 소속장관이 중앙인사위원회와 협의하는 경우

제16조 (고위공무원단 직위로의 승진임용)

① 소속장관은 법 제40조의2제1항에 따라 일반직 공무원을 고위공무원단 직위로 승진임용하려는 때에는 고위공무원단 후보자 중에서 근무성적·능력·경력·전공분야·인품 및 적성 등을 고려하여 임용령 제34조의3에 따른 보통승진심사위원회를 거쳐 임용예정직위의 2배수 내지 3배수에 해당하는 인원을 우선순위를 정하여 선정한 후 중앙인사위원회의 승진심사를 거쳐 임용 제청하여야 한다.

② 중앙인사위원회는 승진심사 결과 제1항의 우선순위를 변경하는 경우에는 그 사유를 명시하여 소속장관에게 통보하여야 한다.

제17조 (연구직·지도직공무원의 고위공무원단 직위로의 전보)

① 소속장관은 고위공무원이 아닌 연구관·지도관을 고위공무원단 직위로 전보하려는 때에는 고위공무원단 후보자 중에서 근무성적·능력·경력·전공분야·인품 및 적성 등을 고려하여 임용령 제34조의3에 따른 보통승진심사위원회를 거쳐 결원의 범위안에 해당하는 인원을 선정한 후 중앙인사위원회와의 협의를 거쳐 임용 제청하여야 한다.

② 법 제5조제6호에서 "대통령령이 정하는 직위"라 함은 연구관·지도관으로 보할 수 있는 직위로서 다음 각 호의 어느 하나에 해당하지 아니하는 직위를 말한다.

1. 연구직및지도직규정 별표 2 제1호 가목·나목 또는 제2호 가목의 직위

2. 연구직및지도직규정 별표 2의2 제1호 가목 또는 제2호 가목의 직위

제4장 보직 및 성과관리 등

제18조 (보직관리의 기준) 임용권자 또는 임용제청권자는 다음 각 호의 어느 하나에 해당하는 경우를 제외하고는 소속 고위공무원을 하나의 고위공무원단 직위에 임용하여야 한다. 「개정 2006. 6. 30」

1. 법 제6조제3항에 따른 조직개편 등으로 보직 없이 근무하게 하는 경우

2. 임용령 제43조제1항 각 호에 해당하는 경우

3. 개방형및공모직위규정 제10조제5항 및 제19조제3항에 따른 고위공무원단 직위 중 개방형 직위 또는 공모직위에 임용되었던 경력직 공무원을 보직 없이 근무하게 하는 경우

4. 주재관임용령 제17조에 따라 보직 없이 근무하게 하는 경우

5. 법 제73조의3에 따라 직위해제된 경우

6. 개방형및공모직위규정 제11조제1항제3호·제4호 또는 제20조제1항제3호·제4호에 따라 보직 없이 근무하게 하는 경우

7. 소속장관별로 초과현원이 있는 상태에서 임용령 제45조제1항제7호 또는 제8호(당해 직위 또는 그 기관의 다른 직위에 근무하는 것이 곤란하다고 소속장관이 인정하는 경우에 한한다)의 사유로 그 초과현원과 교체하여 보직 없이 근무하게 하는 경우

8. 소속장관별로 초과현원이 있는 상태에서 고위공무원단 직위 중 개방형 직위 또는 공모직위가 아닌 직위에 근무하는 공무원이 근무성적평정에서 중간등급보다 낮은 등급의 평정을 1년 이상 받은 사유로 그 초과현원과 교체하여 보직 없이 근무하게 하

는 경우(소속장관이 새로 임명된 후 3월 이내에는 초과현원과 교체하여 보직 없이 근무하게 할 수 없다)

9. 다른 법령에서 제1호 내지 제8호에 상당하는 사유로 보직 없이 근무하게 하는 경우

제19조 (전보의 제한) 고위공무원을 전보하는 경우에는 최근 1년간 근무성적평정에서 최상위등급의 평정을 받은 자에 대하여는 본인의 동의 없이 재직 중인 직위보다 직무의 곤란성과 책임도가 낮은 직위로 전보할 수 없다. 다만 해당 공무원에게 귀책사유가 있거나 소속 기관의 인사 관리상 불가피한 사정이 발생하여 소속장관이 중앙인사위원회와 협의한 경우에는 그러하지 아니하다.

제20조 (고위공무원의 근무성적평정)

① 고위공무원단 직위에 근무 중인 고위공무원에 대한 근무성적평정은 「공무원 성과평가 등에 관한 규정」(이하 "성과평가규정"이라 한다) 제4조에 따른 성과계약평가에 따른다.

② 성과계약평가는 절대평가의 방법에 따라 탁월·우수·보통·미흡 또는 불량 중 하나의 등급으로 평가한다.

③ 제1항에 불구하고 소속장관은 소속 일반직 고위공무원을 제18조제1호 내지 제4호의 사유 또는 그에 상당하는 사유에 따라 보직 없이 근무하게 하는 경우 제1항에 따라 성과계약평가를 실시할 수 있다. 이 경우 소속장관은 당해 공무원에게 성과계약평가를 위한 업무과제를 부여하여야 하며, 업무과제를 부여한 기간은 성과평가규정 제11조제1항의 실제 근무한 기간으로 본다.

제21조 (고위공무원의 강임)

① 소속장관은 고위공무원을 제5장의 적격심사를 회피할 목적으로 강임하여서는 아니 되며, 고위공무원을 강임하려는 때에는 3급 공무원으로 임용하여 고위공무원단 직위가 아닌 직위에 보하여야 한다.

② 고위공무원에서 강임된 자(본인의 동의에 따라 강임된 자를 제외한다)를 고위공무원단 직위로 승진임용하려는 때에는 강임된 자가 2인 이상인 경우의 우선임용순위는 강임일자 순으로 하되, 강임일자가 같은 경우에는 종전 고위공무원단 직위로 승진임용된 일자의 순에 따른다.

③ 법 제73조의4제2항 단서에 따라 본인의 동의에 따라 강임된 공무원을 우선 승진임용하는 경우에는 본인의 경력과 당해 기관의 인력사정을 고려하여 다른 승진예정 공무원과 균형을 유지하도록 하여야 한다. 이 경우 강임된 자가 2인 이상일 경우의 승진임용에 관하여는 제2항을 준용한다.

제5장 적격심사

제22조 (고위공무원단 적격심사위원회의 구성 및 자격기준 등)

① 법 제70조의2제4항에 따른 고위공무원단 적격심사위원회(이하 "적격심사위원회"라 한다)는 위원장 1인을 포함한 7인 내지 9인의 위원으로 구성하며, 위원은 다음 각 호의 자 중에서 중앙인사위원회위원장의 제청으로 대통령이 임명 또는 위촉한다.

1. 정무직공무원 2인 이내

2. 고위공무원 2인 이내

3. 중앙인사위원회에서 추천하는 자 4인 이내

② 제1항제3호에 따라 중앙인사위원회에서 추천하는 위원의 자격기준에 관하여는 법 제8조제2항제1호의2 내지 제3호 및 제8조제3항을 준용한다.

제23조 (적격심사의 요구 등)

① 소속장관은 법 제70조의2제6항에 따라 적격심사를 요구하는 경우에는 다음 각 호의 자료를 첨부하여 요구하여야 한다.

1. 별지 제1호서식의 적격심사의결요구서

2. 공무원인사기록 및 성과관리카드

3. 보직 없이 근무한 기간을 입증할 수 있는 관련자료(보직 없이 근무한 기간이 있는 경우에 한한다)

② 소속장관은 적격심사를 요구하는 경우에는 지체 없이 제1항제1호에 따른 적격심사의결요구서 사본을 첨부하여 그 사실을 당해 공무원(이하 "적격심사대상자"라 한다)에게 통보하여야 하며, 적격심사대상자는 적격심사를 요구한 사유가 위법하거나 부당하다고 판단하는 경우 그 사실을 증빙하는 서류를 첨부하여 사유서를 적격심사위원회에 제출할 수 있다.

제24조 (적격심사위원회의 의결)

① 적격심사위원회는 법 제70조의2제1항제1호의 사유에 적격심사의결요구서를 접수한 때에는 60일 이내에, 동항제2호 내지 제3호의 사유에 따라 적격심사의결요구서를 접수한 때에는 30일 이내에 각각 적격여부를 의결하여야 한다. 다만 부득이한 사유가

있는 경우에는 적격심사위원회위원장은 30일의 범위 안에서 그 기간을 연장할 수 있다.

② 적격심사위원회는 적격심사대상자에게 적격심사위원회 개최일 3일 전까지 적격심사일시를 통지하여야 한다.

③ 적격심사위원회의 심사는 서면심사를 원칙으로 한다. 다만 적격심사대상자가 제23조제2항에 따른 사유서를 제출하는 경우로서 필요하다고 인정하는 때에는 적격심사대상자 또는 소속장관이 지정한 대리인 등을 위원회에 출석시켜 그 진술을 청취할 수 있다.

④ 적격심사위원회의 회의는 재적위원 과반수의 찬성으로 적격여부를 의결한다.

⑤ 제4항의 의결은 별지 제2호서식의 적격심사의결서로 하며, 적격심사의 원인이 된 사실 및 판단이유를 명시하여야 한다.

⑥ 적격심사위원회는 적격심사가 종결된 때에는 지체 없이 그 결과를 적격심사를 요구한 소속장관에게 통보하여 적절한 조치를 할 수 있도록 하여야 한다.

제25조 (제척 및 기피·회피)

① 적격심사위원회의 위원장 또는 위원 중 적격심사대상자와 친족의 관계에 있거나 친족의 관계에 있었던 자 또는 직근 상급자는 심의·의결에 관여하지 못한다.

② 적격심사대상자는 위원장 또는 위원에게 제1항에 따른 제척사유 또는 심의·의결의 공정을 기대하기 어려운 사정이 있는 경우에는 그 이유를 명시하여 그 위원의 기피를 신청할 수 있으

며, 위원은 회피할 수 있다.

③ 제2항의 기피신청이 있는 경우에는 적격심사위원회의 의결로 당해 위원장 또는 위원의 기피여부를 결정하여야 한다. 이 경우 기피신청을 받은 위원은 그 의결에 참여하지 못한다.

④ 제24조제4항에 불구하고 제3항의 기피 여부에 관한 사항은 재적위원 과반수의 출석과 출석위원 과반수의 찬성으로 의결한다.

제26조 (부적격 심사기준 등)

① 법 제70조의2제3항제1호에서 "제1항제2호 또는 제3호의 사유에 상당하는 정도인 자"라 함은 법 제70조의2제1항제1호의 사유로 적격심사가 요구된 자로서 다음 각 호의 어느 하나에 해당하는 자를 말한다.

1. 적격심사요구 대상 기간인 5년의 기간 중 근무성적평정에서 최하위등급의 평정을 총 2년 이상 받은 자로서 제18조제5호 내지 제8호의 사유 또는 그에 상당하는 사유로 직위를 부여 받지 못한 기간이 총 1년 이상 경과한 자

2. 적격심사요구 대상 기간인 5년의 기간 중 근무성적평정에서 최하위등급의 평정을 1년 이상 받은 자로서 제18조제5호 내지 제8호의 사유 또는 그에 상당하는 사유로 직위를 부여받지 못한 기간이 총 1년 6월 이상 경과한 자

② 법 제70조의2제1항제1호의 기간을 산정함에 있어 일반직 고위공무원으로 계속 재직하지 아니한 경우에는 일반직 고위공무원으로 재직한 기간만을 통산하여야 한다. 다만 종전에 적격심사를 받은 사실이 있는 경우에는 그 이후의 기간만을 통산하여

야 한다.

제27조 (직위를 부여받지 못한 기간의 계산)

① 제18조제1호 내지 제4호의 사유 또는 그에 상당하는 사유로 직위를 부여받지 못한 기간은 법 제70조의2제1항제3호의 기간에 산입하지 아니한다.

② 제18조제1호 내지 제4호의 사유 또는 그에 상당하는 사유로 보직 없이 근무 중인 일반직 고위공무원이 소속장관별로 고위공무원단 직위 중 개방형 직위 또는 공모직위에 결원이 발생하였음에도 불구하고 정당한 사유 없이 응모하지 아니한 경우에는 제1항에 불구하고 당해 직위의 공모 기간 종료일 다음 날부터 법 제70조의2제1항제3호의 기간에 이를 산입한다.

③ 제18조제5호 내지 제8호의 사유 또는 그에 상당하는 사유로 직위를 부여받지 못한 기간은 그 직위를 부여받지 못한 날부터 법 제70조의2제1항제3호의 기간에 이를 산입한다. 다만 제18조제7호의 사유에 해당하는 경우로서 당해 형사사건이 수사 또는 법원의 판결에 의하여 무죄로 확정된 때에는 그 확정된 날부터 소급하여 그 기간을 산입에서 제외한다.

④ 제13조에 따라 임용된 일반직 고위공무원에게 종전 고위공무원단 직위에 재직할 당시 제3항에 따라 직위를 부여받지 못한 기간이 있는 경우에는 이를 합산한다.

⑤ 소속장관은 제2항 및 제3항에 따라 직위를 부여받지 못한 기간을 법 제70조의2제1항제3호의 기간에 산입하거나 산입에서 제외한 경우에는 지체 없이 그 사실을 중앙인사위원회에 통보하

여야 한다.

제28조 (별정직 고위공무원의 직권면직 등)

① 소속장관은 경력직 고위공무원으로 재직한 자가 별정직 고위공무원으로 임용된 후 법 제70조의2제1항제2호에 해당하는 경우에는 다른 법령에서 따로 정하는 경우를 제외하고는 직권으로 면직 제청할 수 있다. 이 경우 경력직 고위공무원으로 재직 중에 받은 근무성적평정 최하위등급의 평정은 별정직 고위공무원 재직 중에 받은 것으로 본다.

② 소속장관은 경력직 고위공무원으로 재직한 자가 계약직 고위공무원으로 채용된 후 법 제70조의2제1항제2호에 해당하는 경우에는 「계약직공무원규정」 제7조에 불구하고 채용계약을 해지할 수 있다. 이 경우 경력직 고위공무원으로 재직 중에 받은 근무성적평정 최하위등급의 평정은 계약직 고위공무원 재직 중에 받은 것으로 본다.

부칙 「제19513호, 2006. 6. 12」

제1조 (시행일) 이 영은 2006년 7월 1일부터 시행한다.

제2조 (고위공무원단 후보자 교육과정 및 역량평가에 관한 경과조치)

① 이 영 시행 전에 중앙인사위원회가 정하는 고위공무원단 후보자교육과정을 이수한 자와 역량평가를 통과한 자에 대하여는 이 영에 따른 고위공무원단 후보자교육과정 또는 역량평가를 이수 또는 통과한 것으로 본다.

② 이 영 시행 당시 다음 각 호의 어느 하나에 해당하는 3급

공무원이 이미 고위공무원으로서 역량을 갖추고 있다고 볼만한 특별한 사유가 있는 경우로서 소속장관이 중앙인사위원회와의 협의를 거친 때에는 고위공무원단 후보자교육과정 및 역량평가를 면제할 수 있다.

1. 임용령 제41조제1항에 따라 파견근무 중인 자(재외공관주재관을 포함한다)

2. 제1호의 직위에서 근무를 마치고 복귀하여 휴직 중이거나 보직 없이 근무 중인 자

3. 고위공무원단 직위 또는 그에 상당하는 직위에 직무대리 또는 근무지원 등의 형태로 근무 중인 자

4. 그 밖에 제1호 내지 제3호와 유사하다고 소속장관이 인정하는 자

③ 소속장관은 이 영 시행일부터 2007년 6월 30일까지 불가피한 사유로 소속장관별로 고위공무원단 후보자교육과정을 이수한 자가 없거나 고위공무원단 직위의 결원보다 고위공무원단 후보자교육과정 이수 인원이 적은 경우 및 고위공무원단 후보자 중 결원 직위의 직무수행요건을 충족하는 적격자가 없다고 판단되는 경우에는 중앙인사위원회와의 협의를 거쳐 제7조 각 호의 어느 하나에 해당하는 자로서 고위공무원단 후보자교육과정을 이수하지 아니한 자에 대하여 역량평가 실시를 요구할 수 있으며, 이를 통과한 자는 고위공무원단 후보자로 본다.

제3조 (실·국장급 공무원 퇴직자에 관한 경과조치) 이 영 시행 전에 고위공무원단 직위에 상당하는 직위에 일반직 공무원으

로 재직하였다가 퇴직한 자를 제13조제1호 및 제3호에 따라 특별채용하는 경우에는 고위공무원단 직위에 재직한 것으로 본다.

제4조 (다른 법령의 개정)

① 거창사건 등 관련자의명예회복에 관한 특별조치법시행령 일부를 다음과 같이 개정한다.

제2조제4항 중 "내무부소속의 2급 또는 3급 국가공무원"을 "행정자치부의 3급 공무원 또는 고위공무원단에 속하는 일반직 공무원"으로 한다.

② 건강기능식품에 관한 법률시행령 일부를 다음과 같이 개정한다.

제7조제3항제1호 중 "5급 이상의 공무원"을 "5급 이상의 공무원 또는 고위공무원단에 속하는 일반직 공무원"으로 한다.

③ 건설기술관리법시행령 일부를 다음과 같이 개정한다.

제10조제3항제1호 중 "4급 이상 공무원"을 "4급 이상 공무원 또는 고위공무원단에 속하는 일반직 공무원"으로 한다.

제20조제2항 본문 중 "5급 이상 공무원"을 "5급 이상 공무원 또는 고위공무원단에 속하는 일반직 공무원"으로 한다.

④ 건설기술·건축문화선진화위원회규정 일부를 다음과 같이 개정한다.

제9조제4항 본문 중 "1급 또는 이에 상당하는 관계 공무원"을 "고위공무원단에 속하는 관계 공무원"으로 하고, 동항 단서를 다음과 같이 한다.

다만 고위공무원단에 속하는 관계 공무원이 없을 때에는 3급 또는 이에 상당하는 관계 공무원이 된다.

⑤ 건설산업기본법시행령 일부를 다음과 같이 개정한다.

제3조제1항 중 "건설교통부소속 1급 또는 이에 상당하는 공무원"을 "건설교통부의 고위공무원단에 속하는 공무원"으로 하고, 동조제2항 중 "공정거래위원회 소속 2급·3급 또는 이에 상당하는 공무원"을 "공정거래위원회의 3급 공무원(이에 상당하는 공무원을 포함한다) 또는 고위공무원단에 속하는 공무원"으로 한다.

제68조제1항제1호 및 제2호 중 "2급 또는 3급 공무원"을 각각 "3급 공무원 또는 고위공무원단에 속하는 일반직 공무원"으로 하고, 동조제2항제1호 중 "3급 또는 4급 공무원"을 "3급 공무원, 4급 공무원 또는 고위공무원단에 속하는 일반직 공무원"으로 하고, 동항제2호 중 "4급 이상 공무원"을 "4급 이상 공무원 또는 고위공무원단에 속하는 일반직 공무원"으로 한다.

⑥ 건축사법시행령 일부를 다음과 같이 개정한다.

제14조제2항 중 "건설교통부소속 1급 공무원"을 "건설교통부의 고위공무원단에 속하는 일반직 공무원"으로 한다.

⑦ 경제정책조정회의규정 일부를 다음과 같이 개정한다.

제10조의2제3항 중 "1급 내지 3급의 국가공무원"을 "3급 국가공무원 또는 고위공무원단에 속하는 일반직 공무원"으로 한다.

⑧ 경찰공무원교육훈련 일부를 다음과 같이 개정한다.

제21조제1항제2호 중 "6급 이상의 일반직 공무원"을 "6급 이상의 일반직 공무원 또는 고위공무원단에 속하는 일반직 공무원"으로 한다.

⑨ 고도(고도)보존에관한특별법시행령 일부를 다음과 같이 개

정한다.

제17조제2항제3호 중 "7급 상당 이상의 별정직 공무원"을 "7급 상당 이상의 별정직 공무원 또는 고위공무원단에 속하는 별정직 공무원"으로 한다.

⑩ 고용보험법시행령 일부를 다음과 같이 개정한다.

제98조제1호 및 제2호 중 "5급 이상 공무원"을 각각 "5급 이상 공무원 또는 고위공무원단에 속하는 일반직 공무원"으로 한다.

제107조제2항제3호 중 "3급 이상의 공무원"을 "3급 이상의 공무원 또는 고위공무원단에 속하는 일반직 공무원"으로 하고, 동조제3항 중 "노동부 소속 2급 또는 3급 공무원"을 "노동부의 3급 공무원 또는 고위공무원단에 속하는 일반직 공무원"으로 한다.

⑪ 고용직공무원규정 일부를 다음과 같이 개정한다.

제2조제1항 중 "5급 이상 공무원"을 "5급 이상 공무원 또는 고위공무원단에 속하는 일반직 공무원"으로 한다.

⑫ 골재채취법시행령 일부를 다음과 같이 개정한다.

제16조제2항제1호 중 "산림청 소속 2급·3급 공무원"을 "산림청의 3급 공무원, 고위공무원단에 속하는 일반직 공무원"으로 한다.

⑬ 공공기관의 기록물관리에 관한 법률시행령 일부를 다음과 같이 개정한다.

제7조제2항제2호 중 "직급"을 "직급 또는 직위"로 한다.

⑭ 공무원고충처리규정 일부를 다음과 같이 개정한다.

제3조의6제1항 중 "5급 이상 공무원"을 "5급 이상 공무원(고위공무원단에 속하는 일반직 공무원을 포함한다)"으로 한다.

제4조제1항제2호 중 "직급"을 "직급 또는 직위"로 한다.

제13조의2 후단 중 "계급"을 "계급 또는 직위"로 한다.

⑮ 공무원 성과평가 등에 관한 규정 일부를 다음과 같이 한다.

제7조제1항 본문 중 "4급 이상 공무원"을 "4급 이상 공무원(고위공무원단에 속하는 일반직 공무원을 포함한다)"으로 한다.

「16」공무원의청렴유지등을위한행동강령 일부를 다음과 같이 한다.

제23조제1항 본문 중 "4급 이상 공무원"을 "4급 이상 공무원(고위공무원단에 속하는 일반직 공무원을 포함한다)"으로 한다.

「17」공무원임용시험령 일부를 다음과 같이 개정한다.

제29조제1항 단서 중 "2급·3급 또는 별정직 1급 상당 공무원으로 재직한 자를 퇴직 후 즉시 1급 공무원으로 특별채용하는 경우와"를 삭제한다.

별표 7 및 별표 8 중 "2급은 10년 이상"을 삭제하고, 별표 9중 2급란을 삭제한다.

「18」공무원직장협의회의설립·운영에관한법률시행령 일부를 다음과 같이 개정한다.

제2조제1항 본문 중 "4급 이상 공무원"을 "4급 이상 공무원(고위공무원단에 속하는 일반직 공무원을 포함한다)"로 하고, 동항 단서 중 "5급 이상 공무원"을 "5급 이상 공무원(고위공무원단에 속하는 일반직 공무원을 포함한다)"으로 한다.

「19」공인노무사법시행령 일부를 다음과 같이 개정한다.

제14조의2제2항제1호 중 "2급 또는 3급 공무원"을 "3급 공무

원 또는 고위공무원단에 속하는 일반직 공무원”으로 한다.

제20조의5제2항 각호 외의 부분 중 “노동부 소속 1급 공무원”을 “노동부의 고위공무원단에 속하는 일반직 공무원”으로 하고, 동항제1호 중 “중앙노동위원회 소속 3급 이상 공무원”을 “중앙노동위원회의 3급 공무원 또는 고위공무원단에 속하는 일반직 공무원”으로 하며, 동항제2호 중 “노동부 소속 3급 이상 공무원”을 “노동부의 3급 공무원 또는 고위공무원단에 속하는 일반직 공무원”으로 한다.

「20」공인회계사법시행령 일부를 다음과 같이 개정한다.

제9조의2제2항제1호 및 제2호 중 “3급 이상 공무원”을 각각 “3급 공무원 또는 고위공무원단에 속하는 일반직 공무원”으로 한다.

「21」공적자금상환기금법시행령 일부를 다음과 같이 개정한다.

제8조제3항제2호 중 “기획예산처 소속 2급 또는 3급 공무원”을 “기획예산처의 3급 공무원 또는 고위공무원단에 속하는 일반직 공무원”으로 한다.

「22」공직후보자에관한정보의수집및관리에관한규정 일부를 다음과 같이 개정한다.

제5조 중 “5급 이상 및 이에 상당하는 국가공무원”을 “5급 이상 및 이에 상당하는 국가공무원(고위공무원단에 속하는 공무원을 포함한다)”으로 한다.

제10조제1항 중 “5급 이상 공무원”을 “5급 이상 공무원 또는 고위공무원단에 속하는 일반직 공무원”으로 한다.

「23」과세자료의제출및관리에관한법률시행령 일부를 다음과 같이 개정한다.

　제6조제2항제3호 중 "소속 2급 또는 3급 공무원"을 "그 부처의 3급 공무원 또는 고위공무원단에 속하는 일반직 공무원"으로 하고, 동조제5항 중 "소속 3급 또는 4급 공무원"을 "국세청의 3급 공무원, 4급 공무원 또는 고위공무원단에 속하는 일반직 공무원"으로 한다.

　「24」과학교육진흥법시행령 일부를 다음과 같이 개정한다.

　제2조제3항제1호 중 "3급 이상"을 "3급 공무원, 고위공무원단에 속하는 일반직 공무원"으로 한다.

　「25」과학기술기본법시행령 일부를 다음과 같이 개정한다.

　제9조의2제3항 중 "2급 또는 3급 공무원"을 "3급 공무원 또는 고위공무원단에 속하는 일반직 공무원"으로 한다.

　제10조제2항제1호 중 "과학기술혁신본부 소속 1급 공무원"을 "과학기술혁신본부의 고위공무원단에 속하는 일반직 공무원"으로, "국가과학기술자문회의 소속 1급 공무원"을 "국가과학기술자문회의의 고위공무원단에 속하는 일반직 공무원"으로, "중앙행정기관의 1급 공무원"을 "중앙행정기관의 고위공무원단에 속하는 일반직 공무원"으로 하고, 동조제3항 중 "과학기술혁신본부 소속 2급 또는 3급 공무원"을 "과학기술혁신본부의 3급 공무원 또는 고위공무원단에 속하는 일반직 공무원"으로 한다.

　제12조제2항 각호 외의 부분 중 "과학기술혁신본부 소속 1급 공무원"을 "과학기술혁신본부의 고위공무원단에 속하는 일반직 공무원"으로 하고, 동항제1호를 다음과 같이 한다.

1. 관계중앙행정기관의 3급 공무원 또는 고위공무원단에 속하는 일반직 공무원(이에 상당하는 공무원을 포함한다. 이하 이 호에서 같다), 과학기술혁신본부의 3급 공무원 또는 고위공무원단에 속하는 일반직 공무원(국가연구개발사업에 관한 조정업무를 담당하는 3급 공무원 또는 고위공무원단에 속하는 일반직 공무원을 모두 포함한다) 및 기획·예산조정전문위원회에 상정되는 안건과 관련이 있다고 기획·예산조정전문위원회의 위원장이 인정하는 중앙행정기관의 3급 공무원 또는 고위공무원단에 속하는 일반직 공무원

제13조의2제3항 중 "과학기술혁신본부 소속 1급 공무원"을 "과학기술혁신본부의 고위공무원단에 속하는 일반직 공무원"으로 한다.

제14조제2항 중 "과학기술혁신본부 소속 1급 공무원"을 "과학기술혁신본부의 고위공무원단에 속하는 일반직 공무원"으로, "2급 또는 3급 공무원"을 "3급 공무원 또는 고위공무원단에 속하는 일반직 공무원"으로 하고, 동조제3항 중 "2급 또는 3급 공무원"을 "3급 공무원 또는 고위공무원단에 속하는 일반직 공무원"으로 한다.

제14조의2제2항 중 "1급 공무원"을 "고위공무원단에 속하는 일반직 공무원"으로 하고, 동조제4항 중 "과학기술혁신본부소속 2급 또는 3급 공무원"을 "과학기술혁신본부의 3급 공무원 또는 고위공무원단에 속하는 일반직 공무원"으로 하며, 동조제5항 중 "2급 또는 3급 공무원"을 "3급 공무원 또는 고위공무원단에 속하

는 일반직 공무원"으로 한다.

제15조제2항제1호 중 "중소기업청 소속 1급 공무원"을 "중소기업청의 고위공무원단에 속하는 일반직 공무원"으로 한다.

제24조의2제1항제1호 중 "중앙행정기관 소속 1급 공무원"을 "중앙행정기관의 고위공무원단에 속하는 일반직 공무원"으로 하고, 동조제2항 중 "과학기술부 소속 2급 또는 3급 공무원"을 "과학기술부의 3급 공무원 또는 고위공무원단에 속하는 일반직 공무원"으로 한다.

「26」과학기술분야정부출연연구기관등의설립·운영및육성에관한법률시행령 일부를 다음과 같이 개정한다.

제6조제4항·제15조제3항 및 동조제4항 중 "1급 또는 1급 상당 공무원"을 "고위공무원단에 속하는 일반직 공무원 또는 이에 상당하는 공무원"으로 한다.

제26조제3항제4호 중 "소속 1급 공무원"을 "그 부처의 고위공무원단에 속하는 일반직 공무원"으로 한다.

「27」관보규정 일부를 다음과 같이 개정한다.

제9조제2호 중 "별정직 공무원"을 "별정직 공무원(고위공무원단에 속하는 일반직 공무원 및 별정직 공무원을 포함한다)"으로 한다.

「28」관세법시행령 일부를 다음과 같이 개정한다.

제4조제3항 각호 외의 부분 중 "재정경제부 소속 1급 공무원"을 "재정경제부의 고위공무원단에 속하는 일반직 공무원"으로 하고, 동항제1호 중 "관세청 소속의 2급 또는 3급 일반직 국가공

무원"을 "관세청의 3급 국가공무원 또는 고위공무원단에 속하는 일반직 공무원"으로 한다. 제100조제2항 각호 외의 부분 중 "3급 이상 공무원"을 "3급 공무원 또는 고위공무원단에 속하는 일반직 공무원"으로 한다.

제141조의3제1항제1호 부분 중 "관세청 소속 2급 또는 3급 공무원"을 "관세청의 고위공무원단에 속하는 일반직 공무원"으로 한다.

제144조제2항제1호 중 "소속 2급 또는 3급 공무원"을 "관세청의 3급 공무원 또는 고위공무원단에 속하는 일반직 공무원"으로 한다.

제147조제1항제1호 중 "관세청 소속 3급 이상의 공무원"을 "관세청의 3급 공무원 또는 고위공무원단에 속하는 일반직 공무원"으로 한다.

제236조의4제3항 각호 외의 부분 중 "3급 이상의 국장급 공무원"을 "고위공무원단에 속하는 공무원"으로 하고, 동조제7항 중 "관세청 소속 5급 이상 공무원"을 "관세청의 5급 이상 공무원 또는 고위공무원단에 속하는 일반직 공무원"으로 한다.

제273조의2제3항제1호를 다음과 같이 하고, 동항제2호 중 "3급 이상 공무원"을 "3급 공무원 또는 고위공무원단에 속하는 일반직 공무원"으로 한다.

1. 관세청의 3급 공무원 또는 고위공무원단에 속하는 일반직 공무원

제280조제1항제1호 중 "관세청 소속 3급 이상의 공무원"을

"관세청의 3급 공무원 또는 고위공무원단에 속하는 일반직 공무원"으로 한다.

「29」관세사법시행령 일부를 다음과 같이 개정한다.

제5조의3제2항제1호 중 "재정경제부 소속 2급 또는 3급 공무원"을 "재정경제부의 3급 공무원 또는 고위공무원단에 속하는 일반직 공무원"으로 하고, 동항제2호 중 "관세청 소속 2급 또는 3급 공무원"을 "관세청의 3급 공무원 또는 고위공무원단에 속하는 일반직 공무원"으로 한다.

제31조제1항 중 "3급 이상의 일반직 국가공무원"을 "3급 이상의 일반직 국가공무원 또는 고위공무원단에 속하는 일반직 공무원"으로 한다.

「30」광업법시행령 일부를 다음과 같이 개정한다.

제83조제2항 중 "산업자원부 소속의 1급 또는 1급 상당의 별정직 공무원"을 "산업자원부의 고위공무원단에 속하는 일반직 공무원 또는 별정직 공무원"으로 한다.

「31」광주민주화운동관련자보상등에관한법률시행령 일부를 다음과 같이 개정한다.

제5조제2항 중 "이사관 또는 부이사관"을 "고위공무원단에 속하는 일반직 공무원"으로 한다.

제7조 후단 중 "이사관 또는 부이사관"을 "고위공무원단에 속하는 일반직 공무원"으로 한다.

「32」교원자격검정령 일부를 다음과 같이 개정한다.

제9조제1항제1호 및 제2호 중 "7급 이상의 국가공무원"을 각

각 "7급 이상의 국가공무원 또는 고위공무원단에 속하는 일반직 공무원"으로 한다.

제12조제3항 중 "4급 이상의 일반직 공무원"을 "4급 이상의 일반직 공무원(고위공무원단에 속하는 일반직 공무원을 포함한다)"으로 한다.

「33」교원지위향상을위한교섭·협의에관한규정 일부를 다음과 같이 개정한다.

제9조제1항제3호 중 "공무원이었던 자"를 공무원이었던 자(고위공무원단에 속하는 일반직 공무원 또는 일반직 공무원이었던 자를 포함한다)"로 한다.

「34」교육공무원임용령 일부를 다음과 같이 개정한다.

제6조의2제5항제2호를 다음과 같이 한다.

2. 교육인적자원부의 3급 공무원 또는 고위공무원단에 속하는 일반직 공무원

제9조의2제4호 중 "국가 또는 지방공무원"을 "국가 또는 지방공무원(고위공무원단에 속하는 공무원을 포함한다)"으로 한다.

「35」교육공무원징계령 일부를 다음과 같이 개정한다.

제5조제2항 본문 및 단서 중 "6급 이상의 공무원"을 각각 "6급 이상의 공무원(고위공무원단에 속하는 일반직 공무원을 포함한다)"으로 한다.

「36」교통안전법시행령 일부를 다음과 같이 개정한다.

제9조제3항 각호 외의 부분 중 "1급 또는 1급 상당 공무원"을 "고위공무원단에 속하는 공무원"으로 하고, 동항제1호 중 "1급 또

244

는 1급 상당 공무원"을 "고위공무원단에 속하는 공무원"으로 한다.

「37」교통체계효율화법시행령 일부를 다음과 같이 개정한다.

제19조제3항제1호 및 동조제4항제1호 중 "경찰청 소속의 2급 또는 3급 공무원"을 각각 "경찰청의 3급 공무원 또는 고위공무원단에 속하는 일반직 공무원"으로 한다.

「38」국가공무원복무규정 일부를 다음과 같이 개정한다.

제26조제3항 중 "3급 이상 공무원"을 "3급 이상 공무원 또는 고위공무원단에 속하는 일반직 공무원"으로 한다.

「39」국가균형발전특별법시행령 일부를 다음과 같이 개정한다.

제30조제2항 중 "1급 상당 비서관"을 "고위공무원단에 속하는 별정직 공무원인 비서관"으로 한다.

「40」국가를당사자로하는소송에관한법률시행령 일부를 다음과 같이 개정한다.

제6조제1항제2호 중 "일반직 3급 이상의 국가공무원"을 "일반직 3급 이상의 국가공무원(고위공무원단에 속하는 일반직 공무원을 포함한다)"으로 한다.

「41」국가보안유공자상금지급에관한규정 일부를 다음과 같이 개정한다.

제4조제2항 중 "2급 내지 5급 일반직 공무원"을 "3급 내지 5급 일반직 공무원 또는 고위공무원단에 속하는 일반직 공무원"으로 한다.

「42」국가보훈위원회규정 일부를 다음과 같이 개정한다.

제11조제6항 중 "국가보훈처 소속 3급 이상인 공무원"을 "국

가보훈처의 3급 공무원 또는 고위공무원단에 속하는 일반직 공무원"으로 한다.

제12조제1항제1호 중 "3급 이상 소속 공무원(이에 상당하는 별정직·계약직 공무원을 포함한다)"을 "3급 공무원(이에 상당하는 별정직·계약직 공무원을 포함한다), 고위공무원단에 속하는 일반직·별정직 또는 계약직 공무원"으로 한다.

「43」국가정보원직원법시행령 일부를 다음과 같이 개정한다.

별표3의 임용예정계급 2급의 일반직 공무원·지방공무원란 "2급"을 "2급 또는 고위공무원단에 속하는 일반직 공무원"으로 하고, 동표의 임용예정계급 3급의 일반직 공무원·지방공무원란 "3급"을 "3급 또는 고위공무원단에 속하는 일반직 공무원"으로 하며, 동표의 비고란에 제3호를 다음과 같이 신설한다.

3. 고위공무원단에 속하는 공무원을 2급 또는 3급으로 특별채용하는 경우에 부여하는 계급은 고위공무원단에 속하는 공무원의 경력 및 당해 공무원이 재직한 직위의 곤란성과 책임도 등을 고려하여 원장이 정한다.

「44」국가지리정보체계의구축및활용등에관한법률시행령 일부를 다음과 같이 개정한다.

제7조 중 "행정자치부에 소속된 2급 또는 3급 공무원"을 "행정자치부의 3급 공무원 또는 고위공무원단에 속하는 일반직 공무원"으로 한다.

제8조제3항 중 "4급 이상 공무원"을 "4급 이상 공무원, 고위공무원단에 속하는 일반직 공무원"으로 한다.

「45」국립과학관추진위원회규정 일부를 다음과 같이 개정한다.

제3조제3항제1호 중 "과학기술부 소속의 3급 이상 공무원"을 "과학기술부의 3급 공무원 또는 고위공무원단에 속하는 일반직 공무원"으로 하고, 동항제2호 중 "3급 이상 공무원"을 "3급 이상 공무원 또는 고위공무원단에 속하는 공무원"으로 한다.

「46」국립묘지의설치및운영에관한법률시행령 일부를 다음과 같이 개정한다.

제8조제1항제1호 중 "소속 2급·3급 일반직 공무원 또는 2급·3급 상당 공무원"을 "소속 3급 일반직 공무원(이에 상당하는 별정직 국가공무원을 포함한다), 고위공무원단에 속하는 일반직 공무원 또는 별정직 공무원"으로 한다.

「47」국무회의규정 일부를 다음과 같이 개정한다.

제9조 중 "3급 이상의 공무원"을 "3급 공무원 또는 고위공무원단에 속하는 일반직 공무원"으로 한다.

「48」국민건강보험법시행령 일부를 다음과 같이 개정한다.

제3조제2호 및 제12조 중 "그 소속 3급 이상 공무원"을 각각 "그 부처의 3급 공무원 또는 고위공무원단에 속하는 일반직 공무원으로 한다.

제17조제2항 "그 소속 4급 이상 공무원"을 "그 부처의 4급 이상 공무원 또는 고위공무원단에 속하는 일반직 공무원"으로 한다.

제29조 중 "그 소속 3급 이상 공무원"을 "보건복지부의 3급 공무원 또는 고위공무원단에 속하는 공무원"으로 한다.

제54조제2항제1호 중 "4급 이상 공무원"을 "4급 이상 공무원

또는 고위공무원단에 속하는 일반직 공무원"으로 한다.

제60조의2제5항제2호 중 "5급 이상 공무원"을 "5급 이상 공무원 또는 고위공무원단에 속하는 일반직 공무원"으로 한다.

「49」국민건강증진법시행령 일부를 다음과 같이 개정한다.

제29조제1호 중 "보건복지부 소속 2급 또는 3급 공무원"을 "보건복지부의 3급 공무원 또는 고위공무원단에 속하는 일반직 공무원"으로 한다.

「50」국민경제자문회의운영에관한규정 일부를 다음과 같이 개정한다.

제3조의5제2항제3호 중 "2급 내지 3급 공무원"을 "3급 공무원 또는 고위공무원단에 속하는 일반직 공무원"으로 한다.

「51」국민연금법시행령 일부를 다음과 같이 개정한다.

제80조제2항제1호 중 "3급 이상의 공무원"을 "3급 이상의 공무원 또는 고위공무원단에 속하는 일반직 공무원"으로 한다.

「52」국민임대주택건설등에관한특별조치법시행령 일부를 다음과 같이 개정한다.

제26조제2항 중 "건설교통부 소속 2급 또는 3급 공무원"을 "건설교통부의 3급 공무원 또는 고위공무원단에 속하는 일반직 공무원"으로 한다.

「53」국방대학교설치법시행령 일부를 다음과 같이 개정한다.

제9조제1항제2호를 다음과 같이 한다.

2. 4급 이상의 공무원 또는 고위공무원단에 속하는 일반직 공무원

제9조제2항제2호를 다음과 같이 한다.

2. 5급 이상의 공무원 또는 고위공무원단에 속하는 일반직 공무원

제9조제3항제2호를 다음과 같이 한다.

2. 6급 이상의 공무원 또는 고위공무원단에 속하는 일반직 공무원

「54」국방투자사업추진위원회규정 일부를 다음과 같이 개정한다.

제3조제2항제2호 중 "국방부 소속 1급 공무원·1급 상당 별정직 공무원"을 "국방부의 고위공무원단에 속하는 일반직 공무원·별정직 공무원"으로, "과학기술부 소속 1급 공무원 또는 1급 상당 별정직 공무원"을 "과학기술부의 고위공무원단에 속하는 일반직 공무원 또는 별정직 공무원"으로 한다.

「55」국세기본법시행령 일부를 다음과 같이 개정한다.

제53조제2항제1호 중 "소속 2급 또는 3급 공무원"을 "국세청의 고위공무원단에 속하는 일반직 공무원"으로 하고, 동조제14항 중 "소속 3급 또는 4급 공무원"을 "국세청의 3급 공무원, 4급 공무원 또는 고위공무원단에 속하는 일반직 공무원"으로 한다.

제54조의2제2항제1호 중 "소속 3급 또는 4급 공무원"을 "그 기관의 3급 공무원, 4급 공무원 또는 고위공무원단에 속하는 일반직 공무원"으로 한다.

제55조의2제1항제1호 중 "4급 이상의 국가공무원"을 "4급 이상의 국가공무원 또는 고위공무원단에 속하는 일반직 공무원"으로 한다.

제55조의3제1항 각호 외의 부분 중 "3급 또는 4급 국가공무원"을 "3급 공무원, 4급 공무원 또는 고위공무원단에 속하는 일반직 공무원"으로 한다.

제63조의9제4항제1호 중 "소속 3급 또는 4급 공무원"을 "그 기관의 3급 공무원, 4급 공무원 또는 고위공무원단에 속하는 일반직 공무원"으로 하고, 동조제5항제1호 중 "소속 2급 또는 3급 공무원"을 "국세청의 고위공무원단에 속하는 일반직 공무원"으로 한다.

제66조제2항제1호 중 "국세청 소속 2급 또는 3급 공무원"을 "국세청의 고위공무원단에 속하는 일반직 공무원"으로 한다.

「56」국유재산법시행령 일부를 다음과 같이 개정한다.

제38조의2제2항 각호 외의 부분 중 "1급 공무원"을 "고위공무원단에 속하는 일반직 공무원"으로 하고, 동항제1호·제1호의2 및 제2호 중 "3급 이상 공무원"을 각각 "3급 공무원 또는 고위공무원단에 속하는 일반직 공무원"으로 한다.

「57」국제회의산업육성에관한법률시행령 일부를 다음과 같이 개정한다.

제4조제2항제1호 중 "1급 공무원"을 "고위공무원단에 속하는 일반직 공무원"으로 한다.

「58」국토기본법시행령 일부를 다음과 같이 개정한다.

제15조제2항 중 "건설교통부 소속 2급 또는 3급 공무원"을 "건설교통부의 3급 공무원 또는 고위공무원단에 속하는 일반직 공무원"으로 한다.

「59」군수품관리법시행령 일부를 다음과 같이 개정한다.

제6조제1항제1호 중 "5급 이상의 공무원"을 "5급 이상 공무원 또는 고위공무원단에 속하는 일반직 공무원"으로 하고, 동항제2호 중 "7급 이상의 공무원"을 "7급 이상의 공무원 또는 고위공무

원단에 속하는 일반직 공무원"으로 한다.

제53조제2항 중 "3급 이상의 공무원"을 "3급 공무원 또는 고위공무원단에 속하는 일반직 공무원"으로 하고, 동조제3항 단서 중 "장관급장교 또는 3급 이상의 공무원"을 "장관급장교·3급 공무원 또는 고위공무원단에 속하는 일반직 공무원"으로 한다.

「60」군인사법시행령 일부를 다음과 같이 개정한다.

제13조의3제2항제2호를 다음과 같이 한다.

2. 국방부의 고위공무원단에 속하는 일반직 공무원 또는 이에 상당하는 공무원

「61」귀속재산소청심의회규정 일부를 다음과 같이 개정한다.

제2조제2항 중 "2급 공무원"을 "고위공무원단에 속하는 일반직 공무원"으로 한다.

「62」근로감독관규정 일부를 다음과 같이 개정한다.

제3조제2항 중 "일반직 3급 내지 7급 공무원"을 "3급 내지 7급 공무원 또는 고위공무원단에 속하는 일반직 공무원"으로 한다.

「63」근로자복지기본법시행령 일부를 다음과 같이 개정한다.

제29조제3항 각호 외의 부분 중 "2급 또는 3급 공무원"을 각각 "3급 공무원 또는 고위공무원단에 속하는 일반직 공무원"으로 한다.

「64」근로자퇴직급여보장법시행령 일부를 다음과 같이 개정한다.

제2조제1항제3호를 다음과 같이 하고, 동조제3항 중 "3급 또는 4급 공무원"을 "3급 공무원, 4급 공무원 또는 고위공무원단에 속하는 일반직 공무원"으로 한다.

3. 재정경제부장관 및 금융 감독위원회가 그 기관의 3급 공무원 또는 고위공무원단에 속하는 일반직 공무원 중에서 추천하는 자 각 1인. 노동부의 퇴직급여업무를 담당하는 3급 공무원 또는 고위공무원단에 속하는 일반직 공무원 1인

「65」기금관리기본법시행령 일부를 다음과 같이 개정한다.

제7조제3항제1호 중 "2급 또는 3급 공무원"을 "2급 또는 3급 공무원(고위공무원단에 속하는 일반직 공무원을 포함한다)"으로 한다.

「66」기르는어업육성법시행령 일부를 다음과 같이 개정한다.

제13조제3항 중 "해양수산부 소속 2급 또는 3급의 공무원"을 "해양수산부의 3급 공무원 또는 고위공무원단에 속하는 일반직 공무원"으로 한다.

「67」기술이전촉진법시행령 일부를 다음과 같이 개정한다.

제16조제1항제4호 중 "5급 이상 공무원"을 "5급 이상 공무원 또는 고위공무원단에 속하는 일반직 공무원"으로 한다.

「68」기업활동규제완화에관한특별조치법시행령 일부를 다음과 같이 개정한다.

제1조의2제3항제1호 중 "중소기업청 소속 1급 또는 1급 상당 공무원"을 "중소기업청의 고위공무원단에 속하는 일반직 공무원 또는 이에 상당하는 공무원"으로 한다.

제26조제2항 각호 외의 부분 중 "기관 소속의 3급 이상 공무원"을 "기관의 3급 공무원 또는 고위공무원단에 속하는 일반직 공무원"으로 한다.

「69」나라문장규정을 다음과 같이 개정한다.

제3조제2호를 다음과 같이 한다.

2. 1급 이상 상당 공무원(고위공무원단에 속하는 공무원을 포함한다)의 임명장

「70」남녀고용평등법시행령 일부를 다음과 같이 개정한다.

제4조의4 중 "여성가족부 소속의 2급 또는 3급 공무원"을 "여성가족부의 3급 공무원 또는 고위공무원단에 속하는 일반직 공무원"으로 한다.

제4조의6제3항 중 "노동부 소속의 4급"을 "노동부의 4급 공무원 또는 고위공무원단에 속하는 일반직 공무원"으로 한다.

「71」남녀평등교육심의회규정 일부를 다음과 같이 개정한다.

제3조제2항제2호 중 "3급 이상 공무원"을 "3급 공무원 또는 고위공무원단에 속하는 일반직 공무원"으로 한다.

「72」남북교류협력에관한법률시행령 일부를 다음과 같이 개정한다.

제6조제3항 중 "소속 1급 내지 3급 국가공무원(1급 내지 3급에 상당하는 특정직·별정직 국가공무원을 포함한다)"을 "그 기관의 1급 내지 3급 국가공무원 또는 고위공무원단에 속하는 일반직 공무원(이에 상당하는 특정직·별정직 국가공무원을 포함한다)"으로 한다.

「73」노인복지법시행령 일부를 다음과 같이 개정한다.

제20조의4제2호 중 "7급 이상 공무원"을 "7급 이상 공무원 또는 고위공무원단에 속하는 일반직 공무원"으로 한다.

「74」농산종묘법시행령 일부를 다음과 같이 개정한다.

제10조제2항 중 "농림부 소속 2급 공무원"을 "농림부의 고위 공무원단에 속하는 일반직 공무원"으로 한다.

「75」농약관리법시행령 일부를 다음과 같이 개정한다.

제13조제2항제1호 중 "농촌진흥청 소속의 2급 또는 3급 공무원"을 "농촌진흥청의 3급 공무원 또는 고위공무원단에 속하는 일반직 공무원"으로 한다.

「76」농어업재해대책법시행령 일부를 다음과 같이 개정한다.

제5조제2항제1호 중 "기상청 소속 2급 또는 3급 공무원"을 "기상청의 3급 공무원 또는 고위공무원단에 속하는 일반직 공무원"으로, "농림부 소속 2급 또는 3급 공무원"을 "농림부의 3급 공무원 또는 고위공무원단에 속하는 일반직 공무원"으로 한다.

제6조제2항제1호 중 "기상청 소속 2급 또는 3급 공무원"을 "기상청의 3급 공무원 또는 고위공무원단에 속하는 일반직 공무원"으로, "해양수산부 소속 2급 또는 3급 공무원"을 "해양수산부의 3급 공무원 또는 고위공무원단에 속하는 일반직 공무원"으로 한다.

「77」농어촌정비법시행령 일부를 다음과 같이 개정한다.

제39조의2제2항 중 "농림부 소속 2급 또는 3급 공무원"을 "농림부의 3급 공무원 또는 고위공무원단에 속하는 일반직 공무원"으로 한다.

「78」농업산·학협동심의회 규정 일부를 다음과 같이 개정한다.

제3조제2항제1호 중 "농촌진흥청 소속의 국장 또는 3급 이상

의 일반직 국가공무원"을 "농촌진흥청의 3급 공무원 또는 고위
공무원단에 속하는 일반직 공무원"으로 한다.

「79」뇌연구촉진법시행령 일부를 다음과 같이 개정한다.

제10조제2항제1호 중 "기획예산처 소속의 3급 이상 공무원(이
에 상당하는 별정직 공무원을 포함한다)"을 "기획예산처의 3급
공무원(이에 상당하는 별정직 공무원을 포함한다), 고위공무원단
에 속하는 일반직 공무원 또는 별정직 공무원"으로 한다.

「80」대외무역법시행령 일부를 다음과 같이 개정한다.

제18조의7제3항 각호 외의 부분 중 "2급 또는 3급 공무원"을
"3급 공무원 또는 고위공무원단에 속하는 일반직 공무원"으로
한다.

「81」대중교통의 육성 및 이용촉진에 관한 법률시행령 일부를
다음과 같이 개정한다.

제24조제2항제4호 중 "3급 이상의 공무원"을 "3급 이상의 공
무원 또는 고위공무원단에 속하는 일반직 공무원"으로 한다.

「82」도로법시행령 일부를 다음과 같이 개정한다.

제10조의3제3항 중 "건설교통부 소속 1급 또는 1급 상당 공무
원"을 "건설교통부의 고위공무원단에 속하는 공무원"으로 하고,
동조제4항제2호 중 "기획예산처 소속 2급 또는 3급 공무원"을
"기획예산처의 3급 공무원 또는 고위공무원단에 속하는 일반직
공무원"으로 한다.

「83」도선법시행령 일부를 다음과 같이 개정한다.

제12조제2항제1호를 다음과 같이 한다.

1. 해양수산부의 4급 이상의 공무원 또는 고위공무원단에 속하는 일반직 공무원 2인

「84」도시교통정비촉진법시행령 일부를 다음과 같이 개정한다.

제36조제3항제1호 중 "2급 또는 3급 공무원"을 "3급 공무원 또는 고위공무원단에 속하는 일반직 공무원"으로 하고, 동항제2호중 "2급 또는 3급의 일반직 또는 이에 상당하는 별정직 국가공무원"을 "3급 일반직 국가공무원(이에 상당하는 별정직 국가공무원을 포함한다), 고위공무원단에 속하는 일반직 공무원 또는 별정직 공무원"으로 하며, 동항제3호 중 "2급 또는 3급의 일반직 국가공무원"을 "3급 공무원 또는 고위공무원단에 속하는 일반직 공무원"으로 한다.

「85」독도의지속가능한이용에관한법률시행령 일부를 다음과 같이 개정한다.

제6조제4항 중 "해양수산부 소속 3급 이상의 공무원"을 "해양수산부의 3급 공무원 또는 고위공무원단에 속하는 일반직 공무원"으로 한다.

「86」독립공채상환에관한특별조치법시행령 일부를 다음과 같이 개정한다.

제4조제2항제2호 중 "3급 또는 4급 공무원"을 "3급 공무원, 4급 공무원 또는 고위공무원단에 속하는 일반직 공무원"으로 하고, 동항제3호중 "3급·4급 공무원"을 "3급 공무원·4급 공무원·고위공무원단에 속하는 일반직 공무원"으로 한다.

「87」독립유공자예우에관한법률시행령 일부를 다음과 같이 개

정한다.

제24조제2항 중 "기획예산처 소속 3급 이상 공무원"을 "기획예산처의 3급 공무원 또는 고위공무원단에 속하는 일반직 공무원"으로, "국가보훈처 소속 3급 이상 공무원"을 "국가보훈처의 3급 공무원 또는 고위공무원단에 속하는 일반직 공무원"으로 한다.

「88」문화산업진흥기본법시행령 일부를 다음과 같이 개정한다.

제41조제3항제1호 중 "기획예산처 소속 3급 이상의 공무원"을 "기획예산처의 3급 공무원 또는 고위공무원단에 속하는 일반직 공무원"으로 한다.

「89」문화재보호법시행령 일부를 다음과 같이 개정한다.

별표 6의 1. 보수기술자, 2. 실측·설계기술자 및 3. 조경기술자 또는 식물보호기술자의 면제대상자란 가목 중 "「공무원임용령」"을 각각 "국가공무원법 제2조의2에 따른 고위공무원단에 속하는 일반직 공무원, 「공무원임용령」"으로 한다.

「90」문화중심도시조성위원회규정 일부를 다음과 같이 개정한다.

제9조제3항제1호 중 "2급 또는 3급 관계공무원"을 "3급 관계공무원 또는 고위공무원단에 속하는 일반직 관계공무원"으로 한다.

「91」물품목록정보의관리및이용에관한법률시행령 일부를 다음과 같이 개정한다.

제13조제2항제1호 중 "조달청 소속 4급 이상 공무원"을 "조달청의 4급 이상 공무원 또는 고위공무원단에 속하는 일반직 공무원"으로 한다.

「92」민·군겸용기술사업촉진법시행령 일부를 다음과 같이 개정한다.

제8조제2항제1호중 "기획예산처 소속의 3급 또는 4급 공무원"을 "기획예산처의 3급 공무원, 4급 공무원 또는 고위공무원단에 속하는 일반직 공무원"으로 한다.

「93」민방위기본법시행령 일부를 다음과 같이 개정한다.

제8조제3항 중 "3급 이상의 공무원"을 "3급 공무원 또는 고위공무원단에 속하는 일반직 공무원"으로 한다.

「94」민주화운동관련자명예회복및보상등에관한법률시행령 일부를 다음과 같이 개정한다.

제6조제2항 중 "행정자치부 소속의 2급 또는 3급 국가공무원"을 "행정자치부의 3급 공무원 또는 고위공무원단에 속하는 일반직 공무원"으로 한다.

제12조의2제2항제2호 가목 중 "5급 이상의 일반직 공무원"을 "5급 이상의 일반직 공무원(고위공무원단에 속하는 일반직 공무원을 포함한다)"으로 하고, "임용예정계급 5급 이상"을 "임용예정계급 5급 이상(고위공무원단에 속하는 일반직 공무원을 포함한다)"으로 하며, 동호 나목 중 "5급 상당 이상의 별정직 공무원"을 "5급 상당 이상의 별정직 공무원(고위공무원단에 속하는 별정직 공무원을 포함한다)"으로 한다.

「95」민주화운동기념사업회법시행령 일부를 다음과 같이 개정한다.

제4조제3항제1호 중 "1급 또는 이에 상당하는 공무원"을 "고위공무원단에 속하는 일반직 공무원 또는 이에 상당하는 공무원"으로 한다.

「96」발명진흥법시행령 일부를 다음과 같이 개정한다.

제9조의5제2항 중 "특허청 소속 2급 또는 3급 공무원"을 "특허청의 3급 공무원 또는 고위공무원단에 속하는 일반직 공무원"으로 한다.

「97」발전소주변지역지원에관한법률시행령 일부를 다음과 같이 개정한다.

제3조제1항 각호 외의 부분 중 "산업자원부 소속 1급 공무원"을 "산업자원부의 고위공무원단에 속하는 일반직 공무원"으로 한다.

「98」법무부감찰위원회규정 일부를 다음과 같이 개정한다. 제2조제2항제1호 중 "3급 이상 법무부·검찰청 소속공무원"을 "법무부, 검찰청의 3급 공무원, 고위공무원단에 속하는 일반직 공무원"으로 한다.

「99」법제업무운영규정 일부를 다음과 같이 개정한다.

제27조의2제4항 중 "중앙행정기관 소속 1급 공무원"을 "중앙행정기관의 고위공무원단에 속하는 일반직 공무원"으로 하고, 동조제5항제3호 중 "공무원"을 "공무원(고위공무원단에 속하는 공무원을 포함한다)"으로 한다.

「100」벤처기업육성에관한특별조치법시행령 일부를 다음과 같이 개정한다.

제18조제1항 중 "1급 공무원"을 "고위공무원단에 속하는 일반직 공무원"으로 한다.

제18조의2제3항제1호 중 "중소기업청 소속 2급 또는 3급 공무

원"을 "중소기업청의 3급 공무원 또는 고위공무원단에 속하는 일반직 공무원"으로 한다.

「101」변리사법시행령 일부를 다음과 같이 개정한다.

제8조제3항제1호 중 "특허청 소속의 2급 또는 3급 공무원"을 "특허청의 3급 공무원 또는 고위공무원단에 속하는 일반직 공무원"으로 한다.

「102」병역법시행령 일부를 다음과 같이 개정한다.

제169조의2제1항 중 "병무청 소속의 2급 또는 3급의 일반직 공무원"을 "병무청의 3급 공무원 또는 고위공무원단에 속하는 일반직 공무원"으로 한다.

「103」보건의료기본법시행령 일부를 다음과 같이 개정한다.

제12조제2항 중 "3급 이상 공무원(이에 상당하는 별정직 공무원 및 계약직 공무원을 포함한다)"을 "3급 공무원(이에 상당하는 별정직 공무원 및 계약직 공무원을 포함한다), 고위공무원단에 속하는 일반직 공무원, 별정직 공무원 및 계약직 공무원"으로 한다.

「104」보건의료기술진흥법시행령 일부를 다음과 같이 개정한다.

제8조제2항제2호를 다음과 같이 한다.

2. 보건복지부의 3급 공무원 또는 고위공무원단에 속하는 일반직 공무원

제12조 중 "보건복지부 소속 3급 내지 4급 공무원"을 "보건복지부의 3급 공무원, 4급 공무원 또는 고위공무원단에 속하는 일반직 공무원"으로 한다.

「105」보조금의예산및관리에관한법률시행령 일부를 다음과 같이 개정한다.

제6조제1항제1호 본문 중 "1급 공무원"을 "1급 공무원 또는 고위공무원단에 속하는 일반직 공무원"으로 하고, 동호 단서 중 "1급 공무원"을 "특별시·광역시 및 도의 경우 1급 공무원"으로 하며, 동항제3호 중 "3급 이상의 공무원"을 "3급 공무원 또는 고위공무원단에 속하는 일반직 공무원"으로 한다.

「106」보호관찰등에관한법률시행령 일부를 다음과 같이 개정한다.

제3조제1항 각호 외의 부분 중 "2급 또는 3급 상당 상임위원"은 "3급 상당 별정직 공무원 또는 고위공무원단에 속하는 별정직 공무원인 상임위원"으로 하고, 동항제4호 중 "3년 이상"을 "3년 이상(해당분야에서 고위공무원단에 속하는 일반직 공무원으로 근무한 경력을 포함한다)"으로 한다.

「107」복권및복권기금법시행령 일부를 다음과 같이 개정한다.

제11조 각호 외의 부분 중 "1급 공무원"을 "고위공무원단에 속하는 일반직 공무원"으로 한다.

「108」부담금관리기본법시행령 일부를 다음과 같이 개정한다.

제6조제1항을 다음과 같이 한다.

① 법 제9조제3항제2호에서 "재정경제부, 행정자치부, 기획예산처, 국무조정실 그 밖에 부담금의 소관 중앙행정기관의 고위공무원단에 속하는 일반직 공무원 중에서 대통령령으로 정하는 자"라 함은 재정경제부, 행정자치부, 기획예산처 및 국무조정실과 위원회에 안건으로 회부된 부담금의 소관 중앙행정기관의 고위공

무원단에 속하는 일반직 공무원 중에서 해당 기관의 장이 지명하는 자를 말한다.

「109」부패방지법시행령 일부를 다음과 같이 개정한다.

제6조제3호 중 "3급 이상 공무원"을 "3급 이상 공무원 또는 고위공무원단에 속하는 일반직 공무원"으로 한다.

「110」북한이탈주민의보호및정착지원에관한법률시행령 일부를 다음과 같이 개정한다.

제2조 중 "국군기무사령부 소속 1급 내지 2급 공무원"을 "국군기무사령부의 고위공무원단에 속하는 일반직 공무원"으로 한다.

제48조제1호 중 "5급 이상 공무원"을 "5급 이상 공무원·고위공무원단에 속하는 일반직 공무원"으로 한다.

「111」비영리민간단체 지원법시행령 일부를 다음과 같이 개정한다.

제6조제3항제3호 중 "공무원"을 "공무원 또는 고위공무원단에 속하는 일반직 공무원"으로 한다.

「112」사립학교교직원연금법시행령 일부를 다음과 같이 개정한다.

제21조제2항 중 "5급 이상 공무원"을 "5급 이상 공무원(고위공무원단에 속하는 일반직 공무원을 포함한다)"으로 한다.

제76조제2항 중 "5급 이상공무원"을 "5급 이상 공무원(고위공무원단에 속하는 일반직 공무원을 포함한다)"으로 한다.

제87조의3제2항제1호 중 "4급 이상 공무원 중"을 "4급 이상 공무원 중(고위공무원단에 속하는 일반직 공무원을 포함한다)"

으로 한다.

「113」사무관리규정 일부를 다음과 같이 개정한다.

제34조의2제1항제1호 중 "직급"을 "직급 또는 직위"로 한다.

「114」사설철도주식회사주식소유자에대한보상에관한법률시행령 일부를 다음과 같이 개정한다.

제3조제1항제1호 중 "건설교통부소속 3급·4급"을 "건설교통부의 3급 공무원·4급 공무원·고위공무원단에 속하는 일반직 공무원"으로 하고, "법제처의 3급·4급"을 "법제처의 3급 공무원·4급 공무원·고위공무원단에 속하는 일반직 공무원"으로 한다.

「115」사회간접자본건설추진위원회규정 일부를 다음과 같이 개정한다.

제8조제4항제1호 중 "2급 또는 3급 공무원(2급 상당 또는 3급 상당 별정직 공무원을 포함한다)"을 "3급 공무원(이에 상당하는 별정직 공무원을 포함한다), 고위공무원단에 속하는 일반직 공무원 또는 별정직 공무원

제9조의3제2항 중 "건설교통부소속 2급 또는 3급 공무원"을 "건설교통부의 3급 공무원 또는 고위공무원단에 속하는 일반직 공무원"으로 한다.

「116」사회기반시설에대한민간투자법시행령 일부를 다음과 같이 개정한다.

제3조제3항 중 "기획예산처 소속 3급 이상 공무원"을 "기획예산처의 3급 공무원 또는 고위공무원단에 속하는 일반직 공무원"으로 한다.

「117」사회보장기본법시행령 일부를 다음과 같이 개정한다.

제5조제2항 중 "3급 이상 공무원"을 "3급 공무원 또는 고위공무원단에 속하는 일반직 공무원"으로 한다.

제8조제2항 중 "4급 이상 공무원"을 "4급 이상 공무원 또는 고위공무원단에 속하는 일반직 공무원"으로 한다.

「118」산림기본법시행령 일부를 다음과 같이 개정한다.

제7조제4항제1호 중 "산림청 소속 3급 이상 공무원"을 "산림청의 3급 공무원 또는 고위공무원단에 속하는 일반직 공무원"으로 한다.

「119」산림법시행령 일부를 다음과 같이 개정한다.

제15조의2제1항제1호 다목 중 "5년 이상"을 "5년 이상(해당분야에서 고위공무원단에 속하는 일반직 공무원으로 근무한 경력을 포함한다)"으로 하고, 동항제2호 다목 중 "3년 이상"을 "3년 이상(해당분야에서 고위공무원단에 속하는 일반직 공무원으로 근무한 경력을 포함한다)"으로 한다.

제100조제3항 각호 외의 부분 중 "2급 또는 3급 공무원"을 "3급 공무원 또는 고위공무원단에 속하는 일반직 공무원"으로 한다.

「120」산업안전보건법시행령 일부를 다음과 같이 개정한다.

제4조제2항 각호 외의 부분 중 "2급 또는 3급 공무원"을 "3급 공무원 또는 고위공무원단에 속하는 일반직 공무원"으로 한다.

제7조제1항 중 "노동부 소속 4급 이상 공무원"을 "노동부의 4급 이상 공무원 또는 고위공무원단에 속하는 일반직 공무원"으로 한다.

「121」산업입지및개발에관한법률시행령 일부를 다음과 같이 개정한다.

제2조의3제3항 중 "중소기업청소속의 2급 또는 3급 공무원"을 "중소기업청의 3급 공무원 또는 고위공무원단에 속하는 일반직 공무원"으로 한다.

「122」산업재해보상보험법시행령 일부를 다음과 같이 개정한다.

제5조제3호 나목·제6조제1항 단서·제17조제1항제1호 및 제2호 중 "2급 또는 3급 공무원"을 각각 "3급 공무원 또는 고위공무원단에 속하는 일반직 공무원"으로 한다.

「123」산업집적활성화및공장설립에관한법률시행령 일부를 다음과 같이 개정한다.

제7조의5제3항 중 "2급 또는 3급 공무원"을 "3급 공무원 또는 고위공무원단에 속하는 일반직 공무원"으로 한다.

「124」상속세및증여세법시행령 일부를 다음과 같이 개정한다.

제56조의2제3항 중 "소속 3급 또는 4급 공무원"을 "국세청의 3급 공무원, 4급 공무원 또는 고위공무원단에 속하는 일반직 공무원"으로 하고, 동조제8항제2호 중 "소속 3급 또는 4급 공무원"을 "그 기관의 3급 공무원, 4급 공무원 또는 고위공무원단에 속하는 일반직 공무원"으로 한다.

「125」삼청교육피해자의명예회복및보상에관한법률시행령 일부를 다음과 같이 개정한다.

제5조제2항 중 "국방부 소속의 3급 또는 4급 국가공무원"을 "국방부의 3급·4급 국가공무원 또는 고위공무원단에 속하는 일반직 공무원"으로 한다.

제6조제2항 중 "3급 또는 4급 일반직 국가공무원"을 "3급·4급 일반직 국가공무원 또는 고위공무원단에 속하는 일반직 공무원"으로 한다.

「126」생명윤리및안전에관한법률시행령 일부를 다음과 같이 개정한다.

제4조제2항제1호 중 "법제처 소속 4급 이상 공무원"을 "법제처의 4급 이상 공무원 또는 고위공무원단에 속하는 일반직 공무원"으로 한다.

「127」석탄산업법시행령 일부를 다음과 같이 개정한다.

제35조제2항제1호 중 "2급 또는 3급인 공무원"을 "2급 또는 3급인 공무원 또는 고위공무원단에 속하는 일반직 공무원"으로 한다.

「128」선원근로감독관규정 일부를 다음과 같이 개정한다.

제2조제1호 중 "5급 이상의 공무원"을 "5급 이상의 공무원 또는 고위공무원단에 속하는 일반직 공무원"으로 한다.

「129」선원노동위원회규정 일부를 다음과 같이 개정한다.

제4조의3제3호 중 "4급 이상의 국가공무원"을 "4급 이상의 국가공무원 또는 고위공무원단에 속하는 일반직 공무원"으로 한다.

「130」세무사법시행령 일부를 다음과 같이 개정한다.

제1조의2제2항제1호 및 제2호 중 "2급 또는 3급 공무원"을 각각 "3급 공무원 또는 고위공무원단에 속하는 일반직 공무원"으로 한다.

제16조제2항 중 "1급 또는 1급 상당 별정직 공무원"을 "고위공무원단에 속하는 일반직 공무원 또는 별정직 공무원"으로. "2급 또는 3급 공무원"을 "3급 공무원 또는 고위공무원단에 속하

는 일반직 공무원"으로 하고, 동조제3항제1호 내지 제3호 중 "2급 또는 3급 공무원"을 각각 "3급 공무원 또는 고위공무원단에 속하는 일반직 공무원"으로 한다.

「131」소득세법시행령 일부를 다음과 같이 개정한다.

제168조의4제2항 중 "1급 공무원"을 "고위공무원단에 속하는 일반직 공무원"으로 한다.

「132」소방공무원교육훈련규정 일부를 다음과 같이 개정한다.

제2조제4항제2호 중 "소방방재청 소속 5급 이상의 공무원"을 "소방방재청의 5급 이상 공무원 또는 고위공무원단에 속하는 일반직 공무원"으로 한다.

제18조제3항제1호를 다음과 같이 한다.

1. 7급 이상의 일반직 공무원 또는 고위공무원단에 속하는 일반직 공무원

제18조제4항제4호 중 "5급 이상의 일반직 공무원"을 "5급 이상의 일반직 공무원, 고위공무원단에 속하는 일반직 공무원"으로 한다.

1. 7급 이상의 일반직 공무원 또는 고위공무원단에 속하는 일반직 공무원

「133」소방공무원승진임용규정 일부를 다음과 같이 개정한다.

제18조제3항제1호 중 "소방방재청 소속 6급 이상의 일반직 공무원"을 "소방방재청의 6급 이상 일반직 공무원 또는 고위공무원단에 속하는 일반직 공무원"으로 하고, 동항제2호 단서 중 "일반직 공무원"을 "일반직 공무원(고위공무원단에 속하는 일반직

공무원을 포함한다)"으로 한다.

「134」소방공무원징계령 일부를 다음과 같이 개정한다.

제4조제2항 단서 중 "국가공무원"을 "국가공무원(고위공무원단에 속하는 일반직 공무원을 포함한다)"으로 한다.

「135」소프트웨어산업진흥법시행령 일부를 다음과 같이 개정한다.

제30조 중 "법제처 소속 2급 또는 3급 공무원"을 "법제처의 3급 공무원 또는 고위공무원단에 속하는 일반직 공무원"으로 한다.

「136」수도권대기환경개선에관한특별법시행령 일부를 다음과 같이 개정한다.

제12조제2항제1호 중 "3급 이상의 공무원"을 "3급 이상의 공무원 또는 고위공무원단에 속하는 일반직 공무원"으로 한다.

「137」수도권매립지관리공사의설립및운영등에관한법률시행령 일부를 다음과 같이 개정한다.

제17조제1항제1호 중 "해당 기관 소속 2급 내지 4급 일반직 공무원"을 "해당 기관의 2급 내지 4급 일반직 공무원 또는 고위공무원단에 속하는 일반직 공무원"으로 한다.

「138」수도권정비계획법시행령 일부를 다음과 같이 개정한다.

제31조제2항 중 "2급 또는 3급 공무원"을 "2급 공무원·3급 공무원 또는 고위공무원단에 속하는 일반직 공무원"으로, "3급 또는 4급 공무원"을 "3급 공무원, 4급 공무원 또는 고위공무원단에 속하는 일반직 공무원"으로 한다.

「139」수도시설관리권및하수종말처리장시설관리권등록령 일부를 다음과 같이 개정한다.

제8조 중 "3급 공무원"을 "3급 공무원 또는 고위공무원단에 속하는 일반직 공무원"으로 한다.

「140」수로업무법시행령 일부를 다음과 같이 개정한다.

제6조제2항 중 "4급 이상 공무원"을 "4급 이상 공무원 또는 고위공무원단에 속하는 일반직 공무원"으로 한다.

「141」수산업법시행령 일부를 다음과 같이 개정한다.

제68조제2항 각호 외의 부분 중 "해양수산부 소속 2급 또는 3급 공무원"을 "해양수산부의 3급 공무원 또는 고위공무원단에 속하는 일반직 공무원"으로 하고, 동조제3항 각호 외의 부분 중 "시·도 소속 3급 또는 4급 공무원"을 "시·도의 3급 공무원, 4급 공무원 또는 고위공무원단에 속하는 일반직 공무원"으로 한다.

제68조의2제3항 각호 외의 부분 중 "2급 또는 3급 공무원"을 "3급 공무원 또는 고위공무원단에 속하는 일반직 공무원"으로 하고, "3급 또는 4급 공무원"을 "3급 공무원, 4급 공무원 또는 고위공무원단에 속하는 일반직 공무원"으로 한다.

「142」수의사법시행령 일부를 다음과 같이 개정한다.

제4조제2항 및 제11조제2항 후단 중 "2급 또는 3급의 공무원"을 "3급 공무원 또는 고위공무원단에 속하는 일반직 공무원"으로 한다.

「143」수출보험법시행령 일부를 다음과 같이 개정한다.

제15조제2항제1호 중 "소속 1급 공무원"을 "그 부처의 고위공무원단에 속하는 일반직 공무원"으로 한다.

「144」승강기제도및관리에관한법률시행령 일부를 다음과 같이 개정한다.

제14조의5제2항 각호 외의 부분 중 "산업자원부 소속 2급 또는 3급 공무원"을 "산업자원부의 3급 공무원 또는 고위공무원단에 속하는 일반직 공무원"으로 하고, 동항제3호중 "4급 이상 공무원"을 "4급 이상 공무원 또는 고위공무원단에 속하는 일반직 공무원"으로 한다.

「145」시설물의안전관리에관한특별법시행령 일부를 다음과 같이 개정한다.

제28조제5항제1호 중 "4급 이상 공무원"을 "4급 이상 공무원 또는 고위공무원단에 속하는 일반직 공무원"으로 한다.

「146」신에너지및재생에너지개발·이용·보급촉진법시행령 일부를 다음과 같이 개정한다.

제4조제2항 각호 외의 부분 중 "1급 공무원"을 "고위공무원단에 속하는 일반직 공무원"으로 하고, 동항제1호 중 "기획예산처 소속 2급 공무원 또는 3급 공무원"을 "기획예산처의 3급 공무원 또는 고위공무원단에 속하는 일반직 공무원"으로 한다.

「147」신항만건설촉진법시행령 일부를 다음과 같이 개정한다.

제12조제3항제1호 중 "4급 이상공무원"을 "4급 이상 공무원 또는 고위공무원단에 속하는 일반직 공무원"으로 한다.

「148」쌀소득등의보전에관한법률시행령 일부를 다음과 같이 개정한다.

제13조제2항 중 "농림부 소속 3급 공무원"을 "농림부의 3급 공무원 또는 고위공무원단에 속하는 일반직 공무원"으로 한다.

270

「149」어선원및어선재해보상보험법시행령 일부를 다음과 같이 개정한다.

제5조제2항제2호 내지 제4호 중 "2급 또는 3급 공무원"을 각각 "3급 공무원 또는 고위공무원단에 속하는 일반직 공무원"으로 한다.

「150」어업협정체결에따른어업인등의지원및수산업발전특별법시행령 일부를 다음과 같이 개정한다.

제6조제3항제1호 중 "해양수산부 소속 2급 또는 3급 공무원"을 "해양수산부의 3급 공무원 또는 고위공무원단에 속하는 일반직 공무원"으로 하고, 동항제8호 중 "공무원"을 "공무원(고위공무원단에 속하는 일반직 공무원을 포함한다)"으로 한다.

「151」여성과학기술인육성및지원에관한법률시행령 일부를 다음과 같이 개정한다.

제6조제2항 중 "국무조정실 소속의 1급 공무원"을 "국무조정실의 고위공무원단에 속하는 일반직 공무원"으로 한다.

「152」여성기업지원에관한법률시행령 일부를 다음과 같이 개정한다.

제4조제3항제1호 중 "조달청 소속의 1급 또는 1급 상당 공무원"을 "조달청의 고위공무원단에 속하는 일반직 공무원 또는 이에 상당하는 공무원"으로 한다.

「153」연안관리법시행령 일부를 다음과 같이 개정한다.

제11조제2항 중 "3급 이상 공무원"을 "3급 공무원 또는 고위공무원단에 속하는 일반직 공무원"으로 한다.

「154」영상진흥기본법시행령 일부를 다음과 같이 개정한다.

제5조제2항 중 "중앙행정기관(이하 이 항에서 "관계기관"이라 한다)소속의 2급 또는 3급 공무원"을 "중앙행정기관(이하 이 항에서 "관계기관"이라 한다)의 3급 공무원 또는 고위공무원단에 속하는 일반직 공무원"으로 한다.

「155」영재교육진흥법시행령 일부를 다음과 같이 개정한다.

제3조제3항제1호 중 "3급 이상"을 "3급 공무원, 고위공무원단에 속하는 일반직 공무원"으로 한다.

「156」오존층보호를위한특정물질의제조규제등에관한법률시행령 일부를 다음과 같이 개정한다.

제14조제2항 각호 외의 부분 중 "2급 또는 3급의 일반직 국가공무원"을 "3급의 일반직 국가공무원 또는 고위공무원단에 속하는 일반직 공무원"으로 하며, 동항제1호 중 "4급 이상 국가공무원"을 "4급 이상 국가공무원 또는 고위공무원단에 속하는 일반직 공무원"으로 한다.

「157」외국인근로자의고용등에관한법률시행령 일부를 다음과 같이 개정한다.

제6조제3항 중 "2급 또는 3급 공무원"을 "3급 공무원 또는 고위공무원단에 속하는 일반직 공무원"으로 한다.

제7조제3항제4호 중 "2급 또는 3급 공무원"을 "3급 공무원 또는 고위공무원단에 속하는 일반직 공무원"으로 한다.

「158」외국인투자촉진법시행령 일부를 다음과 같이 개정한다.

제35조제1항제1호 중 "1급 공무원"을 "고위공무원단에 속하는 일반직 공무원"으로 한다.

「159」원자력법시행령 일부를 다음과 같이 개정한다.

제20조의15제3항제1호 중 "기획예산처 소속 2급 또는 3급 공무원"을 "기획예산처의 3급 공무원 또는 고위공무원단에 속하는 일반직 공무원"으로 한다.

「160」원자력시설등의방호및방사능방재대책법시행령 일부를 다음과 같이 개정한다.

제11조제2항제1호 중 "2급 또는 3급 공무원"을 "3급 공무원 또는 고위공무원단에 속하는 일반직 공무원"으로 한다.

「161」응급의료에관한법률시행령 일부를 다음과 같이 개정한다.

제6조제3항제2호 및 제3호 중 "3급 이상 공무원"을 각각 "3급 공무원 또는 고위공무원단에 속하는 일반직 공무원"으로 한다.

「162」의료기기법시행령 일부를 다음과 같이 개정한다.

제2조제3항제1호 중 "4급 이상의 공무원"을 "4급 이상의 공무원 또는 고위공무원단에 속하는 일반직 공무원"으로 한다.

「163」의사상자예우에관한법률시행령 일부를 다음과 같이 개정한다.

제3조제3항 각호 외의 부분 중 "기획예산처 소속 2급·3급"을 "기획예산처의 3급 공무원, 고위공무원단에 속하는 일반직 공무원"으로 한다.

「164」의약품물류협동조합의구성및운영등에관한규정 일부를 다음과 같이 개정한다.

제33조제3항제1호 중 "5급 이상 공무원"을 "5급 이상 공무원 또는 고위공무원단에 속하는 일반직 공무원"으로 한다.

「165」이러닝(전자학습)산업발전법시행령 일부를 다음과 같이 개정한다.

제7조제1항제1호 중 "기획예산처 소속의 3급 이상의 공무원(이에 상당하는 별정직 공무원을 포함한다)"을 "기획예산처의 3급 공무원(이에 상당하는 별정직 공무원을 포함한다), 고위공무원단에 속하는 일반직 공무원 또는 별정직 공무원"으로 한다.

「166」인적자원개발기본법시행령 일부를 다음과 같이 개정한다.

제7조제1항 중 "1급 내지 3급의 국가공무원"을 "3급 국가공무원 또는 고위공무원단에 속하는 일반직 공무원"으로 한다.

제12조제1항제1호 중 "1급 내지 3급의 국가공무원"을 "3급 국가공무원 또는 고위공무원단에 속하는 일반직 공무원"으로 하고, 동항2호 중 "2급 내지 4급 공무원"을 "2급 내지 4급 공무원 또는 고위공무원단에 속하는 일반직 공무원"으로 한다.

「167」인체조직안전및관리등에관한법률시행령 일부를 다음과 같이 개정한다.

제2조제3항제1호 중 "보건복지부 소속의 3급 이상 공무원"을 "보건복지부의 3급 공무원 또는 고위공무원단에 속하는 일반직 공무원"으로 한다.

「168」일제하일본군위안부피해자에대한생활안정지원및기념사업등에관한법률시행령 일부를 다음과 같이 개정한다.

제8조제2항 중 "2급 또는 3급의 일반직 국가공무원"을 "3급 일반직 국가공무원 또는 고위공무원단에 속하는 일반직 공무원"으로 한다.

274

「169」임금채권보장법시행령 일부를 다음과 같이 개정한다.

제3조제1항제3호 가목 중 "2급 또는 3급 공무원"을 "3급 공무원 또는 고위공무원단에 속하는 일반직 공무원"으로 하고, 동호 나목 중 "3급 또는 4급 공무원"을 "3급 공무원, 4급 공무원 또는 고위공무원단에 속하는 일반직 공무원"으로 하며, 동조제2항 후단을 다음과 같이 한다.

이 경우 동법시행령 제6조제1항 단서 중 "노동부차관"은 "임금채권보장업무를 담당하는 3급 공무원 또는 고위공무원단에 속하는 일반직 공무원"으로, "산업재해보상보험업무를 담당하는 3급 공무원 또는 고위공무원단에 속하는 일반직 공무원"은 "임금채권보장업무를 담당하는 3급 공무원, 4급 공무원 또는 고위공무원단에 속하는 일반직 공무원"으로, 동법시행령 제7조제2항 중 "노동부차관"은 "임금채권보장업무를 담당하는 3급 공무원 또는 고위공무원단에 속하는 일반직 공무원"으로, 제11조 중 "노동부차관"은 "임금채권보장업무를 담당하는 3급 공무원 또는 고위공무원단에 속하는 일반직 공무원"으로, "위원과 전문위원"은 "위원"으로 본다.

「170」자연공원법시행령 일부를 다음과 같이 개정한다.

제5조제3항제1호 중 "3급 이상의 국장급 공무원"을 "고위공무원단에 속하는 공무원"으로 하고, 동조제9항 중 "환경부소속 4급 이상 공무원"을 "환경부의 4급 이상 공무원 또는 고위공무원단에 속하는 일반직 공무원"으로 한다.

「171」자연재해대책법시행령 일부를 다음과 같이 개정한다.

제34조제1항 중 "소방방재청 소속의 5급 이상 공무원"을 "소방방재청의 5급 이상 공무원 또는 고위공무원단에 속하는 일반직 공무원"으로 한다.

「172」자연환경보전법시행령 일부를 다음과 같이 개정한다.

제29조제2항 중 "2급 또는 3급 공무원"을 "고위공무원단에 속하는 일반직 공무원"으로 한다.

「173」자유무역협정체결에따른농어업인등의지원에관한특별법시행령 일부를 다음과 같이 개정한다.

제17조제3항제1호 중 "그 소속 2급 또는 3급 공무원"을 "그 기관의 3급 공무원 또는 고위공무원단에 속하는 일반직 공무원"으로 한다.

「174」장애인고용촉진및직업재활법시행령 일부를 다음과 같이 개정한다.

제6조제2항 각호 외의 부분 전단 중 "3급 이상의 공무원(이에 상당하는 별정직 또는 계약직 공무원을 포함한다)"을 "3급 공무원(이에 상당하는 별정직 또는 계약직 공무원을 포함한다) 또는 고위공무원단에 속하는 공무원"으로 하고, 동조제4항 중 "4급 이상 공무원"을 "4급 이상 공무원 또는 고위공무원단에 속하는 일반직 공무원으로 한다.

제42조제1항 중 "3급 이상 공무원(이에 상당하는 별정직 또는 계약직 공무원을 포함한다)"을 "3급 공무원(이에 상당하는 별정직 또는 계약직 공무원을 포함한다) 또는 고위공무원단에 속하는 공무원"으로 한다.

「175」장애인기업활동촉진법시행령 일부를 다음과 같이 개정한다.

제4조제3항제1호 중 "2급 또는 3급 공무원"을 "3급 공무원 또는 고위공무원단에 속하는 일반직 공무원"으로 한다.

「176」장애인·노인·임산부등의편의증진보장에관한법률시행령 일부를 다음과 같이 개정한다.

제6조의2제3항제1호 중 "국가보훈처 소속의 2급 또는 3급 공무원"을 "국가보훈처의 3급 공무원 또는 고위공무원단에 속하는 일반직 공무원"으로 한다.

「177」재난및안전관리기본법시행령 일부를 다음과 같이 개정한다.

제9조제1항제1호 중 "1급 공무원 또는 1급 상당의 공무원"을 "고위공무원단에 속하는 일반직 공무원 또는 이에 상당하는 공무원"으로 한다.

제10조제3항 중 "외교통상부"를 "고위공무원단에 속하는 공무원을 포함하며, 외교통상부"로, "3급 이상 또는"을 "3급 공무원, 고위공무원단에 속하는 일반직 공무원 또는"으로 한다.

제16조 각호 외의 부분 중 "기관에 소속한 3급 이상 공무원"을 "기관의 3급 공무원 또는 고위공무원단에 속하는 일반직 공무원"으로, "3급 이상 또는"을 "3급 공무원, 고위공무원단에 속하는 일반직 공무원 또는"으로 한다.

「178」재래시장육성을위한특별법시행령 일부를 다음과 같이 개정한다.

제15조제2항 중 "시·도에 소속하는 3급 이상 공무원"을 "시·도의 3급 이상 공무원 또는 고위공무원단에 속하는 일반직 공무원"으로 하고, 동조제3항제1호 중 "시·도에 소속하는 4급 이상 공무원"을 "시·도의 4급 이상 공무원 또는 고위공무원단에 속하는 일반직 공무원"으로 한다.

「179」재정투융자특별회계법시행령 일부를 다음과 같이 개정한다.

제13조제2항제1호 중 "기획예산처 소속의 1급 공무원(1급 상당의 별정직 공무원을 포함한다)"을 "기획예산처의 고위공무원단에 속하는 일반직 공무원 또는 별정직 공무원"으로 한다.

「180」저출산·고령사회기본법시행령 일부를 다음과 같이 개정한다.

제8조제3항제1호 및 제3호 중 "1급 공무원"을 각각 "고위공무원단에 속하는 일반직 공무원"으로 하고, 동조제4항 중 "저출산·고령사회정책 추진기구 소속의 2급 또는 3급 공무원"을 "저출산·고령사회정책 추진기구의 3급 공무원 또는 고위공무원단에 속하는 일반직 공무원"으로 한다.

「181」전기사업법시행령 일부를 다음과 같이 개정한다.

제28조제2항제1호 중 "관계중앙행정기관 소속의 2급 또는 3급 공무원"을 "관계중앙행정기관의 3급 공무원 또는 고위공무원단에 속하는 일반직 공무원"으로 한다.

「182」전기통신기본법시행령 일부를 다음과 같이 개정한다.

제31조의2제2항제1호 중 "공무원"을 "공무원(고위공무원단에 속하는 공무원을 포함한다)"으로 한다.

「183」전염병예방법시행령 일부를 다음과 같이 개정한다.

제3조의3제3항제3호 가목 및 제3조의12제3항제3호 가목 중 "2급 또는 3급 공무원"을 각각 "2급 또는 3급 공무원(고위공무원단에 속하는 일반직 공무원을 포함한다)"으로 한다.

「184」전원개발촉진법시행령 일부를 다음과 같이 개정한다.

제5조 중 "산림청소속의 2급 또는 3급 공무원"을 "산림청의 3급 공무원 또는 고위공무원단에 속하는 일반직 공무원"으로 한다.

「185」전자정부구현을위한행정업무등의전자화촉진에관한법률시행령 일부를 다음과 같이 개정한다.

제51조제2항 중 "3급 이상의 공무원"을 "3급 이상의 공무원 또는 고위공무원단에 속하는 일반직 공무원"으로 한다.

「186」정보격차해소에 관한 법률시행령 일부를 다음과 같이 개정한다.

제4조제3항 중 "1급 또는 2급 공무원"을 "고위공무원단에 속하는 일반직 공무원"으로 한다.

「187」정보통신기반보호법시행령 일부를 다음과 같이 개정한다.

제5조제5항 본문 중 "1급 또는 1급 상당 공무원"을 "고위공무원단에 속하는 공무원"으로 하고, 동항 단서 중 "정보통신부와 국가정보원의 정보통신기반보호업무를 관장하는 1급 또는 1급 상당 공무원"을 "정보통신부와 국가정보원의 정보통신기반보호업무를 관장하는 1급 또는 1급 상당 공무원(고위공무원단에 속하는 공무원을 포함한다)"으로 한다.

「188」정보화촉진기본법시행령 일부를 다음과 같이 개정한다.

제6조제3항 중 "1급 공무원"을 "고위공무원단에 속하는 일반직 공무원"으로 한다.

「189」정부산하기관관리기본법시행령 일부를 다음과 같이 개정한다.

제8조제6항 중 "기획예산처 소속 2급 또는 3급 공무원"을 "기획예산처의 3급 공무원 또는 고위공무원단에 속하는 일반직 공무원"으로 한다.

「190」정부업무평가기본법시행령 일부를 다음과 같이 개정한다.

제23조제1항 중 "1급 또는 1급 상당 공무원"을 "고위공무원단에 속하는 일반직 공무원 또는 이에 상당하는 공무원"으로 한다.

「191」정부출연연구기관등의설립·운영및육성에관한법률시행령 일부를 다음과 같이 개정한다.

제6조제4항 및 제15조제3항 중 "1급 또는 1급 상당 공무원"을 각각 "고위공무원단에 속하는 일반직 공무원 또는 이에 상당하는 공무원"으로 한다.

「192」정부투자기관관리기본법시행령 일부를 다음과 같이 개정한다.

제6조제2항 중 "정부개혁실소속 2급 또는 3급 공무원"을 "공공혁신본부의 3급 공무원 또는 고위공무원단에 속하는 일반직 공무원"으로 한다.

「193」정부표창규정 일부를 다음과 같이 개정한다.

제12조제2항 "1급 공무원"을 "고위공무원단에 속하는 일반직 공무원"으로 한다.

280

「194」제주4 · 3사건진상규명및희생자명예회복에관한특별법시행령 일부를 다음과 같이 개정한다.

제6조제2항 중 "행정자치부 소속의 2급 또는 3급 국가공무원"을 "행정자치부의 3급 공무원 또는 고위공무원단에 속하는 일반직 공무원"으로 한다.

「195」종자산업법시행령 일부를 다음과 같이 개정한다.

제38조제1항제1호 및 제2호 중 "국가공무원"을 각각 "국가공무원 또는 고위공무원단에 속하는 일반직 공무원"으로 한다.

제66조제1항제1호 중 "3급 이상의 공무원"을 "3급 이상의 공무원 또는 고위공무원단에 속하는 일반직 공무원"으로 한다.

「196」중소기업진흥및제품구매촉진에관한법률시행령 일부를 다음과 같이 개정한다.

제14조의2제2항제1호 및 제62조제1항제1호 중 "2 · 3급의 공무원"을 각각 "3급 공무원 또는 고위공무원단에 속하는 일반직 공무원"으로 한다.

「197」중소기업협동조합법시행령 일부를 다음과 같이 개정한다.

제11조의2제1호 중 "5급 이상 공무원"을 "5급 이상 공무원 또는 고위공무원단에 속하는 일반직 공무원"으로 한다.

제18조의4제1항제1호 중 "중소기업청 소속의 2급 또는 3급 공무원"을 "중소기업청의 3급 공무원 또는 고위공무원단에 속하는 일반직 공무원"으로 한다.

「198」중 · 저준위방사성폐기물처분시설의유치지역지원에관한특별법시행령 일부를 다음과 같이 개정한다.

제7조제2항제1호 중 "2급 또는 3급 상당의 국장급 공무원"을 "고위공무원단에 속하는 공무원 또는 이에 상당하는 공무원"으로 한다.

「199」지방공기업법시행령 일부를 다음과 같이 개정한다.

제56조의2제3항제3호 중 "4급 이상 공무원"을 "4급 이상 공무원 또는 고위공무원단에 속하는 일반직 공무원"으로 한다.

제68조의2제2항제4호 중 "3급 이상의 공무원"을 "3급 이상의 공무원 또는 고위공무원단에 속하는 일반직 공무원"으로 한다.

제72조제3항제4호 중 "3급 이상의 공무원"을 "3급 이상의 공무원 또는 고위공무원단에 속하는 일반직 공무원"으로 한다.

「200」지방의료원의설립및운영에관한법률시행령 일부를 다음과 같이 개정한다.

제13조제3항제5호 중 "4급 이상의 공무원"을 "4급 이상의 공무원 또는 고위공무원단에 속하는 일반직 공무원"으로 한다.

「201」지방자치단체의개방형직위의운영등에관한규정 일부를 다음과 같이 개정한다.

제8조제1항 단서 중 "(법 제27조제2항제7호의 규정에 국가공무원을 당해 직급에 해당하는 지방공무원으로 임용하는 경우에 한한다)"를 "[법 제27조제2항제7호에 따라 국가공무원을 당해 직급(고위공무원단에 속하는 공무원의 경우 당해 직위와 곤란성 및 책임도가 유사한 직위)에 해당하는 지방공무원으로 임용하는 경우에 한한다]"로 한다.

「202」지역특화발전특구에대한규제특례법시행령 일부를 다음과 같이 개정한다.

제25조제4항 및 제5항 중 "3급 이상 공무원"을 각각 "3급 공무원 또는 고위공무원단에 속하는 일반직 공무원"으로 한다.

「203」직무대리규정 일부를 다음과 같이 개정한다.

제5조 중 "동일계급의 직원 중에서"를 "동일계급의 직원(고위공무원단 직위의 경우에는 고위공무원단에 속하는 공무원) 중에서"로 한다.

「204」직업교육훈련촉진법시행령 일부를 다음과 같이 개정한다.

제14조제3항 각호 외의 부분 중 "노동부 소속 1급 공무원"을 "노동부의 고위공무원단에 속하는 일반직 공무원"으로, "관계중앙행정기관의 1급 공무원"을 "관계중앙행정기관의 고위공무원단에 속하는 일반직 공무원"으로 한다.

「205」차관회의 규정 일부를 다음과 같이 개정한다.

제10조 중 "4급 이상 공무원"을 "4급 이상 공무원 또는 고위공무원단에 속하는 일반직 공무원"으로 한다.

「206」철도산업발전기본법시행령 일부를 다음과 같이 개정한다.

제10조제3항 중 "건설교통부소속 2급 또는 3급 공무원"을 "건설교통부의 3급 공무원 또는 고위공무원단에 속하는 일반직 공무원"으로 하고, 동조제4항제1호 중 "공정거래위원회소속의 3급 또는 4급 공무원"을 "공정거래위원회의 3급 공무원, 4급 공무원 또는 고위공무원단에 속하는 일반직 공무원"으로 한다.

제11조제3항 및 제17조제3항 중 "건설교통부소속 2급 또는 3급 공무원"을 각각 "건설교통부의 3급 공무원 또는 고위공무원

단에 속하는 일반직 공무원”으로 한다.

「207」청년실업해소특별법시행령 일부를 다음과 같이 개정한다.

제10조제3항 중 “2급 또는 3급 공무원”을 “3급 공무원 또는 고위공무원단에 속하는 일반직 공무원”으로 한다.

「208」청소년기본법시행령 일부를 다음과 같이 개정한다.

제3조제2항 중 “관계중앙행정기관 소속의 3급 이상 공무원”을 “관계중앙행정기관의 3급 공무원, 고위공무원단에 속하는 일반직 공무원”으로 한다.

제29조제2항제4호 중 “3급 이상 공무원”을 “3급 이상 공무원 또는 고위공무원단에 속하는 일반직 공무원”으로 한다.

「209」청소년활동진흥법시행령 일부를 다음과 같이 개정한다.

제8조제1항제6호 중 “별정직 공무원”을 “별정직 공무원(고위공무원단에 속하는 일반직 공무원 또는 별정직 공무원을 포함한다)”으로 한다.

「210」최저임금법시행령 일부를 다음과 같이 개정한다.

제13조제1호·제14조제1호 및 제15조 중 “공무원”을 각각 “공무원이나 고위공무원단에 속하는 공무원”으로 한다.

제18조 중 “직급”을 “직위”로 한다.

「211」축산법시행령 일부를 다음과 같이 개정한다.

제2조제2항 중 “그 소속 1급 공무원”을 “농림부의 고위공무원단에 속하는 일반직 공무원”으로 하고, 동조제3항제1호 중 “그 소속 2급 또는 3급 공무원”을 “그 부처의 3급 공무원 또는 고위공무원단에 속하는 일반직 공무원”으로 한다.

284

「212」친환경농업육성법시행령 일부를 다음과 같이 개정한다.

제2조제1호 중 "국립농산물품질관리원 소속 2급 또는 3급 공무원"을 "국립농산물품질관리원의 3급 공무원 또는 고위공무원단에 속하는 일반직 공무원"으로 한다.

「213」통계위원회규정 일부를 다음과 같이 개정한다.

제3조제2항제1호 중 "통계청소속의 3급 이상의 일반직 공무원"을 "통계청의 3급 공무원 또는 고위공무원단에 속하는 일반직 공무원"으로 한다.

「214」통일관계장관회의규정 일부를 다음과 같이 개정한다.

제7조제2항 중 "1급 또는 2급 국가공무원(1급 또는 2급에 상당하는 특정직·별정직 국가공무원을 포함한다)"을 "고위공무원단에 속하는 일반직 공무원(이에 상당하는 특정직·별정직 국가공무원을 포함한다)"으로 한다.

「215」특수임무수행자보상에 관한 법률시행령 일부를 다음과 같이 개정한다.

제9조제2항 중 "국방부 소속의 2급 또는 3급 공무원"을 "국방부의 3급 공무원 또는 고위공무원단에 속하는 일반직 공무원"으로 한다.

「216」특허법시행령 일부를 다음과 같이 개정한다.

제8조제1항 중 "5급 이상의 일반직 국가공무원"을 "5급 이상의 일반직 국가공무원 또는 고위공무원단에 속하는 일반직 공무원"으로 하고, 동조제2항 각호 외의 부분 중 "4급 이상의 일반직 국가공무원"을 "4급 이상의 일반직 국가공무원 또는 고위공무원

단에 속하는 일반직 공무원"으로 하며, 동항제3호 중 "5급 이상의 일반직 국가공무원"을 "5급 이상의 일반직 국가공무원 또는 고위공무원단에 속하는 일반직 공무원"으로 하고, 동조제3항 각호 외의 부분 본문 중 "3급 이상의 일반직 국가공무원"을 "3급 일반직 국가공무원 또는 고위공무원단에 속하는 일반직 공무원"으로 하며, 동조제5항 중 "직급에 해당하는 공무원"을 "직급에 해당하는 공무원(고위공무원단에 속하는 일반직 공무원을 포함한다)"으로 한다.

「217」폐광지역개발지원에관한특별법시행령 일부를 다음과 같이 개정한다.

제26조제3항 각호 외의 부분 중 "산업자원부 소속 1급 공무원"을 "산업자원부의 고위공무원단에 속하는 일반직 공무원"으로 하고, 동항제1호 중 "2급 또는 3급 공무원"을 "3급 공무원 또는 고위공무원단에 속하는 일반직 공무원"으로 한다.

「218」품질경영및공산품안전관리법시행령 일부를 다음과 같이 개정한다.

제10조제2항제1호 중 "3급 공무원"을 "3급 공무원 또는 고위공무원단에 속하는 일반직 공무원"으로 한다.

「219」하천법시행령 일부를 다음과 같이 개정한다.

제7조의3제2항제1호 중 "5급 이상 공무원"을 "5급 이상 공무원 또는 고위공무원단에 속하는 일반직 공무원"으로 한다.

「220」한국국방연구원법시행령 일부를 다음과 같이 개정한다.

제6조의2제3호 중 "국무조정실 소속 1급 공무원 또는 1급 상

당 별정직 공무원"을 "국무조정실의 고위공무원단에 속하는 일반직 공무원 또는 별정직 공무원"으로 한다.

「221」한국국제협력단법시행령 일부를 다음과 같이 개정한다.

제2조 중 "국무조정실소속의 2급 또는 3급 공무원"을 "국무조정실의 3급 공무원 또는 고위공무원단에 속하는 일반직 공무원"으로 한다.

「222」한국산업인력공단법시행령 일부를 다음과 같이 개정한다.

제9조제1항 중 "과학기술처소속 3급 이상의 공무원(이에 상당하는 별정직 공무원을 포함한다)"을 "과학기술부의 3급 공무원(이에 상당하는 별정직 공무원을 포함한다), 고위공무원단에 속하는 일반직 공무원 또는 별정직 공무원"으로 한다.

「223」한국증권선물거래소법시행령 일부를 다음과 같이 개정한다.

제6조제1항제1호 나목 중 "2급 이상의 공무원"을 "2급 이상의 공무원 또는 고위공무원단에 속하는 일반직 공무원"으로 한다.

「224」한민족연구발전위원회규정 일부를 다음과 같이 개정한다.

제10조제3항 중 "중앙행정기관 소속 1급 또는 2급 국가공무원(1급 또는 2급 상당 별정직 국가공무원을 포함한다)"을 "중앙행정기관의 고위공무원단에 속하는 일반직 공무원 또는 별정직 공무원"으로 한다.

「225」한의약육성법시행령 일부를 다음과 같이 개정한다.

제5조제3항제3호 중 "4급 이상 공무원"을 "4급 이상 공무원 또는 고위공무원단에 속하는 일반직 공무원"으로 한다.

「226」항공법시행령 일부를 다음과 같이 개정한다.

제15조제3항제1호 중 "2급 또는 3급 국가공무원"을 "3급 국가공무원 또는 고위공무원단에 속하는 일반직 공무원"으로 한다.

「227」항공안전및보안에관한법률시행령 일부를 다음과 같이 개정한다.

제2조제2항제1호 중 "공무원"을 "공무원(고위공무원단에 속하는 일반직 공무원 또는 별정직 공무원을 포함한다)"으로 한다.

「228」항공우주산업개발촉진법시행령 일부를 다음과 같이 개정한다.

제18조제2항 중 "1급 또는 1급 상당 이상 공무원"을 "고위공무원단에 속하는 일반직 공무원 또는 이에 상당하는 공무원"으로 한다.

「229」항만공사법시행령 일부를 다음과 같이 개정한다.

제6조제4호 중 "4급 이상 공무원"을 "4급 이상 공무원 또는 고위공무원단에 속하는 일반직 공무원"으로 한다.

「230」항만법시행령 일부를 다음과 같이 개정한다.

제4조제2항제1호 중 "2급 또는 3급 공무원"을 "3급 공무원 또는 고위공무원단에 속하는 일반직 공무원"으로 한다.

「231」해양수산발전기본법시행령 일부를 다음과 같이 개정한다.

제8조제2항제1호 중 "3급 이상 공무원"을 "3급 공무원 또는 고위공무원단에 속하는 일반직 공무원"으로 한다.

「232」해양오염방지법시행령 일부를 다음과 같이 개정한다.

제31조제2항 중 "3급 이상 공무원"을 "3급 공무원 또는 고위

공무원단에 속하는 일반직 공무원"으로 한다.

제39조의4제2항제2호 및 제3호 중 "2급 또는 3급 공무원"을 각각 "3급 공무원 또는 고위공무원단에 속하는 일반직 공무원"으로 한다.

제45조제2항 중 "3급 이상 공무원"을 "3급 공무원 또는 고위공무원단에 속하는 일반직 공무원"으로 한다.

「233」행정규제기본법시행령 일부를 다음과 같이 개정한다.

제18조제1항제4호 중 "공무원"을 "공무원(고위공무원단에 속하는 공무원을 포함한다)"으로 한다.

「234」행정심판법시행령 일부를 다음과 같이 개정한다.

제4조 각호 외의 부분 중 "1급"을 "고위공무원단에 속하는 일반직 공무원"으로 한다.

「235」혈액관리법시행령 일부를 다음과 같이 개정한다.

제4조제2항 중 "보건복지부 소속 2급이나 3급 공무원"을 "보건복지부의 3급 공무원, 고위공무원단에 속하는 일반직 공무원"으로 하고, 동조제3항제1호 중 "이에 상당하는 공무원"을 "이에 상당하는 공무원(고위공무원단에 속하는 공무원을 포함한다)"으로 한다.

「236」화물유통촉진법시행령 일부를 다음과 같이 개정한다.

제3조제2항제1호 중 "1급 또는 이에 상당하는 공무원"을 "고위공무원단에 속하는 공무원"으로 한다.

제9조제3항 중 "3급 이상 공무원"을 "3급 공무원 또는 고위공무원단에 속하는 일반직 공무원"으로 한다.

제15조의19제3항 중 "건설교통부소속 1급 또는 1급 상당 공무원"을 "건설교통부의 고위공무원단에 속하는 공무원"으로 한다.

「237」화학무기의금지를위한특정화학물질의제조·수출입규제등에관한법률시행령 일부를 다음과 같이 개정한다.

제4조제2항제1호 중 "과학기술처 소속 2·3급 공무원"을 "과학기술부의 3급 공무원 또는 고위공무원단에 속하는 일반직 공무원"으로 한다.

「238」환경기술개발및지원에관한법률시행령 일부를 다음과 같이 개정한다.

제5조제1항 전단 중 "당해 기관 소속 2급 이상의 공무원"을 "당해 기관의 고위공무원단에 속하는 일반직 공무원"으로 한다.

「239」환경친화적자동차의개발및보급촉진에관한법률시행령 일부를 다음과 같이 개정한다.

제4조제2항 각호 외의 부분 중 "1급 또는 1급 상당의 공무원"을 "고위공무원단에 속하는 공무원"으로 하고, 동항제1호중 "3급 또는 3급 상당 이상의 공무원"을 "3급 공무원(이에 상당하는 공무원을 포함한다) 또는 고위공무원단에 속하는 공무원"으로 한다.

「240」회계관계직원등의책임에관한법률시행령 일부를 다음과 같이 개정한다.

제1조제1호 가목 중 "1급 공무원 또는 이에 상당하는 특정직·별정직 공무원"을 "1급 공무원(이에 상당하는 특정직·별정직 공무원을 포함한다) 또는 고위공무원단에 속하는 일반직·특정직·별정직 공무원"으로 하고, 동호 나목 중 "2급·3급 공무원

또는 이에 상당하는 특정직·별정직 공무원"을 "2급·3급 공무원(이에 상당하는 특정직·별정직 공무원을 포함한다) 또는 고위공무원단에 속하는 일반직·특정직·별정직 공무원"으로 하며, 동조제2호 다목 중 "1급 공무원이나 이에 상당하는 특정직·별정직 공무원"을 "1급 공무원(이에 상당하는 특정직·별정직 공무원을 포함한다) 또는 고위공무원단에 속하는 일반직·특정직·별정직 공무원"으로 하고, 동호 라목 중 "2급·3급 공무원 또는 이에 상당하는 특정직·별정직 공무원"을 "2급·3급 공무원(이에 상당하는 특정직·별정직 공무원을 포함한다) 또는 고위공무원단에 속하는 일반직·특정직·별정직 공무원"으로 한다.

「241」후천성면역결핍증예방법시행령 일부를 다음과 같이 개정한다.

제4조제3항제1호 중 "공무원"을 "공무원(고위공무원단에 속하는 공무원을 포함한다)"으로 한다.

부칙(재외공관주재관 임용령)「제19603호, 2006.6.30」

① (시행일) 이 영은 2006년 7월 1일부터 시행한다.

② 및 ③ 생략

④ (다른 법령의 개정) 고위공무원단 인사규정 일부를 다음과 같이 개정한다.

제4조제7호 및 제18조제4호 중 "제8조"를 각각 "제17조"로 한다.

3. 지방공무원인사기록 및 인사사무처리규칙

제1장 총칙

제1조 (목적) 이 규칙은 지방공무원법(이하 "법"이라 한다) 제6조제3항 및 지방공무원임용령(이하 "영"이라 한다) 제10조의 규정에 의하여 특별시장·직할시장·도지사 및 시장·군수·자치구의 구청장 소속의 지방공무원(이하 "공무원"이라 한다)의 인사기록과 인사사무처리에 관한 통일적인 서식과 절차를 규정하여 인사관리의 합리화를 기함을 목적으로 한다.

제2조 (적용범위) 공무원의 인사기록과 인사사무처리에 관하여는 다른 법령에 특별한 규정이 있는 경우를 제외하고는 이 규칙에 의한다.

제3조 (인사사무의 전산관리서식 등) 인사사무를 전산관리하는 데 필요한 서식 및 사무절차는 내무부장관이 따로 정할 수 있다.

제2장 인사기록

제4조 (인사기록의 종류) 공무원의 인사기록은 개인별인사기록과 인사관리서류로 구분하며 그 종류는 별표 1과「%생략: 별표 1%」같다.

제5조 (인사기록의 작성·유지·보관)

① 임용권자는 소속공무원에 대한 제4조의 인사기록을 작성·유지·보관(보존을 포함한다. 이하 같다)하여야 한다.

② 공무원의 임용권이 없는 5급 이상·연구관 및 지도관 또는

이에 상당하는 공무원인 기관의 장은 필요하다고 인정할 때에는 제4조의 인사기록의 부본을 작성·유지·보관할 수 있다.

③ 개인별인사기록은 임용권자가 별지 제1호서식의「%생략: 서식1%」인사기록봉투에 넣어서 보관한다. 공무원이 퇴직한 경우에도 또한 같다.

④ 제4조의 인사관리서류는 필요하다고 인정할 때에는 이를 합철하여 관리할 수 있다.

제6조 (인사기록카드의 정리 및 변경)

① 공무원이 신규임용·승진·전직·전보·강임·면직·징계·휴직·직위해제·복직·국내외훈련·국외출장·겸임·파견·승급·전출·전입되었거나 포상을 받은 때에는 임용권자는 지체 없이 이를 별지 제2호서식의「%생략: 서식2%」인사기록카드에 기록하여야 한다.

② 공무원이 다음 각호의 1에 해당하는 때에는 당해 공무원의 인사기록카드 비고란에 그 사유를 붉은 글씨로 기록하여야 한다.

1. 법 제27조제4항 및 영 제27조제4항의 규정에 의하여 전보 또는 전출이 제한된 자

2. 영 제28조제3항의 규정에 의하여 전직이 제한된 자

3. 영 제34조제4항 및 지방연구직및지도직공무원의임용 등에 관한 규정(이하 "연구·지도직규정"이라 한다) 제11조제2항의 규정에 의하여 일정직급 이상 승진이 제한된 자

③ 공무원은 제1항 및 제2항외의 사유로 인하여 인사기록카드를 정정·변경 또는 추가 기재하여야 할 정당한 사유가 있을 때

에는 별지 제3호서식의「%생략: 서식3%」 공무원인사기록변경신
청서에 이를 증명할 수 있는 증빙서류를 첨부하여 임용권자에게
제출하여야 하며, 임용권자는 인사기록변경신청을 받은 때에는
지체 없이 당해 공무원의 인사기록카드를 정리하여야 한다.

　제7조 (징계 등 처분기록의 말소)

　① 임용권자는 징계처분을 받은 공무원이 다음 각호의 1에 해
당하는 때에는 당해 공무원의 인사기록카드에 등재된 징계처분
의 기록을 말소하여야 한다.

　1. 징계처분의 집행이 종료된 날부터 다음의 기간이 경과한 때.
다만 징계처분을 받고 그 집행이 종료된 날부터 다음의 기간이
경과하기 전에 다른 징계처분을 받은 때에는 각각의 징계처분에
대한 해당 기간을 합산한 기간이 경과하여야 한다.

　가. 정직: 7년

　나. 감봉: 5년

　다. 견책: 3년

　2. 소청심사위원회나 법원에서 징계처분의 무효 또는 취소의
결정이나 판결이 확정된 때

　3. 징계처분에 대한 일반 사면이 있은 때

　② 임용권자는 직위해제처분을 받은 공무원이 다음 각호의 1
에 해당하는 때에는 당해 공무원의 인사기록카드에 등재된 직위
해제처분의 기록을 말소하여야 한다.

　1. 직위해제처분의 종료일부터 2년이 경과한 때. 다만 직위해
제처분을 받고 그 집행이 종료된 날부터 2년이 경과하기 전에

다른 직위해제처분을 받은 때에는 각 직위해제처분마다 2년을 가산한 기간이 경과하여야 한다.

2. 소청심사위원회나 법원에서 직위해제처분의 무효 또는 취소의 결정이나 판결이 확정된 때

③ 제1항 및 제2항의 규정에 의한 기록의 말소는 인사기록카드상의 당해 처분기록위에 말소된 사실을 표기하는 방법에 의한다. 다만 제1항제2호 또는 제2항제2호에 해당되고 그 해당사유 발생일 이전에 징계 또는 직위해제처분을 받은 사실이 없는 때에는 당해 사실이 나타나지 아니하도록 인사기록카드를 재작성하여야 한다.

④ 징계처분 및 직위해제처분의 말소방법·절차 등에 관하여 필요한 사항은 내무부장관이 정한다.

제8조 (개인별인사기록의 이관) 공무원이 전출로 인하여 임용권자를 달리하게 된 때에는 당해 공무원의 전임용권자는 그 공무원의 개인별인사기록·인사평정서·근무성적평정표 및 승진후보자명부의 가점에 관한 서류를 인사기록봉투에 넣어 그 사유가 발생한 날부터 10일 이내에 당해 공무원의 신임용권자에게 이관하여야 한다.

제9조 (전력조회)

① 임용권자는 국가 또는 지방공무원경력이나 정부투자기관 기타 공공기관에서 근무한 경력을 가진 자를 공무원으로 특별임용할 때에는 당해 공무원이 전에 근무하였던 기관의 장에게 별지 제4호서식의「%생략: 서식4%」공무원전력조회서에 의하여 당

해 공무원의 전력을 조회하여야 한다.

② 제1항의 규정에 의하여 전력조회를 요청받은 기관의 장은 별지 제5호서식의「%생략: 서식5%」공무원전력조사회보서에 의하여 10일 이내에 당해 공무원의 전력을 회보하여야 한다.

제10조 (시험요구서식 및 구비서류) ① 임용권자가 시험실시기관의 장에게 특별임용시험을 요구할 때에는 별지 제6호서식의「%생략: 서식6%」공무원특별임용시험요구서에 의한다.

② 임용권자가 시험실시기관의 장에게 일반승진시험 및 전직시험을 요구할 때에는 별지 제7호서식의「%생략: 서식7%」공무원일반승진시험요구서 및 별지 제8호서식의「%생략: 서식8%」공무원전직시험요구서에 의한다.

③ 제1항 및 제2항의 시험을 요구하는 경우의 구비서류는 별표 2와 같다.

제11조 (임용후보자 추천서식) 임용권자가 시험실시기관의 장에게 임용후보자의 추천을 요구할 때에는 별지 제9호서식의「%생략: 서식9%」공무원임용후보자추천요구서에 의하고, 시험실시기관의 장이 임용권자에게 임용후보자를 추천할 때에는 별지 제10호서식의「%생략: 서식10%」공무원임용후보자추천서에 의한다.

제12조 (임용관계서식 및 구비서류)

① 임용권자는 공무원을 임용할 때에는 별지 제11호서식의「%생략: 서식11%」공무원임용서에 별지 제12호서식의「%생략: 서식12%」공무원임용조사서와 별표 3의「%생략: 별표3%」구비서류를 첨부하여 행한다. 다만 임용권자와 시험실시기관의 장이 동

일한 경우에는 시험시행 시 제출한 서류에 대하여는 이를 첨부하지 아니할 수 있다.

② 제1항의 서류는 원본을 첨부하되, 특별한 사유로 인하여 사본을 첨부한 때에는 원본과의 대조확인을 하여야 한다. 이 경우 대조자는 인사담당관이 되며, 그 사본에는 인사담당관의 직위 및 대조연월일을 기입하고 서명 날인하여야 한다.

③ 영 제24조제1항의 규정에 의하여 시보임용 기간에 산입될 교육훈련을 받은 자를 임용할 때에는 공무원임용서에 별지 제13호서식의「%생략: 서식13%」시보임용단축 기간 산출표를 첨부하여야 한다.

제13조 (선서문)

① 임용권자는 선서한 공무원으로 하여금 별지 제14호서식의「%생략: 서식14%」선서문 2부를 서명 날인하게 하여 1부는 개인별인사기록으로 분류하여 보관하고 1부는 본인이 소지하도록 하여야 한다.

② 공무원 본인이 소지하는 선서문은 사무실의 항상 볼 수 있는 위치에 비치하거나 게시하도록 하여야 한다.

제3장 인사사무처리

제14조 (전출·전입동의 요구) 임용권자가 다른 지방자치단체 소속공무원의 전입을 요구할 때에는 별지 제15호서식의「%생략: 서식15%」공무원 전입·전출동의요구서에 의하며, 전입·전출동의요구서를 받은 지방자치단체의 장이 그 동의 여부를 통보할

때에는 별지 제16호서식의「%생략: 서식16%」 공무원 전출·전입 동의서에 의한다.

제15조 (전보사전 의결 및 승인) 임용권자는 전보제한 기간 중에 있는 공무원을 영 제27조제2항 본문의 규정에 의하여 당해 인사위원회에 전보 의결을 요구할 때와, 동조동항 단서 및 동조 제4항 단서의 규정에 의하여 전보승인신청을 할 때에는 별지 제 17호서식에「%생략: 서식17%」 의한다.

제16조 (파견근무 및 별도정원의 승인) 영 제27조의2제3항의 규정에 의한 파견근무승인신청(시장·군수·구청장의 경우에는 시·도지사 경유)은 별지 제18호서식에「%생략: 서식18%」 의한 다. 이 경우 영 제27조의3 제1항의 규정에 의한 별도정원이 인정 되는 파견은 별지 제19호서식에「%생략: 서식19%」 의한 별도정 원승인신청을 병행하여야 한다.

제17조 (정·현원 대비표) 임용권자는 소속공무원에 대한 정 원과 현원을 파악하기 위하여 매월 말일을 기준으로 별지 제20 호서식의「%생략: 서식20%」 정·현원 대비표를 작성·비치하여 야 한다. 이 경우 정·현원 대비표의 작성단위는 과단위의 보조 기관·소속 행정기관 또는 하부행정기관 단위로 한다.

제18조 (임용장 및 발령통지서)

① 정규공무원으로 임용되거나 승진·전보(지방자치단체 간의 전입·전출을 포함한다) 또는 전직된 때에는 임용권자가 당해 공무원에게 별지 제21호서식의「%생략: 서식21%」 임용장을 수여 한다. 이 경우 소속기관의 장이 대리 수여할 수 있으며, 7급 이하

공무원 및 기능직 공무원의 전보에 있어서는 별지 제22호서식의 「%생략: 서식22%」 인사발령통지서 교부로 임용장 수여에 갈음할 수 있다.

② 시보로 임용되거나 겸임·파견·강임·면직·해임·징계·직위해제·휴직·복직·호봉재획정·승급·전출되거나   위원으로 임명·해임·위촉 또는 해촉된 경우에는 소속기관의 장은 당해 공무원에게 별지 제22호서식의「%생략: 서식22%」 인사발령통지서(직위해제의 경우에는 별지 제23호서식에「%생략: 서식23%」 의한 직위해제처분사유 설명서를 첨부하여야 한다)를 교부하여야 하며, 소속공무원의 국내외훈련, 국내외출장, 휴가명령 또는 당직명령은 회보로 통지할 수 있다.

제19조 (발령대장)

① 임용권자는 소속공무원에 대한 인사발령사항을 기재하기 위하여 별지 제24호서식의「%생략: 서식24%」 발령대장을 비치·보관하여야 한다. 다만 승급발령에 관하여는 그 발령 량이 많은 경우에 한하여 기재를 생략할 수 있다.

② 제1항의 발령대장은 필요하다고 인정할 때에는 계급별 또는 발령 내용별로 구분하여 비치·보관할 수 있다.

제20조 (인사보고)

① 임용권자는 5급 이상 및 이에 상당하는 소속공무원이 영 제2조제1호의 임용과 징계·당연퇴직·사망·추서·6월 이상 국내훈련·국외훈련·국외출장 및 포상의 사유가 발생한 때에는 별지 제25호서식의「%생략: 서식25%」 인사발령보고서에 의하여

내무부장관에게(시장·군수·구청장은 시·도지사 경유) 즉시 보고하여야 한다. 이 경우 4급 이상 공무원을 영 제27조제2항 본문의 규정에 의하여 전보제한 기간 내에 전보한 때에는 당해 인사위원회의 의결서 사본 및 전보사유서를 첨부하여야 한다.

② 임용권자는 제1항 본문의 규정에 의하여 지방5급 공무원을 지방자치단체 안에서 국가5급 공무원으로 근무한 경력 없이 지방4급 공무원으로 승진임용한 때에는 임용 일부터 10일 이내에 인사기록카드 부본을 내무부장관에게 제출하여야 한다.

제21조 (관보·공보의 게재) 임용권자는 5급 이상 소속공무원의 신규임용·승진·명예퇴직·사망 및 추서의 사유가 발생한 때에는 별지 제26호서식의「%생략: 서식26%」 지방공무원 인사발령관보게재의뢰서에 의하여 발령 또는 사유발생과 동시에 총무처장관에게 관보게재를 의뢰하거나 특별시·직할시 또는 도에서 발행하는 공보에 게재하여야 한다.

제22조 (인사발령통지) 임용권자가 제18조의 인사발령을 한 때에는 별지 제27호서식의「%생략: 서식27%」 인사발령통지서에 의하여 발령과 동시에 관련기관에 통지하여야 한다.

제23조 (재직증명 및 경력증명의 발급)

① 임용권자는 재직 중인 공무원이 재직증명서의 발급을 청구한 때에는 제4조의 규정에 의한 인사기록카드에 의하여 별지 제28호서식의「%생략: 서식28%」 재직증명서를 발급하여야 한다.

② 임용권자는 재직 중인 공무원 또는 퇴직한 공무원이 경력증명서의 발급을 청구한 때에는 인사기록카드나 발령대장 등에

의하여 별지 제29호서식의「%생략: 서식29%」경력증명서를 발급하여야 한다.

부칙「제544호, 1991. 9. 19」

① (시행일) 이 규칙은 공포한 날부터 시행한다.

② (인사기록에 관한 경과조치) 이 규칙 시행당시 종전의 지방자치단체의 규칙에 의하여 작성된 인사기록은 이 규칙에 의하여 작성된 것으로 본다.

부칙「제608호, 1994.2.3」

이 규칙은 공포한 날부터 시행한다.

부칙(공무원연금법시행규칙)「제246호, 2004.8.5」

① (시행일) 이 규칙은 공포한 날부터 시행한다.

② (다른 법령의 개정)

지방공무원인사기록및인사사무처리규칙 중 다음과 같이 개정한다.

별표 1중 종별란 (개인별인사기록) 제4호를 삭제한다.

V. 다양한 인사행정

1. 비교 분석을 통한 인사행정

소수민을 생각하는 인사행정

양성고용제가 있다. 어느 한쪽의 성비율이 30%가 되지 않으면 그만큼 추가로 뽑는 제도이다. 그리고 장애인특별고용법이 있다.

또 대표관료제로 지역비율을 고려하여 공직을 임명하는 제도가 있고 비례대표제도 일종의 소수집단을 배려하는 선거제도 등이 있다.

엽관주의와 실적주의

엽관주의(Spoils system)란 정당에 대한 공헌도와 충성도에 따라 공직 임용을 하는 것을 말한다. 엽관주의와 정실주의는 오늘날 거의 같은 뜻으로 사용되고 있으나, 정실주의가 엽관주의 보다 넓은 개념으로 인식되고 있다. 엽관주의는 입법국가시대에 민주정치, 정당정치의 발전에 기여했던 엽관주의는 행정국가시대에 접어들면서 본래의 의미가 변질되어 많은 병폐를 초래하기도 하였다.

장점으로는 첫째, 정당이념의 실현과 정당정치에 도움이 된다.

둘째, 국민의 지지를 받는 정당의 당원이 관직에 임용됨으로써 민주통제의 강화와 행정의 민주화에 기여하는 장점이 있다.

셋째, 공직 경질을 통하여 관료의 특권화, 침체화, 관료주의화를 방지할 수 있다.

넷째, 관료의 특권화를 배제함으로써 평등의 이념을 실현할 수 있다.

다섯째, 공무원의 적극적인 충성심과 지도지휘통제의 통일성을 기할 수 있다.

단점으로는 첫째, 인사행정에 있어서 유능한 인물이 선출되는 것을 배제되어 행정능률이 저하된다. 둘째, 관료가 정당의 사병화가 되어 관료의 대표성, 책임성, 확보가 어렵게 된다. 셋째, 공무원의 불안전한 신분보장으로 행정의 계속성, 중립성이 저하되고, 전문성, 기술성의 확보와 유지가 어렵게 된다. 넷째, 정치와 행정의 결탁으로 행정부패와 행정기강의 문란을 초래한다. 다섯째, 예산의 낭비를 초래한다.

우선 현대 사회가 복잡해지게 됨에 따라 많은 업무들을 효율적이고 합리적으로 처리하기 위해서 만들어진 조직형태가 바로 관료제다.

줄여서 말하면 위계 서열에 따라서 업무분담을 하여 복잡한 업무들을 신속하고 합리적으로 처리하며, 명령과 복종의 지휘계통이 엄격하다. 권한과 책임에 따라 위계가 서열화되어 있고 모든 활동이 일관된 규칙과 절차에 따라 업무를 수행한다. 위에서 아래로 명령이 전달되는 피라미드식 구조가 성립된다.

 학자는 독일의 막스 베버(Max weber)가 일의 합리화, 조직화를 가르쳐 부른 개념이다. 우선 관료제의 대표적인 장점은 아무리 큰 조직이라도 합리적으로 관리할 수 있기 때문에 우선 빠르고 정확하다. 업무가 적합하게 분담되어 효율적이고 능률적으로 업무를 수행할 수 있는 장점이 있다. 그리고 절차가 합리적이고 실력을 존중하기 때문에 공정성을 유지할 수 있다. 일단 순기능은 열거해봤지만 약간 현실성이 없다.

 역기능을 말하자면 우선 책임회피, 무사안일주의, 상위에 위치한 사람들이 보수성을 띨 수도 있다. 그리고 업무의 구조상 업무를 자꾸 분화시키고 기능성을 중요시키다 보면 정작 사람들이 간단히 말하면 인간소외 현상이 나타나게 된다.

 그와 반대로 실적주의는 엽관주의 단점이 장점이 되며 장점은 단점이 되는 문제를 안고 있다.

 실적주의는 엽관주의의 부패와 비능률성을 교정하기 위하여 만들어졌으며 19세기 중엽 이래 영국과 미국에서 발달하였다. 영국에서는 공개경쟁채용시험에 의하여 공무원을 채용할 것과 시험을 관장할 독립적인 중앙인사위원회를 설치하고 시험을 정기적으로 실시하며 합격자에게는 시보 기간을 설정할 것 등을 건의한 1853년의 Northcote와 Trevelyan 보고서, 그리고 1855년 제정된 1차 추밀원령과 1870년 2차 추밀원령을 거쳐 실적적 수립의 제도적 기초가 확립되었다. 미국에서는 1883년 최초의 연방 공무원법인 펜들턴법의 제정을 계기로 실적제가 실행되었다.

대표관료제

관료제(官僚制 bureaucracy) 특권적인 관료가 권력을 장악하고 있는 지배구조. 관료제는 크게 3가지의 의미로 사용된다. 첫째, H.J. 라스키에 의하면 관료제란 정치의 통제력이 완전히 관료의 수중에 장악되어 있어 그들의 권력이 일반 시민의 자유를 위태롭게 하는 통치형태를 말한다. 둘째, 관료제라는 지배형태에 따르는 특정한 행동양식과 정신상태를 지적하는 경우에 사용되는 개념이다. 이런 의미의 관료제는 국민에 널리 유포되고 있는 관념이며, 국민이 증오하고 적대시하는 관료제로서 일반적으로 관료주의라 부른다. 이러한 관료주의는 특권적인 사회 층을 형성하고 있는 일군의 관료에 의해서 지배되고 대중에 의한 지도를 거부하는 국가의 관료기구에서 뚜렷하게 나타나는 현상이다. 이런 점에서 라스키는 관료제라는 통치형태의 속성으로서 행정선례의 답습, 행정처리에 있어 융통성의 결여, 정책결정의 지체, 사실검증의 거부 등을 들고 있다. 셋째, 가치중립적인 의미에서 볼 때, 관료제는 분업의 원리에 따라 개별화·특수화된 직무를 전문적으로 처리하는 합리적인 사무처리기구로서 파악되고 있다. 이런 의미의 관료제 개념을 체계화한 대표적 학자는 M. 베버이다. 베버에 의하면 관료제적 지배는 근대적 사회에서 집단조직의 운영을 특징짓는 것으로서 극히 형식적 합리성을 갖는다고 한다. 베버의 관료제는 다음과 같은 특징을 갖는다. ① 전문적 직무의 범위인 책임과 권한의 범위가 기능적으로 명확히 한정되고 있다

(권한의 원칙). ② 직무상의 지휘·명령 계통이 계층을 통하여 확립되고 있다(계층의 원리). ③ 근무자와 근무에 필요한 물적 수단과는 완전히 분리되어 있으며, 보수로는 일정한 화폐봉급이 지불된다. ④ 직무를 수행하는 데 필요한 전문적 지식·기술·경험의 요구 그리고 이것을 확보하기 위하여 임명·보수·연금·승진 등의 제도가 정비되어 있다. ⑤ 사무는 원칙적으로 문서로써 처리된다. ⑥ 지위의 사유·세습은 있을 수 없으며, 근무자를 자유롭게 선택할 수 있고 도태시킬 수도 있다. 베버는 이러한 관료제가 발달한 원인으로서 화폐경제의 발달, 행정기능의 양적 확대와 질적 강화, 행정에서의 전문적 요소의 우위, 물적 경영수단의 집중, 경제적·사회적 차별의 균형화를 들고 있다.

관료제의 유형

관료제적 통치구조는 고대 이집트·로마·중국 및 중세의 로마교회에서도 나타났으나 전형적인 관료제가 출현한 것은 근대국가의 성립부터이다. 성립 이후 현대에 이르기까지의 관료제는 3가지로 나눌 수 있다.

(1) 절대왕정의 관료제: 관료제는 근대국가의 초기 단계인 절대주의의 강력한 지주로서 형성되었다. 절대왕정은 봉건사회의 영주·교회·도시·지주 등 다원적으로 분열되어 있던 제정치 권력을 박탈하여 왕을 중심으로 중앙집권적인 통일국가를 형성

하는 데에서 성립하였다. 법률·병참(兵站)·세제·치안유지 등에 관한 지식의 소유자가 종래의 봉건적 가신(家臣)과 더불어 새로이 군주의 측근에 관료로서 등용되었던 관료제기구에서는 2가지의 뚜렷한 특색을 볼 수 있다. ① 관권과 인민과의 관계는 특권적 성격이다. ② 관료기구 내부의 상·하 관계는 군대식의 엄격한 규율과 위계질서를 바탕으로 엄중한 신분상 차별을 가져온다. 군주와 고급관료는 이러한 군대식 복무규율을 강행함으로써 하급관료의 충성과 봉사를 요구하였다. 관료의 철저한 신분보장, 실적주의, 관료의 직업화 등도 특징으로 들 수 있다.

  (2) 엽관제적(獵官制的) 관료제: 상공업의 발달로 새롭게 등장한 중산계급의 이해와 군주의 이해가 대립하자 의회를 중심으로 군주의 권력을 극복하려는 중산계급의 의지에서부터 근대민주주의 국가가 출발하였다. 의회가 군주의 세력을 극복하고자 할 때 무엇보다 필요한 것은 특권적 관료기구를 개혁하는 것이었다. 이에 의회는 군주와 관료기구의 인격적 결합을 단절하여 관료기구의 특권적 신분제의 기초를 해체하려 했으며, 이러한 개혁을 위하여 의회는 관료기구를 자기의 지배하에 두었다. 이 개혁으로 관료기구는 군주의 사용인(使用人; royal service)으로서의 특권적 지위에서 이탈하여 국민의 사용인이라는 공무원제(civil service)로 변하게 되었다. 그리고 의회의 다수당이 자유롭게 공무원을 경질하는 이른바 엽관제(獵官制; spoils system)가 등장하게 되었다. 이러한 관료제는 오직 법률이나 정책의 순수한 집행자의 집단이라는 의미만을 갖는다.

(3) 현대적 관료제: 시민사회의 성장과 그 정치적 승리의 소산이었던 공무원제는 19세기 후반부터 변모하기 시작했다. 그 원인을 보면 다음과 같다. 첫째, 관료기구를 지배하여 오던 정당이 변질되었다는 사실이다. 19세기말부터 선거권의 확대로 정당의 규모가 커지자, 관료기구는 국민적 이익보다 정당의 특수이익을 위하여, 전체의 봉사자라는 공무원제로서의 성격보다 정당의 특수이익에 봉사한다는 그릇된 의미만을 지닌 정당적 관료제로서의 성격을 갖게 되었다. 그리하여 금권 및 정당에서 관료기구를 분리하여 정치세력과는 관계없이 공무원의 지위를 보장함으로써 관료기구를 정화하려는 혁신적 운동이 나타났다. 1881년 미국에서 전국공무원제도개혁연맹이 성립한 것이 그 한 예이다. 둘째, 19세기말부터 국가기능이 확대·강화됨에 따라 전문적 능력을 가진 강력한 관료기구를 필요로 하게 되었다. 근대자본주의가 발전함에 따라 정부의 기능이 양적으로 확대되고 질적으로 고도의 전문성·기술성을 띠게 되면서 비전문가인 정당인·의원이 처리할 수 없는 전문적 국가기능이 극도로 증대함으로써 거대한 전문행정 관료제의 탄생이 요청되었던 것이다. 여기에서 관리의 자격이나 능력보다 정당관계에 기반을 두었던 엽관제적 관료제는 그 현실적 타당성을 잃게 되고, 현대적 관료제는 정치적·금권적 구속에서 벗어나 공무원의 정치적 중립과 신분보장을 확보했으며, 실적주의를 토대로 한 능률적 관료제를 형성했다. 영국의 공무원제도 개혁에 관한 추밀원령(樞密院令), 1883년 미국의 펜들턴법 등은 현대적 관료제를 형성하기 위한 최초의 법률들이었다.

대표관료제(代表官僚制)

(1) 대표관료제의 의의

· 대표관료제(representative bureaucracy)는 민족, 인종, 지역, 성별, 직업 등의 기준에서 국민 전체의 인적 구성을 반영하도록 공무원을 충원하는 인사제도를 말한다.

(2) 대표관료제의 발달배경

1) 1944년 J.D. Kingsley의 『Representative Bureaucracy: An Interpretation of the British Civil Service』

2) 정부의 대표성 강화: 인종, 종교, 언어, 문화, 지역성의 문제가 심각한 국가에서 중요한 문제로 인식.

3) 행정의 내적 통제의 강화: 책임성의 본질은 심리적·주관적

4) 사회적 형평의 문제: 기회균등의 적극적 보장(Equal Opportunity)

5) 대표성의 유형

▶ 사람에 의한 대표

① 소극적 대표(기술적 대표성)

· 인구통계학적인 대표성

· 정책선호(태도)의 대표성

② 적극적 대표

▶ 정부기관에 의한 대표

▶ 국민 참여에 의한 대표

6) 대표되는 관료제의 수준

▼ 전체 관료제

▼ 상위직 관료제

▼ 하위직 관료제

(3) 대표관료제의 효용성 및 비판

1) 효용성

① 국민의 다양한 요구에 대한 관료의 대응성 제고

② 관료의 책임성을 제고

③ 기회균등의 원칙 보장(민주주의 이념의 실현)

④ 관료제의 민주화(관료제 내 다양한 견해)

⑤ 민주적인 정책결정

⑥ 소외된 집단에 대한 정부의 대응성 제고

⑦ 소외된 집단을 정부에 참여시키고 활용 (국가 인적자원의 효율화)

⑧ 소외된 집단의 반사회적 행위를 감소시킴

⑨ 소외된 집단의 사회경제적 지위를 향상시키고 정치력 영향력을 증대시킴

⑩ 상징적으로 또는 실질적으로 관료제의 정통성을 향상시킴

2) 비판

① 소극적 대표와 적극적 대표와의 관계

② 적극적 대표는 민주주의의 위협요소로 작용할 수도 있다.

③ 인사행정의 기본원칙인 실적주의와의 갈등(Affirmative Action, Quota System)

④ 할당제는 역차별의 문제를 야기한다.

⑤ 상위직의 대표성문제

직업공무원제

공직에 종사하는 것을 일생의 직업으로 생각하고 또 여기에 대하여 긍지와 명예심을 갖도록 조직·운영되는 인사제도. 이러한 직업공무원제도가 확립되기 위해서는 다음과 같은 것들이 필요하다. ① 공개경쟁을 통한 채용과 능력을 토대로 한 승진, 공무원의 신분보장과 정치적 중립 등과 같은 실적주의 정신이 확립되어야 한다. ② 유능하고 젊은 사람을 공직에 끌어들이도록 적극적인 노력을 하여야 한다. ③ 공직의 위신과 그에 대한 평가를 높이는 데 노력하여야 한다. ④ 횡적 전입을 가능한 막아야 한다. ⑤ 적정한 보수가 보장되어야 한다. ⑥ 능력개발의 기회를 부여하여야 한다.

직업공무원제(career system)란 현대행정의 고도의 전문화·기술화 및 책임행정의 확립, 재직자의 사기앙양을 위해 중립적·안정적 제도의 요구에 부응하여 나온 인사제도로서, 공직이 유능하고 젊은 남녀에게 개방되어 매력 있는 것으로 여겨지고, 업적과 능력에 따라 명예롭고 높은 직위에 올라갈 수 있는 기회가 부여되어 있어 일생의 보람 있는 직업으로 생각되도록 하는 조치가 마련되어 있는 제도를 말한다. 영국 및 유럽의 지배적인 제도이다. 공직에 종사하는 것을 일생의 직업으로 생각하고, 이에 대하여 긍지를 갖도록 조직되고 운영되는 공무원 제도를 말한다. 즉 직업공무원제란 젊고 유능한 인재들이 공무원으로 일단 임용되면 공직을 보람 있는 평생의 직업이라 생각하고 일생을 바쳐 성실히 근무하도록 운영하는 인사제도를 말한다.

직업공무원제(Carrer civil service system)란 젊고 유능한 인재들이 공직을 보람 있는 직업으로 선택하여 일생을 바쳐 성실히 근무하도록 운영하는 인사제도.

▪ 즉 직업공무원이란 '공직에 근무하는 것을 생애의 보람 있는 일(a worth while life work)로 생각하고 젊어서 공직에 들어와 일생동안 근무하는 공무원을 말한다.

▪ 직업공무원제는 영국과 프랑스에서 시작되었는데 영국에서는 1700년경 의회정치가 본격화되면서 국왕의 영향력을 차단하기 위해 직업공무원제가 시작되었으며, 프랑스에서는 대혁명 이후 정치적 혼란으로부터 행정을 안정시키기 위해 직업공무원제가 이루어졌다. 미국에서는 1930년대부터 직업공무원제가 추진되기 시작하였다.

職業公務員制의 특성

(1) 직업공무원제의 수립 요건

1) 능력과 자격에 의해 임용하는 실적주의에 입각한 공무원제도여야 한다.

2) 우수한 젊은이들을 받아들일 수 있는 장치가 마련되어 있어야 한다.

3) 공무원에게 그의 지위에 상응하는 보수를 지급해야 한다.

4) 퇴직연금제도의 확립

5) 공직에 대한 사회적 평가를 높여야 한다.

6) 공무원은 높은 직업의식이 있어야 한다.

(2) 직업공무원제의 장단점

1) 장점

① 공직에 대한 자부심과 일체감, 높은 수준의 행동규범

② 전문직업으로서의 공공봉사기능의 강화

③ 다양한 정책·행정경험을 고루 갖춘 고급 공무원의 양성에 유리

④ (평생)장기근무로 인한 행정의 안정성과 일관성의 유지

2) 단점

① 폐쇄적 임용으로 인한 공무원 집단의 보수화 또는 관료주의화(변화에 대한 저항)

② 공직분위기의 침체성(정체성)으로 인한 공무원의 질적 수준이 저하될 우려가 있다.

③ 신분보장의 역기능으로 인한 공무원의 무사안일과 관료의 병리현상의 초래

④ 일반 행정가의 양성은 행정의 전문화를 저해

☞ 직업공무원제 채택국가━▶미국식의 직위분류제, 개방형 공무원제, 전문가주의 특성 도입

미국(직위분류제 채택국가)━▶계급제, 폐쇄형 공무원제, 일반 행정가주의의 장점도입

한국의 직업공무원제

(1) 제도와 실태

▶ 제도적 측면에서 보면 한국의 인사행정은 실적제의 원칙을 근간으로 한 직업공무원제에 토대를 두고 있다.

1) 현재의 공직분류나 인사관리는 직위분류제의 요소가 부분적이고도 형식적으로 가미되어 있기는 하지만, 실제로는 거의 모든 측면에서 계급제에 가깝게 운영되고 있다.

2) 공무원의 임용형태가 매우 폐쇄적이다.

3) 국가공무원법과 지방공무원법에서 적극적 신분보장이라고 할 수 있는 정년형 신분보장을 명시.

4) 일반 행정가의 원리를 바탕으로 채용이 이루어지며 그 이후 인사이동이 매우 잦다.

5) 공무원에게 훈련·전직 등을 통한 능력발전의 기회를 부여하고 있다.

(2) 우리나라 공무원제의 발전방향

1) 공무원의 정치적 중립의 보장

2) 철저한 공무원의 신분의 보장(cf: 미국의 실적제보호위원회: MSPB)

3) 공직에 대한 사회적 평가의 제고

4) 내실 있는 공무원의 교육훈련의 실시와 철저한 사후 평가로 공무원의 인사관리에 반영

5) 공무원의 보수수준의 현실화와 연금제도의 개선

6) 승진의 공정성과 전보·직과 인사교류(배치전환)의 투명성과 공정성 확보

7) 인사관리에 대한 중앙인사기관의 공정하고 철저한 사후 감사

개방형 공무원과 폐쇄형 공무원제

개방형 공무원제는 공직의 모든 계층의 직위를 불문하고 신규채용이 허용되는 인사체제이며, 폐쇄형 공무원제는 공직에의 신규채용이 최하위계층에서만 허용되며 내부승진을 통하여 그들이 상위 계층까지 올라 갈 수 있는 인사체제이다. 개방형은 공직의 개방에 따라 외부 전문가나 경력자에게 공직의 문호를 개방하여 새로운 지식과 기술, 그리고 새롭고 참신한 아이디어를 받아들임으로써 공직의 침체를 막고 공직을 새로운 기풍으로 진작시켜 행정의 효율성을 높이는 것을 목적으로 하는 반면, 폐쇄형은 젊

은 사람에게 공직을 보람 있는 생업으로 삼게 함으로써 공무원
의 사기를 높이고 공무원의 장기근무를 장려하여 행정의 일관성
과 안정성을 기한다.

구 분	개방형	폐쇄형
제 도	실적주의, 직위분류제	직업공무원제, 계급제
신 분	약하다	강하다
단 계	직위직무에서 직위로	계층직급에서 계급
공무원	전문행정가	일반 행정가
보 수	직무급	생활급
충원방식	외부임용과 내부임용	외부임용
계약 기간	5년 이내 최소2년 이상	5년

인사행정의 목표: 목표달성을 위한 인력의 활용+인사행정 체
제의 발전을 목표로 하여 적재적소에 인원을 충원한다.

- 조직내적 목표: 인적자원 활용 합리화, 조직운영 민주화, 사
무처리 능률화를 주목적으로 인사행정을 이용한다.

- 실제의 인사행정은 여러 기능이 동시에 수행되거나 환류되
는 경우도 있다.

인력계획: 인력의 수급에 관한 예측과 최적의 공급방안을 모
색하는 활동을 하기도 한다.

공직구조형성: 구체적 직위에 대한 직무설계 및 공직구조의
형성 작업을 말하며 공적인 것을 말한다.

임용: 정부조직에서 사람을 선발하고 움직여 쓰는 활동- 외부
임용, 내부임용 등 모두를 말한다.

능력발전: 공무원 개개인의 능력을 발전시키기 위한 활동을 말한다.

동기부여: 근무의욕의 고취를 위한 잠재능력의 자극 및 동원을 한다.

통제: 공무원들의 활동이 정부의 목표와 일치되도록 유도, 통제를 한다.

우리나라의 인사는 기업이건 정부이건 간에 그동안 저임금·고성장형의 인사방식을 유지해왔다. 이러한 저임금·고성장모형은 연공서열에 기반을 둔 보수 및 인사관리체계를 형성하여 직원의 능력개발이나 노사관계를 소홀히 한 측면이 많았다. 앞으로는 점차 고임금·저성장시대로 진입할 것이므로 이에 걸맞은 새로운 인사관리방식이 필요하다. 다시 말해서 대우할 것은 하고, 대우한 만큼에 대한 실적평가와 책임을 확보하자는 논리이다. 따라서 인사관리를 보다 합리화하면서 성과 지향적이고 결과 지향적인 방향으로 인력관리를 할 필요가 있다. 성과 향상을 위한 성과지표 개발 및 평가의 과학화, 직무의 전문화 및 표준화, 소수정예화, 역량강화, 신상필벌 등이 활발해질 것으로 기대된다. 성과주의는 목표를 중요시하고 목표의 실현이나 결과를 강조하며 선언과 실천이 괴리되는 형식주의를 배격하며 고품질의 산출을 중요시하는 결과중심주의이다. 따라서 앞으로의 인사행정개혁은 이러한 성과주의와 경제성 등을 점차 수용하게 될 것이므로 보다 효율적인 관리혁신이 필요하다(오석홍, 2000: 60-61). 이에 따라 지난 반세기 동안 행정학은 행정의 생산성과 효율성을 높이기 위한 다양한 행정개혁 수단들을 시험해왔다. 목표관리제(MBO), 영기준예산제도(Zero-Base Budgeting: ZBB), 총체적 품질관리(Total Quality Management: TQM) 등이 그 대표적인 사례들이다.

인사행정은 어느 한쪽을 중심으로 하는 것이 아닌 전반적이고 다면적인 관계에서 이루어지는 것이고, 이것이 행정, 정치, 문화, 사회면에서 모두 영향을 주고받는 것이 된다.

1980년대 서구의 OECD 선진국에서는 신자유주의 물결을 타고 종래 복지국가 사조에서 이른바 보수주의 통치패러다임으로 전환되고 있다. 즉 경제대공황이후 나타났던 케인지언(Keynesian) 경제정책 및 복지국가, 공기업의 국유화, 고전적인 경제규제, 누진적인 소득세 등의 전통적 행정 패러다임에서 통화주의와 복지국가 위기론, 규제완화, 민영화, 균일조세, 작은 정부 등 신공공관리론에 입각한 새로운 공공행정 패러다임을 요구하고 있다. 그리고 이것은 신공공관리론(NPM; New Public Management Theory)이란 용어로 사용되어 오고, 이것이 인사행정에도 커다란 영향을 미치고 있는 실정이다. 특히 2006년을 살아가는 현대인들에게 지속적이면서도 새로운 변화를 유도하는 용어로 사용되고 있다. 이러한 행정 패러다임의 변화에 따라 행정의 하나의 하위체제인 인사행정 역시 공무원 임용제도에 있어 많은 변혁을 가져오게 하였다. 이로 인하여 하위체계에 있던 인사행정이 상위체계로 인식되고 그 가치가 있다는 것을 행정학, 정치학, 경영학에서 깨달아 가고 있다.

계급제(階級制)

1. 의 의

・계급제(rank-in-person)는 한 사람이 사회에서 차지하는 지위와 신분의 기준에 따라 공직을 분류하는 제도를 말한다.

・계급제의 뿌리는 근대 군주국가의 신분사회에서 찾을 수 있다.

・계급제는 전통적으로 사람의 신분을 가지고 계급을 매기기를 선호했던 영국, 독일, 한국에서 발달.

2. 계급제와 직위분류제의 특징 비교

	직위분류제	계급제
분류기준	직무의 종류, 책임도	개인의 자격・능력
발달배경	산업사회	농업사회
채택국가	미국, 캐나다, 필리핀	영국, 독일, 일본
인간과 직무	직무중심	인간중심
시험・채용	합리성	비합리성
일반 행정가・전문행정가	전문행정가	일반 행정가
보수책정	직무급	생활급
인사배치	비신축성(경직성)	신축성
행정계획	단기계획	장기계획
교육훈련	전문지식	일반지식
조정・협력	곤란	원활
개방형・폐쇄형	개방형	폐쇄형
신분보장	약함	강함
양자의 관계	상호보완관계, 양자의 접근	

3. 계급제와 직위분류제의 장점과 단점 비교

구분	장단점	
	계급제	직위분류제
행정전문화	저해	촉진
외부 환경변화 대응력	약함	강함
공무원의 시각	종합적, 장기적	단편적, 단기적
채용과 내부임용	탄력적, 융통적	경직적, 제한적
현직자의 근무의욕	높음	낮음
제도 유지비용	저렴함	비싼 편임
부서 간 협조와 교류	원활함	원활하지 못함
인사행정의 형평성, 객관성	낮음	높음
인사권자의 리더십 수준	높음	낮음
조직에 대한 몰입감	높음	낮음
직무에 대한 몰입감	낮음	높음

계급제와 직위분류제의 조화

세계 각국의 공직분류체계는 직위분류제와 계급제의 조화의 길을 걷고 있다. 영국은 계급제적 분류방식으로부터 노정되는 문제점들에 대한 반송을 토대로 직위분류제의 방향으로 인사제도를 개선하고 있고, 미국은 직위분류제적 분류방식의 한계를 깨닫고 계급제적 요소들을 과감하게 도입하고 있다.

양 국가의 이러한 움직임은 계급제와 직위분류제 양극단을 선택함으로써 발생하는 오류들을 보완하기 위해서이다. 미국과 영국의 공직분류체계 개혁을 좀더 구체적으로 살펴보면 다음과 같다.

◎ 각국의 공직분류 동향 ◎

1. 미국의 직위분류제 발달배경

1) 가필드 대통령(James A. Garfield: 19대)암살사건을 계기로 직업공무원제가 시행.

2) 1969년 시카고시가 처음으로 직위분류제를 시작한 이래 연방공무원으로 확대- 22개 직군에 450여개의 직렬로 나누고 있으며 직급은 직업공무원(General Schedule)의 경우 1급에서 18급까지(GS 1-GS 18)로 나누었다. GS숫자가 많을수록 높은 수준의 자격요건이 요구.

3) 1987년 '공무원제도개혁법'에 의하여 고위관리자단(Senior Executive Service: SES)을 설치.

이는 풍부한 행정경험과 전문성을 가진 고급 공무원을 양성하기 위하여 종래 직업공무원의 GS 16, 17, 18직급(국장급)과 최고관리자급(Executive Schedule: EX)의 Ⅳ, Ⅴ급(차관보급)으로 구성된 공무원집단을 말한다. 따라서 현재의 직급은 고위관리자단을 제외하고는 1급에서 15급까지(GS1-GS 15)로 되어 있다.

2. 영국의 직위분류제

1) 19세기 중엽- 정실주의의 지배.

2) 1853년 발표된 The Northcote-Trevelyan 보고서- 공개경쟁

시험에 의한 공무원 채용, 실적에 의한 승진, 계층(Class)에 의한 공무원 종류 구분 등의 원칙을 제시하면서 현대적 인사행정 체제를 갖추기 시작.

3) 과거 영국은 공무원을 행정계급(administrative class), 집행계급(executive class), 서기 및 서기보계급(clerical and clercal assistant class)의 4대 계급으로 분류하고 각 계급에 상응한 학교교육을 마친 사람을 공무원으로 채용.

4) 1968년 플턴위원회(Fulton Committee)- 계급제의 근본적인 개혁의 필요성 제안.

4대 계급구분을 폐지- 개개의 직업적 그룹(occupational group)으로 대체되어야 한다는 보고서 제출.

5) 1972년- 공무원의 구조를 일반적 카테고리(general categories), 과학적 카테고리(science categories), 전문·기술직 카테고리(professional and technology categories), 교육훈련직 카테고리(training categories)로 구분.

비산업직 공무원 중 60%가 이 4개의 카테고리에 소속. 이는 계급제에다 직위분류제의 요소를 가미한 제도라 할 수 있다. 1996년부터는 계급제를 폐지하고 모든 공무원을 계급 대신 책임도 수준(responsibility level)과 보수수준을 기준으로 직위를 분류하고 있다.

☞ 영국 공직분류체계의 특성

1) 직위분류제적 요소의 강화

2) 분류체계의 단순화

3) 외부채용의 확대

3. 일본(日本)

일본은 직위분류제(직계제)에 관한 법률이 있음에도 시행을 보류하면서 계급제를 고수하고 있는 이유는 다음과 같다.

① 직위분류제도가 제2차 세계대전의 패망과 함께 미국에서 급격히 들어온 것으로서 기술적인 직무분석이 없이 시도되어 현실적으로 적합하지 않다.

② 관료집단이 새로운 인사행정제도에 대해 반발이 심했다.

③ 공무원노조는 직위분류제가 새로운 신분제와 같은 성격을 띠고 있다고 해서 반대했다.

④ 일본의 현행 의사결정 시스템이 계, 과, 국 등 집단직무체제를 띠고 있기 때문에 직무중심의 직계제를 도입하는 것은 무리라는 이유에서이다(한국지방행정연구원, 1997: 186∼187).

[공무원의 계급 및 직위]

직급	직명	중앙 부처	서울특별시	직할시	지방시도
장관급		장관, 대통령비서, 국가정보원장, 감사원장	시장		
차관급		행정조정실장, 소청위원장, 공정거래위원장, 청장	부시장	시장	도지사
1급	관리관	차관보, 실.국장, 행정조정관	기획관리실장, 건설본부장	부시장	부지사, 시.부교육감
2급	이사관	공보관, 국장, 지방청장, 치안총감	공보관, 국장, 구청장	실장	인구25만이상 시장
3급	부이사관	국장, 심의관, 지방청장, 치안감	부구청장	공보관, 국장, 실장, 구청장	실장, 구청장
4급	서기관	과장, 담당관, 총경, 경무관	담당관, 과장, 구청국장	국장, 담당관, 과장, 구청 국과장	시.도 과장, 부군수, 면장
5급	사무관	계장, 경정	계장, 구청 과장, 동장	과장, 담당관, 계장, 동장	시.도 과장, 면장
6급	주사	행정실무자, 경감	동 사무장	계장, 구청 계장	시.도 계장
7급	주사보	행정실무자, 경위	동 계장, 주임	동 계장, 주임	읍.면 계장
8급	서기	경사, 경장	행정실무자	행정실무자	행정실무자

   1) 실적주의와 신분보장의 여부에 따라 경력직 공무원과 특수 경력직 공무원으로 구분

   2) 일반직 공무원과 기능직 공무원에 대하여 직무 분야의 유사성의 기준에 따라 직군과 직렬, 그리고 직류로 구분.

   3) 수직적 계급 구분 기준으로 직급이 있다.

(3) 개방형 임용제도의 도입과 행정 전문화 추구

[일반직 공무원 직급]

작군	직렬	직류	일반직 공무원 직급			
			2급	3급	4급	5급
공안	교정	교정	교정이사관	교정부이사관	교정감	교정감
		교회			교회감	교회감
		분류			분류감	분류감
	보도	보도		보도부이사관	보도서기관	보도사무관
	검찰사무	검찰사무	검찰이사관	검찰부이사관	검찰서기관	검찰사무관
		검찰수사			수사서기관	수사사무관
행정	행정	일반행정	이사관	부이사관	서기관	행정사무관
		법무행정				
		재경				
	세무	세무				교육행정사무관
	교육행정	교육행정				
	사회복지	사회복지				사회복지사무관
환경	환경	일반환경	환경이사관	환경부이사관	환경서기관	환경사무관
		수질				
		대기				

2. 한국의 공직분류의 문제점

(1) 공무원 종류 구분

1) 경력직과 특수경력직의 대분류에 있어서 여러 가지 기준이 혼재되어 무원칙 우려.

2) 기술직계 공무원과 기능직의 구분 보호.

3) 공안직군과 행정직군에 편중되어 있어 공직구조가 일반 행정가를 과도하게 우대 지적 우려.

4) 폐쇄형에 가까운 계급제적 공직분류체계는 행정환경변화에 대한 적극적이고 탄력적인 대응 어려움.

(2) 직군, 직렬, 직류 구분

1) 직군 간 인력관리의 상대적 형평성이 상당히 떨어지는 문제.
2) 행정직 편중으로 전문기술 분야의 정보기능이 상당히 약화

(3) 직급 구분

1) 인력관리 및 보수관리에 객관성과 공정성이 떨어지는 문제.
2) 행정직군 위주로 직급체계가 구성되어 있으므로 직군·직렬 간 직급 설정에 있어서도 형평성이 떨어지는 문제.
3) 직렬 간 승진기회의 차이가 나고 있어 일부 직렬에 속한 공무원들의 사기저하가 우려된다.

3. 한국의 공직분류 개선방안

계급제로부터 파생되는 문제들을 최소화하고, 그 공백을 직위분류제적 요소로 보완하는 것이 현실적으로 가장 적합한 공직분류체계 개선방안으로 제시한다.

1) 직무의 성격에 따른 직종 구분을 다시 할 필요.
2) 경력관리와 고용형태에 따른 공무원 종류의 분류의 다양화.
3) 직무분석의 선행과, 직무분석 결과를 토대로 일반 행정 분야의 직렬을 세분화하는 작업.

4) 정부부처가 수행하는 핵심기능을 중심으로 개별 부처별로 대표 직렬을 지정하여 관리하는 방안제시.

5) 직위분류제적 요소를 많이 가미함과 동시에 등급을 확대하여 보수 중심으로 계급 구분의 전환.

기술직계 소속 직군들과 행정직군 간 등급 간격과 계급 수의 차이를 두는 방안 검토.

6) 개방형 직위제도의 활성화

예상문제-1

1. 인사행정의 이념에는 (   ), (   ), (   )이 있다.

2. 인사행정과 환경에 있어 (   )에 대한 평가는 (   )작용을 통하여 새로운 요구나 지지로 다시
인사행정 체계에 (   )한다.

3. 우리나라 인사행정주의＝(   )＋(   )

4. 영국의 실적주의가 확립된 시기는 (   )의 보고서를 통해서 영국공무원제도의 문제점과 개선방안을 제시함으로써 인사개혁을 일으키는 계기가 마련되었다.

5. 우리나라 정부조직의 형태는 (   )처, (   )부, (   )실이 있다.

6. Merit system의 발달배경을 설명하시오.

7. Spoils system and Merits system의 장단점을 각각 3가지 이상 작성하시오.

8. 직업공무원제의 수립 요건을 4가지 이상 작성하시오.

9. 중앙인사기관의 전통적 기능 4가지를 약술하시오.

10. Pendleton Act의 내용을 4가지 이상 작성하시오.

정부 조직도

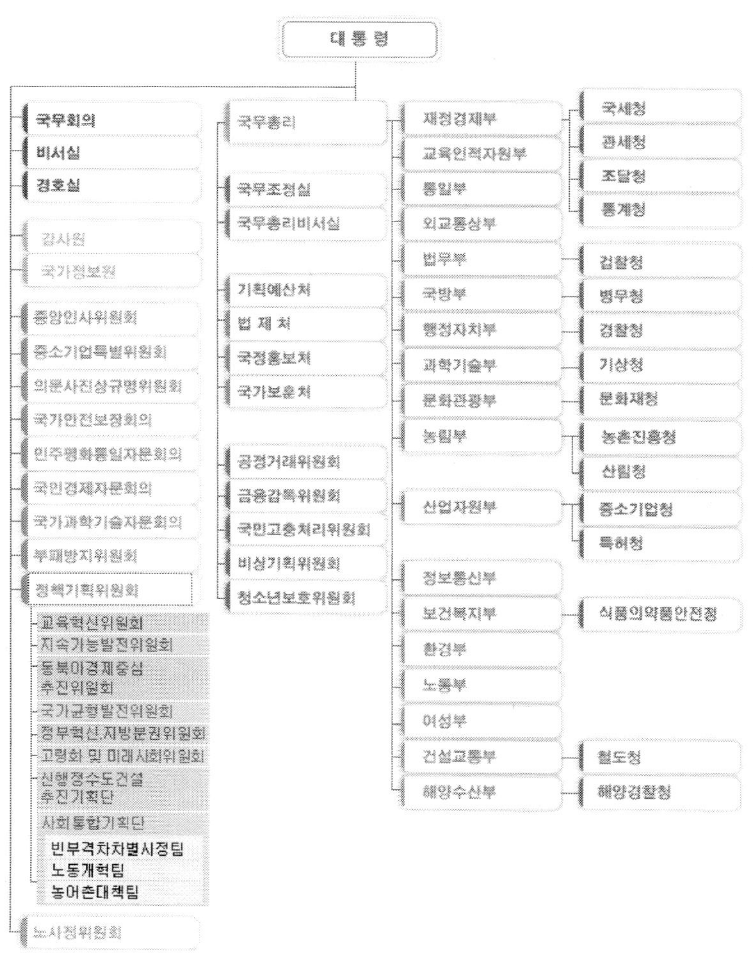

　한국의 정부인사관리는 이원화되어 있는데, 대통령 직속의 중앙인사위원회와 국무총리 산하기관인 행정자치부로 분리되어져 있다. 중앙인사위원회는 공무원의 정실임용 방지와 인사행정의 공정성 유지를 위해 설립된 대통령 직속 합의제 행정기관으로서, 인사행정에 관한 기본정책 수립, 고위직 공무원 인사감사, 공무원 처우개선 추진, 개방형 직위제도 운영, 기타 인사감사 등의 기능을 한다. 행정자치부는 민생치안, 재해재난관리, 지방자치제도 개선, 선거·국민투표 관리, 공무원의 인사 및 복지, 행정조직의 관리 등에 관한 사무를 관장하고 있다. 즉 중앙인사위원회는 기획 및 감사의 일을 주로 담당하며, 행정자치부는 공무원의 교육, 충원, 배치에 관한 실질적 업무를 담당하고 있다고 할 수 있다. 그런데 이러한 이원적 체제는 어느 정도는 합리적일 수 있지만, 효율성이 떨어진다는 단점이 있고 인사행정기관이 중앙에 너무 집중되어 있는 비합리성이 존재한다. 이는 공무원 인력관리에 있어서 탄력성이 부족할 뿐만 아니라 정치적인 요소가 개입될 경우 정실주의와 엽관주의에 빠질 가능성이 있다. 이러한 문제 해결을 위해선 우선 인사행정기관의 분권화를 이뤄야 한다. 현대 사회에서는 각 부처마다 전문 행정인을 필요로 하고 있다. 각 부처에 맞는 전문 인력을 충원하고 양성하기 위해서는 각 부처마다 인사기관을 두어야 한다. 물론 지금 정부에서도 행정자치부 소속의 인사 관련 공무원들이 각 부처에서 인사업무를 담당하고 있지만, 이는 불신과 정치적 요소, 기타 전문성이 떨어질 우려가 있으므로 각 부처별로 인사조직을 만들어야 할 것이다.

한국 공무원 임용제도는 기본적으로 행정 관료를 채용하는 데 있어서, 세 가지 형태를 취하고 있다. 첫째 공개 경쟁채용, 둘째 특별채용, 셋째 개방형 채용. 첫째는 오래 전부터 실시해 온 관료 선발과정이고 둘째와 셋째는 현 시대의 흐름에서 점차 늘려가는 채용제도이다. 공개경쟁채용의 단점을 보완하기 위해선 특별채용과 개방형 채용의 기회를 확대하고 공개경쟁채용을 구조적으로 혁신할 필요가 있다. 작고 강력한 정부와 전자정부를 지향하는 현 한국적 상황에서 고시제도의 개혁은 반드시 필요한 것이며, 공무원의 전문성 확보를 위해 변화를 꾀해야 한다. 우리나라 공무원의 배치는 중앙행정기관인 행정자치부에서 담당하고 있다. 공무원의 배치는 적절한 심사와 평가를 거쳐서 이루어지며, 신규채용인원의 배치와 승진, 전보, 전직, 강임 등의 인사이동이 이루어지고 있다. 물론 각 부처별로 적절한 협조를 이루고 있으며, 적절한 인사관리를 이루려고 노력하고 있다. 그리고 행정전문가의 양성을 위하여 교육훈련과 갖가지 조직, 제도를 운영하고 있다. 하지만 인사행정기관이 중앙에 집중되어 있고, 공무원의 자리이동과 신규배치 시 발생할 수 있는 불공정, 불균등 문제가 발생하곤 한다. 이러한 문제를 해결하기 위하여 정부가 개혁을 추진하고 있지만, 정부규모가 엄청난 만큼 효율적이고 합리적인 방법을 통해 적절한 인사관리가 이루어져야 할 것이다. 공무원의 적절한 배치는 공무원의 전문성 확보와 직접적으로 연결되어 있다고 할 수 있다. 그리고 앞에서 설명한 승진과도 많은 관계가 있다. 최근에는 성과주의, 실적주의를 따져 공무원의 인사관리가 이루어지고 있으며, 그에 따른 인사이동과 승진, 강임 등이 이루어지고 있다. 정부규모가 커짐에 따라 공무원의 수는 비례적으로 증가해 왔다. 이는 질적인 요소를 커버하지 못해서 양적인 요소로 해결하고자 하는 목적과 수단의 괴리라 할 수 있다. 그렇다면 현실적으로 정부개혁을 실시하는 데 있어서 문제는 무엇인가? '작고 강력한 정부', '전자정부'는 순식간에 그리고 누구 한 사람의 힘으로 이루어지는 것이 아니다. 많은 사람들의 지지와 교수와 전문가들의 합리적인 분석이 필요한 사항이다. 그러므로 작은 것부터 바꾸고 개혁해 나가야 할 필요가 있다.

정부의 인사행정 기관을 분권화해야 할 것이며, 합리적이며 바람직한 방향으로 고시·채용제도를 개선해야 할 것이다. 그리고 승진에 관계된 모든 일들을 객관화하고 합리적으로 하여야 하며, 보완해야 할 부분은 확실하게 인지하여 공무원들이 불만을 가지지 않도록 해야 할 것이다. 그래야 업무의 능률성도 확보하고 전문성을 확보할 수 있기 때문이다. 그리고 공무원 인원의 배치에 있어서도 정실주의와 엽관주의에서 벗어나 적절하고 합리적으로 이루어져야 할 것이다. 정부 인력 순환이 단순히 개인적인 관계나 시간제적인 인사이동이 된다면, 하위 공무원들은 불만을 가질 수밖에 없으며 성과분석도 할 수 없을 정도로 업무의 안정성도 뒤떨어지는 상황이 벌어질 수도 있다. 적재적소에 대한 인력의 배치를 통해, 행정의 효율성과 합리성을 이뤄야 할 필요가 있다. 개혁은 순식간에 이루어지는 일이 아니다. 모두가 함께 인식하고 고쳐 나가야 한다고 문제화를 이뤄야 하고 그것을 정부의지에 연결시켜 정책화하여야 한다. 정책화 과정에서 전문인들과 현직 공무원들의 참여가 필요할 것이며, 사기업의 기획 전문요원들도 초빙하여 분석을 해야 할 것이다. 이제는 위로부터의 개혁이 아닌, 아래로부터의 개혁이 필요한 시기이며, 그에 걸맞은 강력한 추진력과 의지가 필요하다.

2. 인사행정 프레젠테이션

1. 인력계획(manpower planning)의 의의
- 사회나 조직이 추구하는 목표를 좀더 효율적으로 달성해 줄 수 있는 방향으로 인력의 수급을 질적, 양적으로 조정하는 것
- 정부 조직의 인력 수요를 예측하고, 수요총족을 위한 인력공급 방안을 결정하는 과정
- 클링너 : 인력계획은 인적 자원에 대한 수요를 예측하여 이에 대응할 방안을 결정하며, 조직의 목적에 비추어 보아 그 효율성을 평가하는 지속적 과정
➜ 인력계획:조직의 목적을 효율적으로 달성하기 위하여 인력의 수요를 결정하는 과정과 그러한 수요를 충족시키기 위한 수단을 포괄하는 개념

2. 정부에 의한 인력계획
1) 국가 체제 전반의 인력 수급에 관한 인력계획
2) 정부조직에서 필요로 하는 인력의 수급에 관한 인력계획
➜ 인사행정에서의 인력계획은 2)에 해당함. 즉 정부조직의 인적 자원에 대한 수요를 예측하고, 그러한 수요를 충족시킬 수 있는 인적 자원의 공급 방안을 결정하는 과정
- 인력의 획득(신규채용), 배치전환, 승진, 교육훈련, 퇴직관리

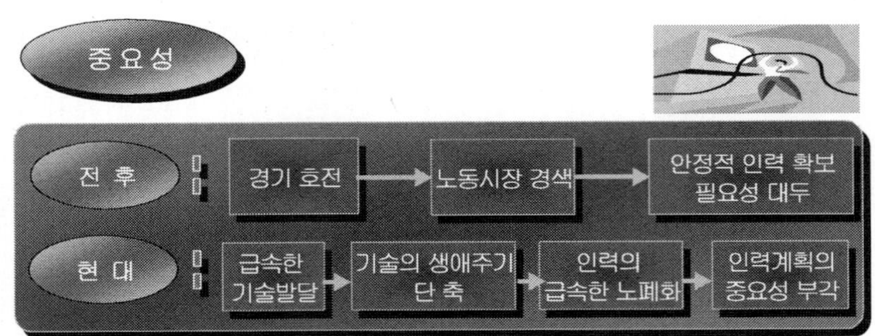

→ 이러한 인력계획은 모든 조직에 필요하지만, 정부조직의 인력계획은 다른 조직들의 인력계획보다 더 절실하고 중요하다.
→ 이유 : 정부는 한 사회에서 가장 큰 조직체로서 중요한 업무를 수행하고 있으며, 거의 모든 직업 분야를 망라하는 거대하고 복잡한 인력집단을 형성하고 있기 때문
→ 한국 :
- 군(軍) 제외한 일반 행정기관의 인력계획 미비
- "정원관리"라는 일상적 사무 수행
→ 앞으로 행정 기술 및 인적 전문화의 수준이 높아지고 인력 획득에서 사회 여러 조직들 사이에 경쟁이 심화되면 인력계획의 중요성은 더욱 부각될 것임

<table>
<tr><td>

(1) 외적 한도기준에의 의존
 - 법정 정원의 한도를 인력 총수요로 받아들이는 방법
(2) 점증적 방법
 - 총예산 증감에 따른 총수요 예측
(3) 계량적 예측방법(통계학적 기술)
 - 추세분석, 회귀분석 등
(4) 질적 예측 방법
 - 전문가들의 판단에 의존
 ex) Delphi, Brain storming

</td><td>

(1) 기존인력 분석
- 현 인력의 종류, 수 파악
- 구성원의 학력, 경력, 근무성적, 보수 등에 관한 자료를 조직 단위별로 조사하여 기존 인력의 상태를 파악
(2) 인력변동의 예측
- 퇴직예측 : 퇴직으로 인한 인력감소
- 조정예측 : 배치전환, 기술변화,계급 변화 등으로 야기되는 인력변화
- 채용예측 : 일상적인 채용 활동과 특별한 임용정책의 영향을 예측

</td></tr>
</table>

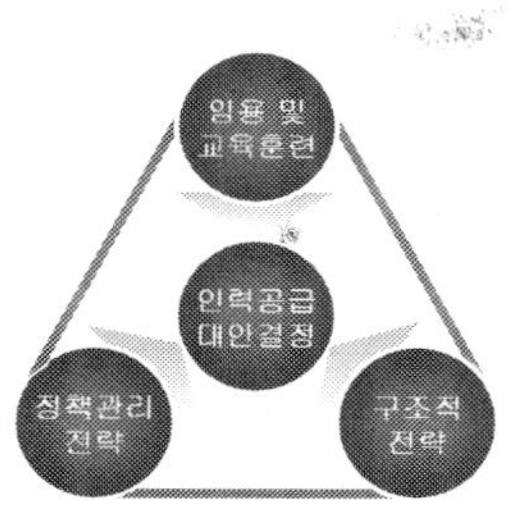

: 장래에 발생할 인력 수요에 대응하여 인력을 공급
할 방안을 마련하는 단계(혼합전략 사용)
1) 임용 및 교육훈련 전략
 - 인력공급 : 외부임용(외부에서 신규채용)
                 내부임용(승진, 배치전환 등)
 - [임용 + 교육훈련]을 통한 기술적 수요 충족
 - 인력공급 감소 : 퇴직촉진 전략 병행
2) 구조적 전략 : 구조설계 변경
 - 직무설계 변경, 기술 변경, 외부위탁 등
3) 정책관리 전략
 - 조직활동의 정책 변경을 통한 인력수요 해소

- 선택된 인력공급 방안을
실제로 집행하는 단계
 - 채용, 승진, 보수 등의 여러
인사행정 활동이 인력의 원활한
공급을 뒷받침할 수 있도록 상호
연계되고 조정되어야 함

- 인력수요 예측 및 인력 공급 대안 결정단계
에서 작용하는 수많은 요인들뿐만 아니라 인력
계획 집행의 성과를 분석, 평가하는 단계
- 평가의 결과는 새로운 계획의 수립 및 집행과
같은 인력 계획 과정의 적절한 단계에 환류

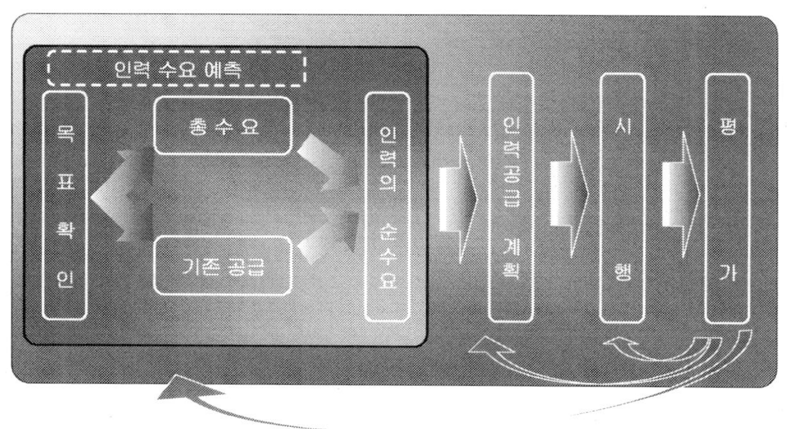

제대로 된 인사행정을 이해하기 위해선 조직구조를 알아야 한다.
조직구조는 인사를 어떻게 해야 하며 어디로 움직여야 하는지
를 가늠하게 할 수 있는 샘플이 되기 때문이다.

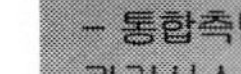

1. 전자인사관리시스템(PPSS)의 의의
- 정부의 인적자원관리 수준 향상으로 정부경쟁력을 강화하고자 중앙인사위원회에서 개발하여 전 중앙부처에 보급한 전자적 인사관리시스템
- 단순한 데이터베이스 관리 수준을 넘어 정부 인사의 모든 과정을 업무재설계를 통해 전자적으로 처리

2. 전자인사관리시스템 기본적 특징
- 통합측면:공무원 인사 전반의 업무가 단일의 데이터베이스와 관리시스템으로 통합됨으로써 업무의 이중 작업이나 불일치 등 문제를 해소하고 정보의 최신성과 정확성을 확보
- 연계측면:각 기관의 서버와 중앙의 서버가 네트워크로 연계됨으로써 자료의 정리, 제출, 취합 등에서 발생하는 작업이 사라짐 (인사의 형평성이나 적재적소 구현 등에 기여)
- 관리측면:업무를 처리하는 과정에서 데이터가 자연스럽게 입력 또는 갱신되기 때문에 별도로 기록 관리에 들이는 노력이 줄어듦 (신속하게 업그레이드됨으로써 관리비용 절감)
- 서비스측면 : 인사실무자만이 아니라 인사권자, 고위정책결정자, 일반 공무원 전체, 국민들에게 인사행정 서비스 제공

3. 전자인사관리시스템(PPSS)의 구성 및 활용
- 전자인사관리시스템은 공무원의 채용에서 퇴직까지 모든 과정의 인사, 급여 업무를 하나로 통합한 시스템
- 기관장부터 전 공무원과 일반 국민들까지도 인사정보를 직접 접근할 수 있도록 구성
1) 중앙인사관장기관 : 과학적이고 실효성 있는 인사정책을 수립할 수 있도록 전체 정부 차원의 인사관련 정보를 요약하여 제공
2) 각 기관의 인사권자 및 인사실무자
: 모든 인사 업무를 단일 시스템으로 처리하게 되어 인사업무 처리 결과가 자동으로 기록 – 별도로 입력할 필요 없음
3) 개별 공무원
: 공무원 개개인은 웹 브라우저를 이용 – 자신의 기본 인사정보를 열람 – 신상정보나 변동 사항을 변경 신청하거나 직접 변경함
4) 일반 국민
: 공직 희망자는 인터넷으로 접속하여 채용정보를 검색, 지원서를 온라인으로 제출할 수 있다.

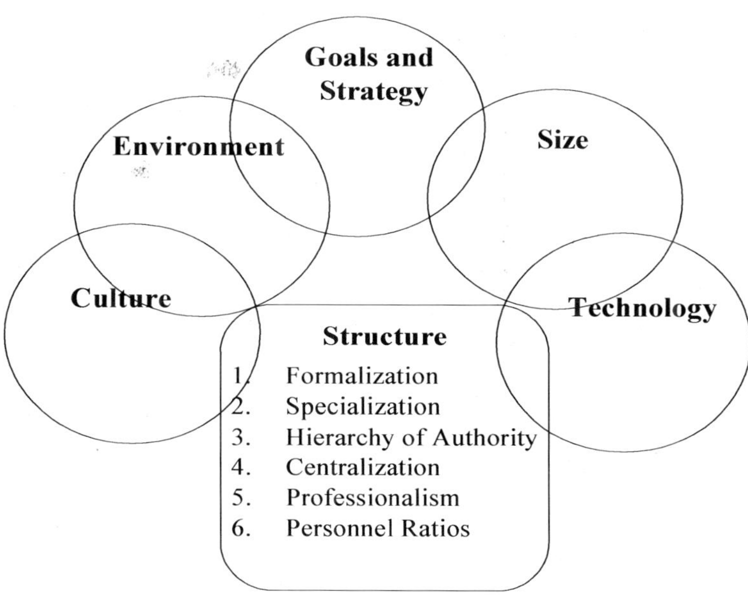

인사행정은 단순히 기술적인 문제만을 바라보는 것이 아니다. 종합적이며, 다원적인 측면에서 상호 교류적이어야 한다. 효과성, 능률성, 만족성, 민주성, 합리성의 인사행정이 되기 위해서는 신의 성실에 입각한 인사시스템이 구축되어야 하며, 능력과 재능에 합당한 인사와 공평한 인사가 선행되어야 할 것이다. 미래사회는 어떠한 사람을 어디에 사용하느냐가 조직의 대내외 성공 관건이 될 것이다.

336

〈참고문헌〉

1. 박문옥, 신행정학 대의, 선경사, 1982.
2. 오석홍, 인사행정론, 박영사, 1994.
3. 한만봉, 행정경제교육, 한국학술정보, 2006.
4. 한만봉, 행정정책기획론, 한국학술정보, 2007.

• 저자 •

한만봉
(韓萬奉)

• 약 력 •

1994. U.S.A. Midwest College(M.Div, Hon, D)
2002. 고려대학교(교육정책학 석사 – 수석장학생)
2005. 성균관대학교 대학원 박사Candidate(교육행정학 전공)

1995. 한국어린이선교원신학교 캠퍼스 분교 학장
2002. 고려교육정책학회 상임회장(학진 학회검색가능)
2002. 고구려대학교 설립추진위원회 법인이사
2003. 한주신학 학술원 설립이사(교수)
2004. U.S.A. Cohen University 정책학과 cross-appointed professor
2005. U.S.A Holy People University Campus 유학담당 지도교수
2005. PHILIPPINE PRESBYTERIAN THEOLOGICAL COLLEGE 객원교수
2005. 혜전대학 adjunct professor 교수
2005. 지방분권신문사 사장(대표 이사)

• 주요논저 •

우리나라의 복지행정제도에 관한 고찰 연구(1988)
Kal Barth 의 신관 연구(1988)
한국 민중문화와 민중 신학 연구(1992)
Rein hold Niebuhr & Marx 에 대한 상관관계 연구(1993)
A CHRONOLOGICAL HARMONY OF THE RESURRECTION
APPEARANCES OF JESUS THE MESSIAH(1994)
북한종교의 변화 전망 연구(2002)
교육위원회와 지방의회간의 갈등 현상에 관한 연구(2001)
조선조 과거시험 방식의 정책적 분석(공동, 2005)
조선의 과거제도에 대한 정책적 연구(공동, 2005)
조선왕조 과거제도 인사정책 연구(공동, 2005)
조선왕조 과거시험주기 정책적 주장 분석연구(공동, 2005)
조선왕조 과거제도가 현대 정책에 주는 의미(공동, 2005)
과거제도 시험주기의 정책 분석연구(공동, 2005)
북한 종교지형 변천 정책 분석연구(공동, 2005)

『대학생활영어 ENGLISH LANGUAGE』(공저)

『행정경제교육』(저술)	『행정정책기획론』(저술)
『의원학』(저술)	『국회의원학』(저술)
『교육정책학 상』(저술)	『교육정책학 하』(저술)
『산학협동교육학』(저술)	『현대교육학실기론』(저술)
『현대환경행정론』(공저)	『행정사무관리론』(공저)
『영재교육심리』(저술)	『인사행정학』(저술)
『행정복지론』(저술)	『조직신학』(공저)
『아다르마 성공비법』(저술)	

외 다수

• 연락처 •

doctor@skku.edu 010-4432-8561 041-633-8561, 633-5741, 631-2094

인사행정학

- Person political science -

• 초판 인쇄	2007년 3월 30일
• 초판 발행	2007년 3월 30일
• 지 은 이	한만봉
• 펴 낸 이	채종준
• 펴 낸 곳	한국학술정보㈜
	경기도 파주시 교하읍 문발리 526-2
	파주출판문화정보산업단지
	전화 031) 908-3181(대표) · 팩스 031) 908-3189
	홈페이지 http://www.kstudy.com
	e-mail(출판사업부) publish@kstudy.com
• 등 록	제일산-115호(2000. 6. 19)
• 가 격	22,000원

ISBN   978-89-534-6543-5 93350 (Paper Book)
       978-89-534-6544-2 98350 (e-Book)